语文漫索

YUWEN MANSUO

余树财 著

华中师范大学出版社

新出图证（鄂）字10号
图书在版编目（CIP）数据

语文漫索/余树财著. — 武汉：华中师范大学出版社，2024.3（2024.7重印）
ISBN 978-7-5769-0510-6

Ⅰ.①语…　Ⅱ.①余…　Ⅲ.①中学语文课—教学研究—高中
Ⅳ.①G633.302

中国国家版本馆CIP数据核字（2024）第060617号

语文漫索

编辑室：第七分社　　**电话**：027-67867529
责任编辑：张晶晶　　**责任校对**：童　雯　　**封面设计**：罗明波
出版发行：华中师范大学出版社有限责任公司
社址：湖北省武汉市洪山区珞喻路152号　　**邮编**：430079
销售电话：027-67861367/1549
邮购电话：027-67861321　　**传真**：027-67863291
网址：http://press.ccnu.edu.cn　　**电子邮箱**：press@mail.ccnu.edu.cn
督印：刘　敏　　**印刷**：广东虎彩云印刷有限公司
开本：710mm×1000mm　1/16　　**印张**：13.75　　**字数**：248千字
版次：2024年3月第1版　　**印次**：2024年7月第2次印刷
定价：56.00元

欢迎上网查询、购书

漫溯语文的浪漫与呐喊

——《语文漫索》序

初识余树财老师是在国家级语文专业杂志上，惊讶咱们成都语文一线还有如此善于思考、勤于笔耕，并卓有成绩的老师。面见余树财老师是在本人工作室的第一次学术活动上，他外表文弱却眼神坚定，他朴素的衣着掩饰不住一个语文教师和研究者的澎湃与浪漫。这些年，余老师更是在全国各种语文大刊、名刊上发表了一系列大作，且多篇文章被人大复印资料《中学语文教与学》全文转载，学术成果呈井喷状态，在全国语文教育界产生了较大影响，引起学界极大关注。

这本厚重的《语文漫索》遴选了余老师已发表的语文教育研究论述。虽然平时在杂志上零星地拜读余老师的单篇大作收获良多，但这次系统地细读余老师的著述，却依然让我欣喜和振奋，新感连连，收获满满。

探索面广效实，以科研带动日常教学，化实践问题为科研课题。本书书名“漫索”虽然谦虚，实则对语文教育的重大板块均有探索，包括文本解读、文体教学、作文教学、考试评价等。涉及面广体现了余老师作为一线教师身份的研究者特点，一线教师的工作必然涉及语文教育的方方面面，余老师用科研的眼光看日常教学工作，把日常教学工作科研化。将日常教学的痛点作为教育科研的切点，也由此形成论文写作的观点。作文教学的痛点诸如生活体验缺席、过程指导缺位、读写脱节、高考作文的“套子”等，余老师的作文教学系列文章对上述实践困惑都有观照和审视。如《尊重体验，回归心灵——对高中新课改背景下作文教学的一点思考》，针对学生作文“体验缺席”之问题，主张“尊重体验，更高意义上对生活的尊重和更深刻意义上对心灵的回归”；《作文教学要关注写作过程本身——对高中新课改背景下作文教学的再思考》，针对作文教学的过程性缺失，主张回归写作过程指导，探索写作规律；《满分作文：装在“套子”里的文》，对高考考场作文模式化弊端进行批判与重建。

策略意识强，实操性强，对一线教师具有切实的方法指导性。余老师行文思路基本上是破立结合，批判与重建并重，这种策略构建不仅体现出作者解决实际问题的能力，而且展现了关怀一线教育读者的写作情怀。余老师不仅总结了教学实践中某个点的教学策略，而且形成了语文教学各大板块的系列教学策略，其策略意识可以说是贯穿了全书始终，包括文本解读策略、文体教学策略、高考备考策略、写作教学策略、整本书阅读教学策略等。在语文教育领域始终有争议，究竟是教内容还是教方法，其实内容与方法均重要，在教学内容确定后，教学方法或者说教学策略尤为重要，怎么教最能体现语文教师专业的能力。比如在《诗歌教学教什么》一文中，余老师就系统地提出了诗歌教学策略："加强诗歌基础知识的教学，教给学生阅读诗歌的一些基本知识"，在强调诗歌知识教学的基础上，还就古典诗歌、现代诗歌、叙事诗分别提出诗歌解读方法。《觅得清溪到云林》一文系统地提出了文言文教学方法，诸如"去'训诂化'——文体辨读通意脉"，"去'标签化'——作品联读知情理"，"去'碎片化'——专题研读通渊源"，"去'割裂化'——'悟点写读'通古今"。《写人记事散文教学：选文类型与教学目标定位》谈散文教学策略，《矛盾冲突分析：提升小说阅读理解力的关键一环》谈小说教学策略。这组文章的策略教学价值让我想起了曾拜读过的王荣生教授主编的丛书《文言文怎么教》《诗歌怎么教》《小说怎么教》等，深受教益。

文本解读超越语感，挖掘学理价值，攀登理论高度和学术高度。记得有一次在和余老师闲谈时，我说语文老师的研究应从文本解读开始，余老师十分认同，并坚持认为文本解读是一个语文老师的基本功。没想到，他不光说在嘴上，还立即落实在行动上。就在这短短几年，他在核心刊物发表了一系列文本解读的大作，本书辑录就达 11 篇之多，诸如《忧患与豪情的交响——〈沁园春·长沙〉双重反讽主题细读批评》《离歌的面影，至真的情歌——〈再别康桥〉重读》《一位失意文人心灵的多维透视——苏轼〈念奴娇·赤壁怀古〉重读》《耐人寻味的"小姑娘"——〈包身工〉"小姑娘"称谓探微》《〈故都的秋〉：几处闲笔增趣味》《〈老人与海〉声音叙事品析》等。文体涵盖诗歌、散文、小说等中学语文教育的重要内容，单从题目上看，文本解读的切点细小，站位却很高。比如《"虚涵两意得见妙"——从〈诗经·采薇〉看古诗反讽艺术》，从"反讽"这一常见的表达技巧入手，结合《采薇》进行细读，深入诗句"彼尔维何？维常之华""昔我往矣，杨柳依依。今我来思，雨雪霏霏""戎车既驾，四牡业业。岂敢定居？一月三捷"等，再结合其他古诗词《白雪歌武判官归京》《村行》《八声甘州》等篇目，提炼出带有普遍意义的五种类型，即"克制陈述""夸大陈述""正话反说""浪漫反讽""主题和结构性反讽"。这样的文本解读可谓入口小、出口大，切位低、境界高。众所周知，文本解读宏观容易，微观难，能够微观细读已经实属不易，余老师还能从微观出发，上升到宏观的高度，真是难能可贵。就文本解读选点看，余老师善于发现课文的矛盾之处，并探究其张力美。如《“说”与“不说”的张力之美——〈记念刘和珍君〉细读》，鲁迅在《记念刘和珍君》中，反复在“说”与“不说”中矛盾纠结，正如余老师开篇所言“表面上看，‘说’与‘不说’蕴含着作者深沉的情感”，也就是通常认为的“悲痛”与“愤怒”的纠结。可是余老师却从这一“说”与“不说”的矛盾处发现了文本的“张力美”，他阐释为“铺展回环往复的叙事张力”，“营构冷峻幽默的语言张力”，“布设曲折有致的情感张力”。余老师又从《奥斯维辛没有什么新闻》发现“‘无’与‘有’的张力”。四川师范大学李华平教授所主张的“症候”文本解读法，即从文章的矛盾、反常、悖谬处解读文本，余老师的实践应该符合这一文本解读方法论，且从审美的角度具体阐释矛盾彰显了“张力美”，不但发现了文本之矛盾，而且对矛盾的阐释具有美学内涵，并形成了认识序列。

余老师善于运用现代文艺理论解读文本，不但提升了文本解读的理论高度，也增强了文本解读的科学性，超越了一般文学鉴赏的经验感悟，具有文学评论的深度、宽度和厚度。如《“无”与“有 ”的张力——结构主义视野下的〈奥斯维辛没有什么新闻〉细读》一文，就运用结构主义理论解析文本。“结构主义文本理论认为，‘二项（元）对立’是文本最普遍的一种结构模式，正如美国结构主义理论家乔纳森·卡勒指出，‘结构主义分析中最重要的关系又极其简单：二项（元）对立，在所研究的各种素材中寻求功能性的对立形式。’在卡勒看来，读解文本便是运用‘二项对立’原理，解开封闭的结构系统，以实现是对文本的深度理解。”他先摆出结构主义“二项对立”的基本观点，再用其基本观点阐释课文内容，分别从“可怕”与“阳光明媚温暖”，“很快地望上一眼”与“步履不由得慢了下来”，“炸毁的布热金卡毒气室和焚尸炉废墟上”与“雏菊花在怒放”，“参观者惊惧万分”与“解说员快步从这里走开”，“表情木然”与“温和地微笑着”几处“二项（元）对立”处得出关于文本意蕴的深刻认识，即对历史的思考、对人性的审视、对生命的敬畏、对战争的反思、对人生的哲思。《多重对话寄寓的哲性表达——对话理论视域下的〈囚绿记〉主题新解》一文从对话理论阐释文本，《〈老人与海〉声音叙事品析》一文运用叙事学知识赏析文本的声音叙事价值。《诗化气韵，诗之旋律——茹志鹃〈百合花〉叙事特色品析》一文，运用叙事学知识赏析作品“独特的诗化气韵”。余老师的文本解读注重考据，引用丰富，论据充实，实证性强，学术味浓。《〈老人与海〉声音叙事品析》一文引用了大量的课文文段作为实证，并抓住关键词语阐释，从而得出观点。从“嘎吱嘎吱”“皮开肉绽”“格崩崩”这几个拟声词“生动形象地表现出鲭鲨的凶狠，渲染了一种紧张令人害怕的故事氛围，营构了老人与鲨鱼搏斗的故事空间”。从“‘别想啦，老家伙’他又放开嗓子说，‘还是把船朝这条航线开去，有了事儿就担当下来’”等语句中，得出“小说就是不断地通过‘他说＋他想’的声音叙事实现一个个情节的转换，以此推动情节向前发展”之观点等，总之观点的提炼与阐释，都有大量的文本依据。同时，参考文献也翔实丰富，引用契合。《〈老人与海〉声音叙事品析》一篇就引述了马红娟的《新时期乡土小说声音叙事》等6篇经典文献。余老师文本解读之考据引证和文献引述大大地丰厚了该书的学术性。余老师的文本解读关注学生问题，大胆跳出文学鉴赏之象牙塔，切实关怀中学学生的理解力，真心帮助一线教师选择文本教学点，有利于一线教师在教学中借鉴，也有利于学生通过自读提升文学鉴赏水平。《诗化气韵，诗之旋律——茹志鹃〈百合花〉叙事特色品析》一文对新教材新课文的及时鉴赏，便于一线教师及时借力。《百合花》作为诗化小说，其诗意教学价值众所周知，但如何在教学中细化，并作为教学点切入却是一线教师的困惑。余老师从“结构：徐疾有序，刚柔有致”“物象：以象造境，托物寄情”“手法：虚实相生，浓淡相宜”几方面条分缕析，简洁易懂，操作性强、知识性强。在中学教学实践中，文本解读不宜过度阐释、追求“高大上”“玄深奥”，应着力培养学生的基础性能力，使其读懂文本最基本的文学价值。

当然，余老师的文本解读，也有助于一线老师在教学中创新。比如《祥林嫂之死：“礼”与“利”的合谋》一文，针对《祝福》的文本理解提出一种全新的观点。老师一般认为祥林嫂之死是封建礼教导致的，甚至认为鲁迅的伟大就在于超越同时代批判封建社会的文章，即忽视封建地主对祥林嫂物质的盘剥，而重在揭露封建礼教对祥林嫂精神的虐杀。但余老师认为“礼教”与“实利”的合谋杀死了祥林嫂，并列举了课文实例佐证。这个观点有助于一线老师跳出窠臼，作为一个新的视点看待祥林嫂之死。

关注新课程新高考，教学理念新颖，学术视野广阔。虽然四川是最后一批进入新教材新高考的省份，但作为一名学术研究者，余老师早就密切关注新课程新高考，并发表了一系列“双新”背景下的语文教学研究文章。《“阅读与写作”单元任务驱动教学推进策略——以统编高中语文教材必修上册第一单元为例》，用大单元整合理念，不但设计了统编教材第一单元的整合教学方案，而且进一步提出单元整合教学策略，即“重构、分解与细化”策略。据我所知，余老师还在四川的成都、南充等很多地区作讲座，推广他的单元整合教学策略，深受老师们欢迎。《整本书阅读教学策略指瑕及改进建议》《关联融合：让整本书阅读教学走向开放》《素质导向下高中整本书阅读教学评价工具的开发》三篇文章已形成关于整本书阅读教学的研究序列，不但对教改先行地区的整本书教学策略进行了梳理，即七大整本书教学策略——专题教学策略、项目式教学策略、任务驱动策略、问题教学策略、分级课程教学策略、共生教学策略、思辨读写策略，还对这七大策略进行了改进，并提出优化建议。即“以‘学’定‘教’：以原初阅读教学理念引领教学”，“依‘性’而‘教’：紧扣篇性采取相应的教学策略”，“跨‘界’促‘教’：开展关联阅读和跨界融合教学”等。其中原初阅读教学理念是本人提出来的，在全国中文核心期刊《中学语文教学参考》发表，没想到余老师大胆地认可、运用并实践，可见其开放的学术胸怀和广阔的学术视野。大单元整合教学和整本书阅读教学都是“双新”背景下教师最关注的话题，最需要教学建议，余老师不但敏感地捕捉到这一焦点并深入研究，而且提出了解决问题的具体策略。这种语文教改行为往往是一个语文教师学术精神的集中体现，也是一个语文教师学术成长的关键事件。

感谢余老师信任我，让我作序，其实是给我机会让我再细读余老师的大作，我很荣幸成为余老师学术成长的见证者、伴读者和跟随者。漫溯《语文漫索》，发现年轻的余老师已然形成了自己成熟的研究序列，展露出自己的语文教育研究思想，即从文本解读出发，全面关注语文教育；从教学实践出发，在策略研究基础上深入理论研究；从教改行动出发，开阔学术视野，创新教育理念和方法。其甘于寂寞、笃学深思的教研精神以及漫索语文、享受语文浪漫的诗意品格，不但是年轻老师的垂范，也是像我这种所谓的老教师值得学习和反思的，因为老教师有可能就是职业倦怠的借口或经验主义的代名词。每次捧读余老师的新作，笔者都赞叹不已、感叹不已，这么年轻就写出这么深刻的文章，这么快就写出这么好的文章，这么忙还写出这么多的文章，真的了不起啊！在很多人都忙于追求物质、追求晋升或追求“躺平”的时候，我们身边还有像余老师这样潜于学术、精于研究、乐于教学的好青年、好教师、好兄弟，真是我们成都、四川乃至全国语文届的幸事啊！捧读这厚厚的书稿，感受余老师的德艺双馨，也可见他忍受了多少寂寞、享受了多少孤独。语文教育研究应该在孤独中前行，语文教育必然在寂寞中安静地绽放，语文教师生活在别处，语文教师诗意地栖居在这个世界上。

余树财老师的《语文漫索》，为我们的生活静流带来惊喜，为我们的劳累工作带来浪漫，更是为我们在思想寂寞的时刻带来陪伴。是为序。

黄明勇

2023年4月9日

于成都望江公园旁

自　序

这本书收录了我十多年来公开发表的部分教学论文，是我十多年来高中语文教学探索成果的一个选编，它记录见证了我十五年来的历程。

我的语文教学经历有些曲折，有很长一段时间，我都是语文教学的“门外汉”。1998 年大学毕业后，我被分配到皖赣交界的一所村小（教学点）教书，学校只有 13 名学生（一年级 3 名，二年级 4 名，三年级 6 名）和我一位老师，我被迫成了“多面手”，承担各个学科的教学，既要教语文，也要教数学，还要教科学、音乐、体育、美术。

在村小教了两年后，因为乡里的中学缺老师，我被调往中学任教。当时一位英语老师临产请假，我被“赶鸭子”接替她的英语教学。就这样阴差阳错的，在后来的 5 年教学时光里，我就再也没有和语文教学打过照面，直到 2005 年考上华中师范大学现当代文学专业研究生，在一所高职院校代课《大学语文》，才算是重回语文教学。

2007 年 11 月底毕业前，我签约成都市青羊区教育局，2008 年 8 月被分派到成飞中学，开始了我的高中语文教学之路。高中语文教学，于我而言是一个全新的挑战。虽说此前也有过小学和大学语文的教学经历，但实话实说，那些经历，于我的语文教学而言，不过是“打酱油”而已，而今面对有难度和深度的高中语文教学，面对高考的压力，心中充满了惶恐、茫然和困惑。

记得当时接的是高二理科班，学生对语文不感兴趣，语文基础差。因为缺乏经验，一开始，我也像其他老师一样，按部就班地备课、上课，对教材的处理缺乏创新，课堂缺少生气，没多久，学生就开始陆陆续续地游离于课堂之外，期中考试下来，学生的成绩非常差。面对这种状况，我开始思考如何切实有效地改变教学方式，让这些学生爱上语文，我的语文教学探索之路就是在这样的情形下开始的。

如何让学生不游离于我的课堂之外？首先要解决的是，我得让我的课有趣味，学生愿意听，同时又要保证教学任务的完成，不能一味求趣味而放飞课堂，如此做也是不负责任的行为。要平衡好这两点，还是要在备课、处理教材上下功夫。于是，我开始文本解读的探索。文本解读是语文老师的基本功，语文老师文本解读的功力一定程度上决定了阅读教学的品质，决定了阅读教学的成效，学生在多大程度上愿意听你讲课文，很大程度上取决于你的文本解读能力。为提高自己处理教材的水平，增强自己的文本解读的能力，我把读研时学过的西方文学理论著作找来重新阅读，并把国内语文界几位权威专家关于文本解读的著作买来阅读研究，如孙绍振教授的《文学文本解读学》《名作细读：微观分析个案研究》，赖瑞云教授的《文本解读与多元有界》《文本解读与语文教学新论》，荣维东教授的《文本解读实用教程》等，从中受益良多。在有了一定的积淀之后，我的阅读教学课渐渐地有了生气，听课的学生也渐渐多了起来。在收获了文本解读探索的成效后，我开始尝试撰写有关文本解读的文章，以期能够与同行分享和交流。十余年来，我陆陆续续地写了 20 余篇文本解读文章，收录到本书第一篇的 11 篇文章是近年来在语文教学专业期刊上发表了的，自己觉得较为满意的作品。

文本解读能力的提高，让我在教学设计上有了更多选择和自由发挥的空间，但这个选择和发挥也不是无限度的，本质上还是受文本体式的限制和影响。在做教学设计时，我发现，有些文本解读出来的意义并不一定都适合作为教学内容融入课堂。文本体式在一定程度上规约着文本意义阐释的空间和解读的方法，也制约着课堂教学内容和结构的整体安排。文本解读能力的提高，并不意味着阅读教学效果必然良好。要让课堂有向心力、吸引力和凝聚力，充满灵动之美，有必要加强文体教学的研究，探究文本“类性”“结构化”的因子和规律，让学生更轻松、更清晰地读解文章、读懂文本，以培养学生终生阅读的能力。这样，我先后对散文、小说、诗歌等文体教学进行了探索，撰写了如《矛盾冲突分析：提升小说阅读理解力的关键一环——以〈祝福〉教学为例》《写人记事散文教学：选文类型与教学目标定位——以〈记梁任公先生的一次演讲〉教学为例》《诗歌教学教什么——以人教版高中语文必修Ⅰ诗歌单元教学为例》等文章，这些文章发表在语文权威期刊《语文建设》《语文教学通讯》等杂志上，一定意义上表明文体教学探索的价值和成效，我将这一部分的探索成果归为一类，编在本书第二篇。

作文教学在高中语文教学中无疑占有很重的分量，但高中作文教学一直以来也问题多多。从课程教材的层面看，作文教学重要，但又没有相应的课程和教材供教学使用，教材里面虽然安排有零星的写作训练和指导内容，但大多是高屋建瓴的指导性原则，作文教学教什么、怎么教、教多少，全凭老师的个人理解和个人性情、兴趣。从教师教学层面看，高中作文教学长期以来处于无序的随意状态，很多教师无明确的作文教学计划，更不用说长远的规划。从学生学习的层面看，学生普遍怕写作文，写不好作文。考试时，学生作文审题不准，偏题、跑题是常有的事，结构行文思维混乱、条理不清也绝非个例。具体到我的学生，因为一开始所教班级多为平行班，语文基础不是很扎实，学生作文存在的问题相对还要严重一些、复杂一些。如何有效解决学生写作中存在的问题，我先后开展了《高中作文序列化教学研究》《高中语文“以读促写”写作教学实践研究》两个课题研究，在课题研究的过程中，围绕作文的审题立意、结构构思、选材用材、修改完善等方面，撰写发表了近 20 篇教学论文，并参与编写了《普通高中新课程问题导学案·语文阅读与写作（高二下册）》（山西出版传媒集团、山西教育出版社 2020 年 1 月出版发行）。本书第三篇便收录了这些年发表的一些作文教学论文。

高中语文教学，始终回避不了高考这个话题。随着新课改的深入推进，新课标的逐步实施和高考改革的不断深入，高考语文对学生语文能力与素养的要求越来越高，高考语文试题不断呈现新变化。如何应对这些新变化，提高学生的语文成绩，是一线语文老师肩负的责任担当。我所在的学校虽说是一所“老牌”省级重点中学，但历史上曾经是厂办中学，地理位置不佳，转为地方政府办学后，学校这些年的发展举步维艰，压力重重，提升成绩一直都是压在每一位老师身上的一块石头。为应对高考不断呈现的变化，切实提高学生的高考语文成绩，这些年我一直在做考试评价研究。每年高考结束，我都要分板块研究高考试题，探究高考命题的变化趋势，思考如何有效复习备考。有些思考觉得有价值，便写成文章，和同行分享，供同行参考。这部分的文章便编为一篇，收录为本书第四篇。

十五年来，文本解读、文体教学、作文教学和考试评价构成了我对高中语文教学思考和探索的主体。本书便是将这四个方面思考和探索的成果汇编成四篇。显然，四篇之间并不构成逻辑关联上的整体性，且每篇下面的各篇文章之间也并无逻辑关联。正因为这些思考和探索是散漫的、不成体系的，故取书名为《语文漫索》。当然，取这个书名还有一层用意，那就是，语文之路“漫漫其修远兮”，我“将上下而求索”，我要学习屈原为追求理想而坚定信念，百折不挠的永不放弃的精神，在语文教学之路上思考不辍，探索不止。同时，取“漫”之“随意，无拘无束”之意，“漫索”标示了我对语文专业追求的一种人生态度——追寻专业自由，走向专业自觉的自我修炼之境。

自己才疏学浅，积淀不够，底蕴不足，教学阅历也尚欠丰实，这些都影响着自己研究和探索的深度和广度。客观地说，本书对语文的思考和探索更多的还停留在“术”的层面，尚未上升到“道”的层面，因此本书收录的文章可能经不起学理的审视与观照，有些文章还流于浅表，论证不够严谨，有些观点和见解不免失之偏颇，等等。诸如此类问题，还望读者海涵指正。

余树财

2023 年 7 月 20 日

目　录

第一篇　文本解读

第二篇 文体教学

第三篇 作文教学

第一篇　文本解读

文本解读是语文教师的基本功，语文教师文本解读的功力一定程度上决定了阅读教学的品质，决定了阅读教学的成效，决定了阅读教学课堂的吸引度。学生是否愿意听你讲课文，在很大程度上是取决于你的文本解读能力。

第一章　诗歌解读

“虚涵两意得见妙”

——从《诗经·采薇》看古诗反讽艺术

反讽是诗歌在语言表达上的一个常用策略和突出特征，是“诗人和批评家对这个充满复杂矛盾的现实世界和人类复杂情感经验的一种认识态度和批评原则”[1]。英美新批评认为，人内心的复杂情感体验和微妙感受，在现实世界常常相互冲突、互不包容，在诗歌创作中，却可以通过语言文字、修辞技巧和画面景象的形式将其整合在一起，使它们在诗作中交融统一。

反讽作为一种策略和手法，从《诗经》开始，就被不自觉地运用于诗歌创作，中国古代诗歌存在着大量的反讽，尤其是唐诗。徐克瑜教授在《诗歌文本细读论》一书中将中国古代诗歌中的反讽大体分为“克制陈述”“夸大陈述”“正话反说”“浪漫反讽”“主题和结构性反讽”五种类型。依据徐克瑜教授的诗歌反讽分类，我们以《采薇》为例，选谈一下古诗中的反讽艺术。

一、夸大陈述，增强了语言表现的张力

夸大陈述原为西方修辞学的一种手法，后被英美新批评视为诗歌语言反讽的一种。夸大陈述并不是夸张，“夸张是在同一方向上强调，在同一性质上引申，而夸大陈述是假情假意地夸张，以暗指相反性质”[2]。中国古代诗歌中存在大量夸大陈述式的反讽，最典型是《白雪歌送武判官归京》中的“北风卷地白草折，胡天八月即飞雪。忽如一夜春风来，千树万树梨花开。散入珠帘湿罗幕，狐裘不暖锦衾薄……”几句。这里的“春风”并非春天刮的风，而是北风，“梨花”也并非梨树开的花，而是雪花，“忽如一夜春风来，千树万树梨花开”这两句，在上下文荒寒严酷气候环境的对比衬托中，增强了诗歌的语言张力，呈现出强烈的反讽意味。

《采薇》也蕴含着夸大陈述式的反讽。第四章开头：“彼尔维何？维常之华。”在战火纷飞、烽烟弥漫的战场盛开着棠棣花，这显然与战场的氛围不协

调。有人将这两句诗理解为起兴，认为写棠棣花是为引出将帅所乘高大的兵车，这种理解不能说错误。但放在这一章的语境中，关联这一章的末句“岂敢定居？一月三捷”，写棠棣花恐怕不只是起兴以引出对将帅兵车的描写，更重要的还是在“不相协调”的优美环境中反衬战争的激烈。这一夸大陈述式的反讽，其效果要比写满目荒凉狼藉的战场之景强烈得多。

最后一章“昔我往矣，杨柳依依。今我来思，雨雪霏霏”这几句也是夸大陈述式的反讽。士兵离家出征，杨柳依依，春光明媚，这与士兵悲伤的心情不搭调；士兵走在回家的路上，大雪纷飞，道路泥泞，这与士兵高兴的心情也不合拍，古人认为这样写是“以乐景写哀，以哀景写乐，一倍增其哀乐”（王夫之《姜斋诗话》）。但如果从反讽的视角来观照的话，这其实就是夸大陈述，其效果是所言非所指，诗人在看似矛盾不协调的陈述中增强了语言表现的张力，强化诗歌意蕴的表现。

二、正话反说，融合了矛盾复杂的情感

正话反说是诗歌中常见的一种反讽形式。所谓的正话反说，就是诗人要表达一个意义，他不直接从正面表达，而以否定或疑问的形式从反面表达。正话反说在诗歌中常常以假作否定或假作疑问的方式，来增强诗歌语言表达的张力，从而强化诗人情感的表达。

假作否定的，如王禹偁《村行》中的“数峰无语立斜阳”，山峰本来就不能语，王禹偁说它们无语便是假定山峰能语、有语、欲语，只是此时忽然无语。诗句不从正面着墨，而从反面出之，突出了山峰的宁静，作者正是运用了正话反说式的反讽来增强诗歌的语言张力，实现所言非所指的表达效果。假作疑问的，如柳永的《八声甘州》：“叹年来踪迹，何事苦淹留？”作者不愿淹留，但不得不留，诗句中看似多余的自问便是正话反说，包含无尽的心酸与苦楚。

《采薇》也运用了这种假作疑问的正话反说式的反讽来表达士兵矛盾复杂的情感。诗中有两处，第一处：“戎车既驾，四牡业业。岂敢定居？一月三捷。”士兵驾起兵车要出战，战马高大又雄壮，意味着战事又起。“岂敢定居”，士兵原本想“定居”，只是因为要“一月三捷”而不能“定居”。这一假作疑问的正话反说，既表现了士兵因战事频繁，身心疲倦而想“定居”的愿望，也表现了士兵为保卫国家而战胜入侵者的坚定信心与豪迈情怀。第二处：“四牡翼翼，象弭鱼服。岂不日戒？猃狁孔棘！”士兵对己方精良的装备感到自豪，但内心对长期无休止的战事充满厌倦。“岂不日戒”，士兵内心是不想“日戒”的，但“猃狁孔棘”又不得不“日戒”，一个假作疑问的反讽将士兵厌战和爱国守疆的矛盾复杂的情感融合在一起，丰富了诗歌的情感意蕴。

三、主题反讽，构建了诗歌的情感基调

主题反讽是指相互矛盾的主题、思想、意义共融于同一诗歌文本，二者相反相成，和谐共生。主题反讽便于作者表达复杂甚至矛盾的人生体验与感悟，在中国古代诗歌中也比较常见。如王翰脍炙人口的《凉州词》：

葡萄美酒夜光杯，/欲饮琵琶马上催。/醉卧沙场君莫笑，/古来征战几人回？

“醉卧沙场君莫笑，古来征战几人回”是一个典型的主题性反讽诗句，包含彼此对立的双重反讽主题——既悲伤厌战，又旷达豪迈。赵毅衡先生对此有一段精彩的评价：“它不是单纯的悲伤和嗟叹，也不是单纯的玩笑和谐谑，而是悲壮。悲壮是对的，但正是在嗟叹和谐谑所组成的对立式的反讽中融合成了悲壮，它并没有取消或否定嗟叹和谐谑这两个分层的反讽和矛盾意义，而是把两者融合成了一个更大的反讽，即主题性的反讽。”[3]

这样来看《采薇》，诗作的主题性反讽也很明显。诗歌前三章的前四句，以重章叠句的形式循序渐进地反复表达戍卒、思家、盼归之情，后四句对戍役难归的原因作了层层说明：因为玁狁之患而远离家园，因为战事频繁而戍地不定；因为征役不断而无暇休整，其根本原因，都是“玁狁之故”。士兵虽思家盼归，但对于玁狁之患，仍能意识到自己身负戍役之责。这样，前三章的前后两层情感，一方面是思归恋家、怀乡情结，另一方面是为国赴难、责任担当，两种相互矛盾又同样真实的情感交织在一起，真实地反映了戍卒的内心，也构建起全诗的情感基调。

第四、五章也充满了主题性反讽。这两章具体描写戍边生活，追述行军作战的紧张场面。每一章都写到了军容之壮，装备精良。“戎车既驾，四牡业业”“四牡翼翼，象弭鱼服”，表现了高昂的士气，流露出军人特有的自豪之情。同时，每一章也写到了战事的频繁和士兵的内心感受。“岂敢定居？一月三捷”“岂不日戒？玁狁孔棘”，流露出戍边战士恋家厌战的情绪，但面对严峻的边关形势，战士们仍表现出“国家兴亡匹夫有责”的担当。同样，第四、五章将戍卒两种相互矛盾真实的情感交织融合在一起，构建起全诗的双重反讽主题。这个双重反讽主题的表现，既借助于语言上的假作疑问来正话反说，也有赖于“维常之华”“一月三捷”“玁狁孔棘”的现实生活的矛盾结构。

总之，《采薇》是一首蕴含多重反讽的叙事抒情诗，多重反讽手法的运用赋予这首诗“虚涵两意得见妙”的艺术效果。因此，解读这首诗，反讽是一个不可忽略、颇有价值的视角。

参考文献：

[1] 徐克瑜. 诗歌文本细读艺术论 [M]. 兰州：甘肃人民出版社，2009：233.

[2] 徐克瑜. 诗歌文本细读艺术论 [M]. 兰州：甘肃人民出版社，2009：66.

[3] 赵毅衡. “新批评”文集 [M]. 天津：百花文艺出版社，2001：120.

（本文刊发于《语言文字报》2022年4月20日第3版）

忧患与豪情的交响

——《沁园春·长沙》双重反讽主题细读批评

作为经典名篇，《沁园春·长沙》被收录到不同版本的高中语文教材。对于这首词的解读，一般认为，这首诗表现的是青年毛泽东以天下为己任，蔑视反动统治者，敢于改造旧世界的革命豪情。人教版教师用书也持这个观点，“这首词写的虽是寒秋景物，诗人的感情却是豪迈昂扬的”，“面对祖国的大好河山，毛泽东抒发了改天换地的壮志豪情”[1]。

可细读这首词，不难发现，词中有一些与“豪情”相矛盾的、不协调的表达，如上片“独立寒秋”，“独”“寒”二字与“豪情”在基调风格上就很难统一。所以，仅用“豪情”来定性这首词的情感主题，似乎缺少点严谨，难以让人信服。那么，如何解释这些矛盾与不协调？这些矛盾与不协调是否蕴含着词作更为深沉和复杂的情感内涵？本文就此做一探析。

为了分析的方便，笔者引入英美新批评分析诗歌的一个重要术语——反讽。反讽本是一种修辞术语，是一种诗歌的修辞方式和语言技巧，但在英美新批评看来，反讽“却成为诗人和批评家对这个充满复杂矛盾的现实世界和人类复杂情感经验的一种认识态度和批评原则”[2]。新批评认为，人的内心的复杂情感体验和微妙感受，在现实世界常常相互冲突、互不包容，但在诗歌创作中，却可以通过语言文字、修辞技巧和画面景象的形式将其整合在一起，使它们在诗作中交融统一。这类诗在语言、语义上充满矛盾、悖论和张力，能够经得住“反讽观照”。以新批评的这个解读视角来观照《沁园春·长沙》，词作是能够经得住“反讽观照”的。

一、“寒秋”与“竞自由”

词的上片存在两处矛盾，第一处是“寒秋”与“竞自由”。词的开篇写词人“独立寒秋，湘江北去，橘子洲头”，一幅落寞寂寥的景象，接下来却写“万山红遍，层林尽染；漫江碧透，百舸争流。鹰击长空，鱼翔浅底，万类霜天竞自由”的生机勃勃的景象，二者在风格和意境上矛盾，十分不协调。对于这处明显的矛盾，一般将其解读为毛泽东不坠古人“悲秋”之窠臼，将自己乐观、豪迈的情感融入景物。人教版教师用书的解读便是代表：“在诗人笔下，秋虽然给人‘寒’的感觉，但却是一派‘万类霜天竞自由’的欣欣向荣的景象。”“这些景物不像古人眼中的秋景，给人的感觉不是‘悲’不是‘愁’，而是‘万类霜天竞自由’的热烈、喜人的场面，诗人传达给读者的是一种乐观、昂扬向上的情绪。”[3]

笔者以为，这样的解读有点简单、刻板，没有解释清楚其中的矛盾。要解释清楚这里的矛盾，我们不能忽略开篇“独立寒秋，湘江北去，橘子洲头”这一句。如何解释这里的“寒秋”?“寒秋”这一意象，并非毛泽东创造，古人在诗歌中早有运用，如“悲风清厉秋气寒”（曹丕《燕歌行》），“宿雨送寒秋欲晚，积衰成病老初来”（陆游《题酒家壁》）。在古人心中，“寒秋”表现的是一种悲怆的心境，这种悲怆更多来自对时光易逝的感慨、对个体生命的悲叹，蕴含着生命的忧患意识，最典型的便是杜甫的“万里悲秋常作客，百年多病独登台”。

从艺术符号学的视角看，“艺术，是人类情感的符号形式的创造”[4]。在苏珊·朗格看来，诗人创造的诗歌语言是艺术符号而非语言符号，诗人要借助艺术符号来表现情感。“秋”作为一个意象符号，在中国古典诗词中已经凝结为“悲寂寥”，虽然也有刘禹锡“我言秋日胜春朝”的别样体验，但悲秋仍是“秋”这一意象的主流。“秋”本已有“悲”之意，与“寒”结合，更显悲情。如果承认秋“给人‘寒’的感觉”，就应该承认“寒秋”这一意象的“悲情”内涵，也就不应该否认《沁园春·长沙》这首词中有“悲情”在。

结合这首词的写作背景，词作写于1925年，当时中国社会正处于一个十字路口，各种政治势力竞相角逐。1925年1月，中共四大在上海召开，提出了民主革命领导权的问题，但对于如何争取领导权，却缺乏明确的方针。以蒋介石为代表的国民党右派加紧了夺取革命领导权的活动，党内陈独秀总书记又提出了“统帅革命的资产阶级，联合革命的无产阶级，实现资产阶级的民主革命”的主张，将革命领导权让给资产阶级。中国革命何去何从，毛泽东对此充满了忧思，所以才有“谁主沉浮”的发问。写这首词时，军阀赵恒惕正四处抓捕毛泽东（1925年2月，毛泽东从上海回到家乡韶山开展农民运动，组织农会，引起反动派的注意，军阀赵恒惕下令逮捕毛泽东，为躲避缉捕，毛泽东南下广州开展革命活动，途经长沙，重游橘子洲，写下这首词）。面对反动军阀的缉捕，面对前途未卜的命运，词人内心不免有一种忧愤感。

同时，我们不能忽略“湘江”这个意象。“江水”作为传统意象，通常代表着时光的流逝，正如孔子面对奔流不息、一去不返的流水时，感叹“逝者如斯夫，不舍昼夜”。中国古典诗词用“江水”意象感叹时间易逝、人生短暂的诗句很多，如“大江东去”“人生如梦，一樽还酹江月”（苏轼《念奴娇·赤壁怀古》），“无边落木萧萧下，不尽长江滚滚来”（杜甫《登高》）。毛泽东写这首词时 32 岁，虽正值青春年盛，看着滔滔流逝的湘江水，心中不免也会产生一种时光易逝的生命忧患意识。

所以，从第一处“寒秋”与“竞自由”的反讽表达看，本词要表达的绝不仅仅是“豪情”，词人在表达“豪情”的同时，还透露出内心深沉的“忧患”——对国家前途和个人命运的忧患。这两种矛盾相悖的复杂情感通过诗歌语义上的反讽有机地融合在一起，构成了词作双重反讽的主题。

二、“竞自由”与“怅寥廓”

第二处是“竞自由”与“怅寥廓”。词人在描写了“万类霜天竞自由”的色彩绚丽、生机勃勃的湘江秋景后，却发出“怅寥廓，问苍茫大地，谁主沉浮”的感叹和疑问。“怅”字教材解释为：“原意是失意。这里用来表达深思而引发慷慨激昂的心绪。”这个解释似乎有点先入为主，因为词作要表达“豪情”，所以这个“怅”字在文中就不表达“失意”，而“表达深思而引发慷慨激昂的心绪”。可正如前文分析，这首词表达的不只是豪情，面对当时的社会状况和自身的处境，词人心中多少还是有忧患失意的心绪——尤其是对陈独秀拱手相让革命领导权的方针。

联系《中国社会各阶级的分析》一文，词人的这种心绪会显得更加明晰。《中国社会各阶级的分析》发表于 1925 年 12 月 1 日《革命》半月刊第四期，显然是写于《沁园春·长沙》之后。该文是毛泽东为反对当时中国共产党内存在的两种错误倾向所作，毛泽东在这篇文章中批评了以陈独秀为代表的右倾机会主义和以张国焘为代表的“左”倾机会主义，提出中国革命的性质是无产阶级领导的新民主主义革命，中国革命的领导力量是以工人阶级为领导的、以工农联盟为基础的无产阶级。这从另一方面说明，正是经历了迷茫、忧患和失意，才促使毛泽东去思考中国社会的走向和中国革命的领导权问题。

另外，“怅”也是古人写诗引发感慨常用的一个字，以“怅”字开头引发感慨的诗句在中国古典诗词中比比皆是，其引发的感慨多为惆怅失意：有与友人离别的怅惘，如“怅别三河道，言追六郡雄”（陈子昂《送魏大从军》）；有离别故国家园的失意，如“眷然怀楚奏，怅矣背秦关”（骆宾王《途中有怀》）；

有对物是人非的感慨，如“怅霸图之安在，恍陵谷之互更”（任家相《黄鹤楼赋》）；也有对遇不到有情有义的心上人的怨恨，如“怅恨不逢如意酒，寻思难值有情人”（晏几道《浣溪沙》），等等。具体到《沁园春·长沙》，虽然词人自信像他一样的青年一代能够担当起主宰世界、拯救中国、改造旧世界的大任，但乐观自信改变不了现实的处境，严峻残酷的现实还是会让词人感到忧患和惆怅。

如果承认“怅寥廓”蕴含有词人惆怅失意的心绪，那么过片“怅寥廓，问苍茫大地，谁主沉浮”的感叹与前文“万类霜天竞自由”的景象也可以说构成了某种反讽的表达，词人正是运用这种反讽的表达将内心复杂矛盾的情感完美地融合在一起，实现了新批评所谓的“情感的有机平衡”。

三、“独立”与“携来百侣”

第三处矛盾是上片“独立寒秋”与下片“携来百侣”。同样是游橘子洲头，上片写现实，下片写回忆，二者对比鲜明：现实中的自己“独立”，回忆中的自己“携百侣”；现实中的自己处境艰危，回忆中的自己“恰同学少年，风华正茂；书生意气，挥斥方遒。指点江山，激扬文字，粪土当年万户侯”。相比现实中的自己，回忆中的词人更显豪迈与昂扬。词作上下片这种鲜明的对比，与其说词人要表现的是豪情，不如说更多的蕴含着词人内心其他的复杂情感。

如果我们把视野放大，把“独立”放在中国文化的大背景中去观照，这一点我们会看得更清楚。在中国文化的语意中，“独立”不只是表“独自站立”的意思，还可以表示“孤立无依”“超凡拔俗，与众不同”之意，如“羁游如此真无策，独立凄然默怆神”（陆游《新安驿》），“苏世独立，横而不流兮”（屈原的《九章·橘颂》），“飘飘乎如遗世独立，羽化而登仙”（苏轼《赤壁赋》）。在《沁园春·长沙》中，词人在寒秋中“独立”，字面上是作者独自站立在橘子洲头，但正如前文所述，对于中国革命的领导权，作者不赞成党内的两种错误倾向，且面对反动军阀的缉捕，不免有一种孤立无依之感。词人在“寥廓”“苍茫”的空间背景下“独立”，相比“携百侣”，在个体与外部力量的对比下，词人亦不免有一种强烈的孤弱感。在“寒秋”时节，面对滔滔流逝的湘江水，这种孤弱感很快就升华凝结为一种生命的忧患意识。

综上所述，《沁园春·长沙》是一首蕴含双重反讽主题的词，词作妙就妙在它多处运用矛盾，这些矛盾构成了诗歌的反讽表达。从艺术效果上看，这种反讽表达强化了诗歌的艺术张力，丰富了诗歌的情感内涵，将青年毛泽东基于当时国情思考与现实处境的内心的忧患与革命豪情有机融合在一起，形成了一个双重反讽的情感主题。

参考文献：

［1］人民教育出版社课程教材研究所，中学语文课程教材研究开发中心. 普通高中课程标准实验教科书语文 1（必修）· 教师教学用书［M］. 北京：人民教育出版社，2007：4.

［2］徐克瑜. 诗歌文本细读艺术论［M］. 兰州：甘肃人民出版社，2009：233.

［3］人民教育出版社课程教材研究所，中学语文课程教材研究开发中心. 普通高中课程标准实验教科书语文 1（必修）· 教师教学用书［M］. 北京：人民教育出版社，2007：4.

［4］苏珊·朗格. 情感与形式［M］. 北京：中国社会科学出版社，1986：51.

（本文刊发于《语文月刊》2022 年第 6 期）

离歌的面影，至真的情歌

——《再别康桥》重读

《再别康桥》是徐志摩脍炙人口的经典诗作，对于这首诗的解读，人们习惯把它当成一首别离诗，认为诗人再次重游康桥，对康桥充满了眷恋和离别的不舍。人教版教师用书也沿用了这种主流解读，“《再别康桥》，是诗人徐志摩最重要的代表作。这首使诗人获得巨大声誉的诗作，就其思想内容而言，的确没有什么重要的东西，只不过是表达一种极平常极普通的离情和那种微波似的轻烟似的别绪”[1]。

可问题是，徐志摩重游康桥不止一次，他曾三次别离康桥，每次离别也都写下过文字抒怀。第一次是 1922 年 8 月，他启程回国前写下了《康桥再会罢》。在这首诗里，康桥是诗人在外求学时遇到的“难得的知己”，是他精神上的朋友，诗人表达了对康桥难舍难分的依恋之情。第二次是 1925 年 4 月，归国后写下散文《我所知道的康桥》，文章叙写了作者在康桥的生活经历，描述了康桥令他如痴如醉的美景，细腻而充满柔情的叙述和描绘流露出他对康桥的留恋之情。可以看出，前两次别离康桥，作者均表达了对康桥的留恋与不舍。而这首诗是时隔三年之后，作者 1928 年 7 月第三次重游康桥，11 月在归国途中写的。或许，作者的确把康桥当成了他的第二故乡，再三抒发对康桥的留恋，这也不是没有可能。但结合诗人的情感经历和这首诗的创作背景，恐怕诗中更多的情感元素不应该被我们忽略。

一、新娘之喻，隐含美好爱情的回忆

如果说读诗的第一节，“轻轻的我走了/正如我轻轻的来/我轻轻的招手/作别西天的云彩”，我们是很容易感受到作者对康桥的离别的，但读到第二节“那河畔的金柳/是夕阳中的新娘/波光里的艳影/在我的心头荡漾”，我们怎么都很难把作者的情感禁锢在眷恋和不舍上。作者为何要把“柳树”比作“新娘”，虽说借用美人意象抒情是中国古典诗歌的常见手法，但美人意象并不仅限于新娘，像红袖、翠袖、红颜、粉黛、玉颜、玉人、璧人、峨眉、佳人、娇娘、妍姝、仙子、天香等，如果是出于押韵的考虑，那改用“娇娘”或“天香”也未尝不可。这里面是否有作者更为隐秘的情感呢？

要知道，康桥是作者生命中非常重要的地方，是徐志摩一生的情结，他在这里不仅收获了知识和学问，还在这里邂逅了爱情。1920 年 9 月，徐志摩在哥伦比亚大学硕士毕业后，为求教于罗素，转赴英国求学，认识了林徽因。作者被林徽因的才华和美貌吸引，热烈追求林徽因，康桥留下了他们恋爱的身影，而如今，心中的恋人已成为别人的新娘，自己也已为人夫。作者再次来到康桥，面对现实的境遇，那挥之不去的曾经美好的爱情回忆涌上心头，恋人的身影自然会在心头荡漾。

其实，以“杨柳”写爱情在中国古典诗词中比比皆是，“月上柳梢头，人约黄昏后”（欧阳修《生查子·元夕》）堪称经典，佳人相约在月亮爬上柳梢头之时、黄昏之后，一片柔情蜜意尽显于柳的意象。“楼前绿暗分携路，一丝柳，一寸柔情”（吴文英《风入松·听风听雨过清明》），楼前依依惜别的地方，如今已是一片浓密的绿荫。每一缕柳丝，都寄托着一分柔情，写出了对情人的相思之情。“杨柳青青江水平，闻郎江上踏歌声”（刘禹锡《竹枝词》），刘禹锡借杨柳这个意象渲染了少女怀春的心情。“陌头杨柳枝，已被春风吹。妾心正断绝，君怀那得知”（郭振《子夜四时歌六首·春歌》），郭振借杨柳写出了女子对郎君的思念之切，王昌龄的“闺中少妇不知愁，春日凝妆上翠楼。忽见陌头杨柳色，悔教夫婿觅封侯”（《闺怨》）似乎也有异曲同工之妙。

所以，将“金柳”比作“新娘”不是作者的随意比附，其中隐含着作者对曾经美好爱情的回忆，寄寓着对逝去爱情的缅怀。

二、寻梦之问，重温曾经的恋爱时光

“那榆荫下的一潭/不是清泉/是天上虹/揉碎在浮藻间/沉淀着彩虹似的梦。”康桥是作者的精神故乡，沉淀着作者求学时的“彩虹似的梦”——美好记忆，按照正常的逻辑，作者再次重游康桥，自然要去寻一回梦——体验一下当年在康桥“撑长篙”的情景，但细心的读者会发现，第五节“寻梦？撑一支长篙”，作者在“寻梦”后加了一个问号。这一寻梦之问，有何用意？我们又该如何解读？

笔者以为，这有两种可能。一是，作者来到康桥，不只是在心里回忆以往的美好时光，更要去亲身体验一下当年的生活；二是，作者否认此次重游康桥是为了追寻体验当年在康桥的生活，而是想再次重温一下当年和林徽因的恋爱时光——坐在小船上，作者撑着长篙，向僻静的“青草更青处漫溯”，两人兴致勃勃地谈论着共同喜爱的文学。第一种情况的可能性不是没有，但结合这首诗的开头结尾，笔者以为第二种情况的可能性要大一些。

这首诗题为“再别康桥”，可诗歌开头结尾却说“轻轻的我走了”“悄悄的我走了”“作别西天的云彩”，这里潜藏着诗歌解读的情感密码：离别母校是坦荡磊落的，为何要“轻轻”“悄悄”；明明是离别康桥，却又为何要与“云彩作别”。这里可能隐喻着徐志摩那不能公开的感情秘密。

这首诗写于1928年11月，1920—1921年徐志摩赴伦敦求学，认识林徽因并与其“曾结伴在剑桥漫步”（据张清平《林徽因》），而且有“谈婚论嫁之意”，“后以小误会，两人暂告不欢”[2]。后林徽因随父亲林长民回国，不久与梁思成恋爱。1928年3月21日，林徽因与梁思成在加拿大结婚。但在徐志摩心里，林徽因永远是他的最爱，不然也不会有后来百忙之中还专程赶赴北京参加林徽因的演讲——因为这他才遇上了飞机失事，结束了自己年轻的生命。可是对林徽因的那份爱此时是不能公开说出来的，毕竟心上人已为人妻，自己也已为人夫。更何况，自己和陆小曼结婚的事已经遭到了舆论的非议，作者只能将这一份爱隐藏心间。所以这首诗开头才不会像另一首离别康桥的诗《康桥再会罢》那么直接：“康桥，再会罢；我心头盛满了别离的情绪”，而是“作别西天的云彩”。在述及离别之情时，才不会像《康桥再会罢》那么苦痛：“昨宵明月照林，我已倾吐/心胸的蕴积，今晨雨色凄清/小鸟无欢，难道也为是怅别/情深/累藤长草茂/涕泪交零”，而是“轻轻的我走了”“悄悄的我走了”，显得是多么地潇洒、轻松，甚至还有一点甜蜜。关于这一点，孙绍振教授在《〈再别康桥〉：无声独享的记忆是最美好的音乐》一文中作了精彩的解读：

为何要“轻轻”“悄悄”？就是因为浪漫的回味已经不便公开了，不像他和陆小曼的关系可以公然为诗，可以从《这是一个怯弱的世界》中可以觉察。此时他和陆小曼在一场轰轰烈烈的恋爱以后结婚了。值得注意的是，徐志摩的这首诗写得很优雅，很潇洒，在他的精神世界里，没有一点世俗的失落之感，更不要说痛苦了。这种潇洒正是徐志摩所特有的，他只把过去的美好情感珍贵地保留在记忆里，一个人独享。[3]

回到寻梦之问，此时，诗人重游曾经和心上人耳鬓厮磨的地方，除了唤起他对美好爱情的回忆之外，恐怕更多的还是想重温一下当年的恋爱时光，虽然此时恋人不在，自己形单影只，但这并不妨碍他去寻找旧梦，只是这个梦不是人们所理解的去体验回味自己在康桥求学的情景，而是他内心隐秘的、久久不能忘怀的和恋人曾经共度的美好的恋爱时光。所以，作者才会在“寻梦”后加一个问号。

三、放歌之怩，面对现实的情感无奈

要真正进入文本内核，对文本进行深度分析，就要善于抓住文本的裂缝，用孙绍振先生的话说，就是文本的矛盾。正如孙教授所言：“要进入作品深层加以分析，就要从天衣无缝的作品中找出差异，揭示出矛盾，提出问题来。”[4]

在寻梦之问之后，文本又呈现了一个很明显的裂缝和矛盾：“满载一船星辉/在星辉斑斓里放歌/但我不能放歌。”作者沉醉在“寻梦”中，即使“星辉斑斓”也不舍得离开。若只是眷恋母校，要表达对母校的爱和不舍，为何又不能“放歌”？即便母校此时一片寂静，大声放歌会破坏校园的这份宁静，但对浪漫主义气质的诗人而言，与表达对母校的深情相比起来，这又算得了什么呢？“放歌”的内心矛盾和两难是否隐含着作者内心更为真实的情感呢？这里不得不提到他生命中的另一个女人——陆小曼。

1924 年，在林徽因芳心已定，徐志摩极度空虚之际，在北平的一个舞会上，徐志摩认识了朋友之妻陆小曼，两人一见倾心，投入爱河。他们的爱情在常人看来是多么离经叛道，自然遭到了各种非议，也遭到了徐志摩家人的反对。但对于天生浪漫的徐志摩而言，他敢于冒天下之大不韪，为了追求浪漫理想之爱，徐志摩不顾家庭的反对和舆论的压力，冲破重重阻挠，最终于 1926 年 10 月 3 日在北平与其完婚。婚后，两人有过短暂的甜蜜，但因徐志摩离婚再娶，触怒父亲，断了经济后援，而陆小曼挥霍无度，使徐志摩入不敷出，狼狈不堪，债台高筑。在生活面前，两人开始出现摩擦，现实与理想之爱的巨大反差，使他陷入了失落，而让徐志摩更失望的是，婚后定居上海，陆小曼经常出入戏院票戏、捧戏子，还不时要求徐志摩陪她唱戏、配戏，徐志摩对此十分地厌烦和苦恼，这在他的 1927 年 12 月 27 日的日记中有所表露：

我想在冬至节独自到一个偏僻的教堂里去听几折圣诞的和歌，但我穿上了臃肿的袍服上舞台去串演不自在的“腐”戏。我想在霜浓月澹的冬夜独自写几行从性灵暖处来的诗句，但我却跟着人们到图蜡的跳舞厅去艳羡仕女们发金光的鞋袜。[5]

让徐志摩更加不堪忍受的是，在票戏的过程中，陆小曼认识了一个名叫翁瑞午的越剧小生，翁瑞午以替陆小曼按摩治病为名，经常出入徐家，两人眉来眼去，如胶似漆，整日隔灯并枕，吸食大烟，徐志摩多次恳切规劝无果，两人矛盾日渐加深，并发展到吵架地步。徐志摩不顾一切，冲破一切阻碍奋斗追求而来的爱情，没想到会是这个样子，徐志摩陷入了极度痛苦之中。多少也是因为这个原因，徐志摩才选择了第三次欧游，重回康桥。

以这样一个背景来看诗人"放歌"的内心矛盾，我们很难简单地认为，作者第三次重游康桥，仅仅是要表达对康桥的眷恋和离别的不舍。在经历了婚后一年半的失落和痛苦煎熬之后，诗人再次重游康桥，回忆和缅怀当年与心爱的人一起在康河上度过的美好时光，又何尝不是面对现实情感的一种无奈逃避呢？这种逃避另一方面又更加加深了他对心中恋人的思慕，可这份思慕此时又不能公布于众，只能隐藏于心间。这样，作者的放歌之怩也就不难理解了。

总之，康桥是徐志摩和林徽因共同致敬青春的地方。因为心中的理想和真爱，康桥成了徐志摩一生的情结。康桥是作者一生的恋人，康桥上曾经的林徽因更是他一生的至爱。虽然恋人已为人妻，自己也已为人夫，但曾经的美好和对挚爱的渴慕不曾失去。在经历了追求浪漫之爱的失败与痛苦后，诗人再次来到康桥，借着与康桥的离别，除了要表达对康桥的眷恋和离别的不舍外，更多的还是想缅怀珍藏于内心的那份隐秘的爱情。因此，与其说这首诗是一首优美动人的离歌，不如说是一首留恋爱情、悄悄表达真爱的情歌。物是人非笙箫默，真情难言化离歌！

参考文献：

［1］人民教育出版社课程教材研究所，中学语文课程教材研究开发中心．普通高中课程标准实验教科书语文 1（必修）· 教师教学用书［M］．北京：人民教育出版社，2007：19.

［2］陈从周，陈子善．徐志摩年谱［M］．上海：上海书店出版社，2008：32.

［3］孙绍振．批判与探寻：文本中心的突围和建构［M］．济南：山东教育出版社，2012：391-392.

［4］孙绍振．批判与探寻：文本中心的突围和建构［M］．济南：山东教育出版社，2012：383.

［5］宋炳辉．徐志摩传［M］．上海：复旦大学出版社，2011：183.

（本文刊发于《中学语文》2018 年第 11 期）

英雄想象：一位失意文人心灵的多维透视

——苏轼《念奴娇·赤壁怀古》重读

文人自古多悲凉，或因忠君爱国，却不受重用，理想无法实现而内心苦闷；或因才华横溢，却遭人嫉妒排挤，才华无处施展而失意无奈；或因仕途不顺，命途多舛，屡遭贬谪而抑郁悲愤；或因家国之失，漂泊流离，人生凄楚而满怀伤感悲痛，等等。

苏轼因“乌台诗案”被贬黄州，时年47岁。苏轼作为一位才华出众，又有志为国家建功立业的文人，却遭人陷害，被贬异地，心情自然是失意苦闷的。好在苏轼不像一般的文人，没有沉湎于自己的失意苦闷中，他心胸豁达，常常在游山玩水中排解苦闷。所以这首词在教参里被理解为苏轼贬居黄州游玩赤壁（实为赤鼻矶），“通过对古迹的描写和对古人、古事的记叙”[1]，“借古代英雄周瑜之少年有为，感叹事业无成，时不我待”[2]，“借咏史表达对古代英雄豪杰和对功业早就的周瑜的仰慕之情，又联系到自己的现实处境，遂产生了年岁将老，壮志难酬的无限感慨”[3]。

这样的解读当然没有错，但问题是，在《念奴娇·赤壁怀古》一词中，苏轼对古人、古事的记叙是超越了历史真实的，周瑜作为历史英雄是被美化变形了的，换句话说，周瑜这个英雄在这首词中是被某种程度地想象了的。被想象点有二：

其一，“遥想公瑾当年，小乔初嫁了，雄姿英发”，周瑜“雄姿英发”的确不假。据《三国志·吴书·周瑜鲁肃吕蒙传》记载：“瑜长壮有姿貌。”[4]但“小乔初嫁了”就不符合历史真实了。历史上，小乔并非嫁给周瑜的，而是作为战利品被分给周瑜。有史书为证：

瑜时年二十四，吴中皆呼为周郎。以瑜恩信著於庐江，出备牛渚，后领春谷长。顷之，策欲取荆州，以瑜为中护军，领江夏太守，从攻皖，拔之。时得桥公两女，皆国色也。策自纳大桥，瑜纳小桥。

（《三国志·吴书·周瑜鲁肃吕蒙传》）[5]

从这段史料看，周瑜跟随孙策攻下了皖城（今天的合肥），得到了乔公的两个女儿——大乔和小乔，因为她们国色天香而占为己有。陈寿在写这个历史事件时用了一个“纳”字，虽然“纳”在古汉语词义中有“娶”的意思，但裴松之给这段历史作注(《江表传》）说：“策从容戏瑜曰：桥公二女虽流离，得吾二人作婿，亦足为欢。”[6]“流离”二字足以看出小乔并非明媒正娶地嫁给周瑜。

另外，这段记载还露出了苏轼篡改历史的破绽，即周瑜收小乔为妻时年24岁，而周瑜指挥赤壁之战已是十年之后的事了。难道苏轼对历史会无知到这种地步？肯定不会！其间必有作者的写作谋略和考量。

其二，“羽扇纶巾，谈笑间，樯橹灰飞烟灭”，“羽扇纶巾”一般是魏晋时期士人的穿戴打扮[7]。周瑜是一位将军，指挥的是一场实力悬殊、以弱搏强、充满了凶险的决定自我存亡的战争，“羽扇纶巾”、谈笑自若的可能性不大。如果真是这样的话，史书上应该会有记载。作为亲临前线的指挥官，他应该身穿铠甲、头戴金盔才是。

“羽扇纶巾”更容易让人联想到诸葛亮服纶巾、执羽扇，指挥军事的形象。鲁迅在《古小说钩沉》中引晋裴启《语林》中“诸葛武侯”条：

诸葛武侯与宣王在渭滨，将战，宣王戎服莅事；使人观武侯，乘素舆，著葛巾，持白羽扇，指麾三军，众军皆随其进止。宣王闻而叹曰：“可谓名士矣！”[8]

诸葛亮“乘素舆，著葛巾，持白羽扇，指麾三军”的形象见诸裴启之后、苏轼之前的诸多书籍，已经定型于世人心中，苏轼作为饱读诗书之人，不会连这一点常识也没有。显然，苏轼在周瑜身上赋予了一定的历史想象。

那么，苏轼为什么要篡改历史、移花接木、张冠李戴，赋予周瑜以超越历史真实的想象呢？

任何的文学创作都是作家心灵（情感或思想）的表达与演绎。只不过，不同的作家所借助的方式和手段有所不同而已。有的做自我的心灵独白，直接将自己的情感传达给读者；有的将心灵外化为人、事、景、物，将自我的情感与思想寄附于形象，委婉含蓄曲折地表达。显然，苏轼的《念奴娇·赤壁怀古》这首词选择的是后者。在这首词中，苏轼将自我的心灵全都寄寓在这位历史英雄身上（虽然也有景物的描写，且景物写得如此雄奇壮阔：“乱石穿空，惊涛拍岸，卷起千堆雪”，但苏轼这首词所写的景物并不是要直接抒发心灵，而是为了引出他要写的英雄周瑜），寄寓于对这位历史英雄的想象。苏轼表面的“无知”其实隐含着破译文本的密码，隐藏着苏轼丰富的心灵世界。

一、镜照自我，抒发怀才不遇的失落与无奈

失意文人似乎都有一种英雄情结，借历史英雄抒怀，已然成为一种不约而同表情达意的手段。“东风不与周郎便，铜雀春深锁二乔”，杜牧羡慕周瑜成名的机遇，感叹自己生不逢时，空有才能而得不到施展。“千古江山，英雄无觅孙仲谋处”，辛弃疾渴望能有像孙权一样的国君，抒发壮志难酬的悲愤。同样的，周瑜也不是苏轼笔下固定的抒怀英雄。“为报倾城随太守，亲射虎，看孙

郎”，《江城子·密州出猎》借孙权表杀敌报国之豪情。“酾酒临江，横槊赋诗，固一世之雄也，而今安在哉”，《赤壁赋》借曹操这位英雄感叹人生短暂，时间永恒。

失意文人选择由历史英雄抒怀，是因为历史英雄有他们相似或相反的人生境遇，寄寓着他们的人格精神和人生理想。历史英雄在失意文人那里，其实就是一面镜子，镜子背后是历史，镜中照出的是作者一定人生境遇中的心灵（这一点，《念奴娇·赤壁怀古》也不例外）。同样的历史，照出的可能是不同的心灵。赤壁之战那一段历史，可怀的英雄甚多。辛弃疾怀的是孙权，杜牧、苏轼怀的是周瑜，这之间的差异恰好说明了这一点。

辛弃疾身处南宋，君王不思进取，朝廷苟且偷安，国家风雨飘摇，他的人生理想就是收复河山，重振国家。但他怀抱一腔爱国热忱，却被君王冷落疏远，只能“把吴钩看了，阑干拍遍”。悲愤无奈中，他只能把自己的人生理想寄托在像孙权这样“敢于抗击中原曹操数倍于自己的大军，以保江山无虞”[9]的君王身上。辛弃疾能不能选择周瑜作为自己的镜子呢？当然可以，但那样似乎更多地在强调个人得失，抒发自己的怀才不遇。显然，这不是辛弃疾的本心所在。在辛弃疾的心里，国家安危远大于他的个人得失，怀才不遇也不过是壮志难酬的伴影。杜牧身处晚唐，他所生活的朝代，国家衰落已久，纷争不停，在他被贬失意时，更羡慕的是周瑜在那个群雄逐鹿的时代能有好的成名机遇。苏轼则不然，他才华满腹，怀有远大的政治抱负，主张改革弊政，但不能得到君王的信任采纳，反而遭人陷害，打入牢狱，被贬黄州。写作这首词时，苏轼已 47 岁，却“早生华发”，人生一事无成。相比之下，周瑜深受君王信任和重用，34 岁便因指挥赤壁之战取得赫赫战功而名垂青史。此情此景，周瑜是反照他最好的镜子。

但问题是，在其他文本中，历史英雄并未超越历史的真实，为何苏轼对英雄要超越历史真实地美化与想象呢？这自然也和作者的人生境遇有关。辛弃疾生于金国，少年抗金归宋，历任湖北、江西、湖南、福建、浙东安抚使等职，他是文人的同时更是一位军人，军人气质的他没有必要去想象美化军人气质的君王。杜牧虽然没有军事斗争的经历，但做过很长时间的节度使幕，且喜好军事，写下了不少军事论文，这也决定了他不会去想象周瑜。苏轼是一个书生气十足的文人，周瑜是一位军人，他们都才华横溢，为了使军人气十足的周瑜更符合自己的人格精神，苏轼不惜违背历史真实，将周瑜想象成“羽扇纶巾”、风流儒雅的将军。这样，周瑜这面镜子就更亮，自己怀才不遇的失落与无奈也就映照地更清晰。

二、俯瞰历史，感悟深沉的生命意识

在其他的作家那，历史英雄作为一面镜子，镜照是单向度的、静态的，即作者借历史英雄静态地观照自我，其观照的方向是单向的，由英雄到自我。但在苏轼这，历史英雄作为镜子的同时，也作为被观照的对象。苏轼的观照审视是多向度的、动态的。一方面，苏轼用历史英雄这面镜子来观照自我；另一方面，他又将历史英雄放到历史（时间）这面镜子前去审视，或者将历史放到英雄这面镜子前去观照，在时空的转换中动态地、多向度地审视。这显示了苏轼作为一位才华横溢的作家独特的审美视角和开阔的创作视野。

“大江东去，浪淘尽，千古风流人物”，苏轼站在生命的高处，俯瞰历史，将英雄放在时间的长河中审视观照。在历史这面镜子前，每一个英雄都被鲜明地映照出其生命的短暂，即使是英雄，也经不起时间的淘洗。周瑜英才盖世，功勋卓著，但在历史的长河中也不过是沧海一粟。同样，《赤壁赋》（与本词同写于黄州被贬时期）中的曹操，“固一世之雄也”，最终也逃不了“而今安在哉”的人生哀叹。“哀吾生之须臾，羡长江之无穷”，在苏轼看来，人（哪怕是英雄）的生命是有限的，而时间是无限的，有限的生命在无限的时间面前，是多么卑微和渺小，这是苏轼对生命的一种认知和感悟，也是苏轼在人生失意时的一种豁达。正是有了这种感悟和豁达，苏轼才会情不自禁地发出“人生如梦，一樽还酹江月”的感叹。

苏轼以历史为镜观照英雄，感叹生命的短暂，我们是否还可以换一个角度来看苏轼的观照呢？苏轼以历史为镜来观照英雄的同时，是不是也在以英雄为镜观照历史呢？“江山如画，一时多少豪杰”，时空是永恒的，从三国到苏轼生活的宋代，长江水一直向东流，江山依旧那么壮阔美丽，这是不变的。但英雄却是流动的、变化的，即使同一个时代，英雄也不是唯一的。苏轼以变化的英雄来观照不变的历史时空，深入地思考着人的生命问题，这就是苏轼的生命意识，一个充满人生理想和胸怀抱负的文人在人生失意时对生命的思考和感悟。

为了将失意无奈中的这种生命感悟向读者传达得更鲜明、动人，苏轼有意美化周瑜这个历史英雄，对周瑜作超越历史的想象。这样写的效果就是，周瑜的形象越高大完美，生命有限与时间无限的对比就更鲜明，英雄的变与历史时空的不变的反差就更突出，在这种对比与反差的张力中，词作所表达的生命感悟也就越发的深沉，越发的能打动人。

三、神游故国，完成自我的精神“重构”

贬谪黄州使苏轼遭遇了人生的第一次重大打击，对于积极入世、胸怀抱负的他而言，其内心是多么凄惶苦闷。在黄州那偏远之地，他又无人诉说，只能借游山玩水排遣内心的寂寞与失落。这失意苦闷的背后，是他精神深处儒家思想的牵绊。儒家思想就像一只无形的手，操控着苏轼的笔，使他不由自主地将周瑜幻化想象成儒雅风流的英雄。但当他登临赤壁、穿越历史、神游故国，与历史英雄做了一次心灵的对话之后，却在英雄身上看到了生命的短暂，郁结于心的失意苦闷似乎瞬间就得到了释放。

“故国神游，多情应笑我”，猛然间，他发现自己是多么地可笑，竟然会伤心失落于人生一时的得失，于是发出了“人生如梦，一樽还酹江月”的感叹。这一声感叹是对生命的顿悟、对人生的豁达。这一声感叹的背后隐含着苏轼思想的转变，他精神深处的儒家思想开始出现裂缝，道家思想开始沿着这道裂缝渗入，且很快就与儒家思想不着痕迹地融合在一起了。于是，他不再那么纠结于人生的得失，而要向江月去找回人生的精彩。至此，苏轼完成了一次自我的精神之旅，实现了一次自我的精神超越。

余秋雨在《苏东坡突围》中说，苏轼在黄州“完成了一次永载史册的文化突围”[10]。余秋雨是从历史文化的视角观照苏轼的黄州之贬，但如果我们把视线拉回到这首词，苏轼神游故国，将自己与风流倜傥的英雄幻化为一体，在与英雄想象的心灵对话中实现了由儒向道、儒道融通的精神超越，在这个语境中，与其说苏轼完成了一次文化突围，不如说他完成了一次精神的突围与自我人格精神的“重构”。

如此看来，这首词的题目“赤壁怀古”怀的不是人吼马嘶、刀光剑影、烟焰漫天的那场战争，怀的是历史英雄。为了使这个历史英雄更符合自我的人格精神，苏轼不惜违背历史的真实，把周瑜塑造为一位超越历史真实的“风流”人物。苏轼这样做的目的不过是借英雄想象来观照自我、诠释自我，表现自我的心灵和精神世界。换句话说，周瑜这位被想象了的英雄于苏轼而言只是一面镜子，苏轼借这面镜子来镜照自己、俯瞰历史、幻化神游、超脱现实（尽管这种超脱只能是短暂的、临时的），实现自我的精神超越。因此，《念奴娇·赤壁怀古》这首词，英雄想象隐藏着苏轼的心灵密码，破译这套密码，我们才能深入苏轼的心灵深处，读懂这首词，读懂苏轼，读懂苏轼的精神世界。

参考文献：

［1］人民教育出版社课程教材研究所，中学语文课程教材研究开发中心．普通高中课程标准实验教科书语文 4（必修）·教师教学用书［M］．北京：人民教育出版社，2007：55.

［2］陈佳民，柯汉琳．普通高中课程标准实验教科书语文（必修 3）教师

教学用书［M］. 广州：广东教育出版社，2004：153-154.

［3］人民教育出版社课程教材研究所，中学语文课程教材研究开发中心. 普通高中课程标准实验教科书语文 4（必修）·教师教学用书［M］. 北京：人民教育出版社，2007：55.

［4］陈寿. 三国志［M］. 北京：中华书局，1982：1259.

［5］陈寿. 三国志［M］. 北京：中华书局，1982：1260.

［6］陈寿. 三国志［M］. 北京：中华书局，1982：1260.

［7］张宏慧. 魏晋风度与士人服饰［J］. 许昌学院学报，2004（6）：58-60.

［8］孙绍振. 批判与探寻：文本中心的突围与建构［M］. 济南：山东教育出版社，2012：201.

［9］李元洪. 三读《念奴娇·赤壁怀古》［J］. 名作欣赏：鉴赏版（上旬），2014（4）：130.

［10］余秋雨. 山居笔记［M］. 上海：文汇出版社，2002：84.

（本文刊发于《中学语文教学参考·高中刊》2017 年第 1～2 期）

第二章　散文解读

“说”与“不说”的张力之美

——《记念刘和珍君》细读

《记念刘和珍君》是鲁迅先生为悼念自己的学生在“三一八”惨案遇害而写的一篇经典杂文，收录在杂文集《华盖集续编》中。我们阅读这篇文章最直观的感受是，作者反复在“说”与“不说”中矛盾纠结，诉说自己的愤怒、哀痛。表面上看，“说”与“不说”蕴含着作者深沉的情感，但细读文本，这“说”与“不说”其实建构了文本的巨大张力，寄寓了作者的艺术匠心。

“张力”一词，源于物理学，指物体受两个相反方向拉力作用时，存在其内部而垂直于两邻部分接触面上的相互牵引力。“张力”作为文学理论的术语，源于英美新批评理论家艾伦·退特：“我们公认的许多好诗——还有我们忽视的一些好诗——具有某种共同的特点，我们可以为这种单一性质造一个名字，以更加透彻地理解这些诗。这种性质，我们称之为‘张力’。”[1]但究竟文学中的“张力”是什么，退特并没有给出具体的解释。笔者以为，文学作品中的“张力”，指的是作品中两种看似对立、冲突的文学元素在相互抗衡、相互作用中形成新的统一，从而产生的一种独特的艺术效果。文学张力的实质就是“相反相成”，体现出“二项相反的对立性”“二项相成的合一性”“双向作用的生成性”的特点[2]，在文本中具体表现在语言、结构、情感、节奏等方面。

用“张力”理论来观照《记念刘和珍君》，文章在“说”与“不说”中包蕴着多组“相反相成”的要素，进而建构起文章强大的艺术张力场，生成出强烈的艺术效果。

一、“不说”与“说”的纠结，铺展回环往复的叙事张力

《记念刘和珍君》是一篇写人叙事散文，纵观全文，文章就是在“不说”与“说”的纠结往复中展开叙事的。全文共七节，第一节通过对几位遇难烈士悲痛的追悼，交代文章的写作缘由：一是追悼会那天，作者在礼堂外徘徊，遇

见程君前来问作者："可曾为刘和珍写了一点什么没有?"作者说"没有"。程君就正告（郑重提醒）作者"还是写一点罢"，表明写纪念刘和珍君的文章是群众的呼吁和要求；二是刘和珍君生前是个敢于追求真理、反抗黑暗的青年，作者"早觉得有写一点东西的必要了"；三是段祺瑞政府在屠杀爱国青年后，竟然还指使它的帮凶文人放出"阴险的论调"，真是凶残卑劣至极，让作者"实在无话可说"。这三个写作缘由，无论是"没有（写）""早觉得有写一点东西的必要了"，还是"实在无话可说"，其本质都是"不说"。因而，第一节交代写作缘由的叙事都是围绕着"不说"展开的，这"不说"中蕴含着作者悲愤难遣的心情。

第二节到第六节都是围绕"说"展开叙事和议论。第二节通过悲叹庸人易于忘却烈士的牺牲，进一步阐明本文的写作目的——让人们永远记住这笔血债。作者认为"造化又常常为庸人设计"，庸人又常常苟且偷生，怕"忘却的救主快要降临"，觉得"正有写一点东西的必要了"。第三节开始具体地"说"了，回忆叙述刘和珍生前的一些"平常"事，表现刘和珍骨子里的斗争性格和爱国精神。第四节写作者得知刘和珍牺牲噩耗的愤怒心情，并控诉反动派的血腥罪行，召唤人民起来反抗斗争。第五节具体叙述刘和珍等革命青年惨遭杀害的情况，歌颂爱国青年的英勇，进一步揭露反动派的凶残无耻。第六节评述请愿和烈士死难的意义。这一部分"说"的叙事寄寓了作者对烈士的深切悲痛和哀悼，对反动政府及其帮凶的愤怒与痛恨，彰显了鲁迅深邃的历史洞察力。

第七节又回到"不说"。在前文"说"的基础上，这一节总结全文，进一步点明烈士死难的意义，鼓舞革命者继续战斗。到此，作者的情感达到了高潮，悲痛之情难以言表，进而"说不出话，但以此记念刘和珍君"，表达了对烈士强烈的悲悼之情。

因而，从文章的整个叙事来看，作者就是在"不说"与"说"之间反复纠结，铺展出回环往复的叙事张力，进而构建起文本清晰的叙事结构，这为作者情感的表达与抒发提供了强有力的支撑。退特（Allen Tate）认为，文本所具有的"张力"构成其存在形式的审美空间[2]。用退特的这个观点来审视《记念刘和珍君》，鲁迅就是在"说"与"不说"之间拉伸出一种张力，从而构建起文本"存在形式的审美空间"。

二、"说"而"要说"的层进，营构冷峻幽默的语言张力

《记念刘和珍君》的叙事，"说"构成文本的主体，但文本"说"的各个部分，内容、角度不尽相同，因而"说"的方式也各有差异。如第二节对比烈士与庸人的人生态度——"敢于直面惨淡的人生，敢于正视淋漓的鲜血"与"暂

得偷生”，歌颂烈士的英勇，提醒人们不要忘记了这笔血债，这一部分的“说”偏重议论，饱含着深情。

细读文本，我们会发现，文本第四节写作者得知刘和珍牺牲噩耗的愤怒心情，并控诉反动派的血腥罪行，召唤人民起来反抗斗争，此时，文本情感已经达到了一个高潮，但作者并没有就此停止“说”，而是将“说”再往前推进了一层。于是，文章第五节一开头，作者说道：“但是，我还有要说的话。”那么，作者接下来还要“说”什么？

首先，文章详细再现了刘和珍、张静淑、杨德群几位烈士遇害的情况，歌颂他们英勇献身的精神，同时揭露反动派的凶残无耻。值得注意的是，在“说”这一部分内容时，与之前平实且饱含激情的叙事不同，作者这一节的叙述变得冷峻深沉起来，如描述刘和珍等爱国青年英勇牺牲的情景时，文章写道：“听说，她，刘和珍君，那时是欣然前往的。”这里把“听说”的宾语用三个逗号断开，试把“她”连同三个逗号都去掉，一气念完，句子也仍然通顺，即“听说她刘和珍君那时是欣然前往的”，那么作者为何要那样“说”？原来，这是因为作者在做了一次情感的强烈表达与抒发之后开始冷静下来，就像一部交响曲，在高亢激昂的曲调之后，乐曲趋于平缓宁静。同时，我们还会发现作者开始变得幽默起来，在斥责批判反动派的罪行时，文本语言诙谐，带着浓重的讽刺意味，如：

当三个女子从容地转辗于文明人所发明的枪弹的攒射中的时候，这是怎样的一个惊心动魄的伟大呵！中国军人的屠戮妇婴的伟绩，八国联军的惩创学生的武功，不幸全被这几缕血痕抹杀了。

这一段评述，语言诙谐幽默，充满了讽刺意味。“文明人所发明的枪弹的攒射”，讽刺披着“文明人”外衣的刽子手残忍杀害青年烈士的行为。“这是怎样的一个惊心动魄的伟大呵”，作者一方面赞扬刘和珍等三人视死如归，互相救助，面对反动派的枪弹攒射依然从容不迫，毫不畏惧；另一方面作者也在讽刺反动派骇人听闻的滔天罪行。“伟绩”和“武功”二词，讽刺则更为明显，揭露历史上反动派和八国联军的凶残面目；“不幸全被这几缕血痕抹杀了”，作者调侃段政府反动军警杀害青年的凶残已远远超过了过去中外反动派的罪行。同一节中两处叙事，语言风格迥异，一处冷峻深沉，一处诙谐幽默，二者相辅相成，营构出矛盾统一的语言张力，使文本既有散文的抒情性，又有杂文的讽刺批判性。

其次，文章还评述了请愿和烈士死难的意义。这一部分的“说”，作者又开始变得冷峻起来，但冷峻中也不乏诙谐的讽刺。

时间永是流驶，街市依旧太平，有限的几个生命，在中国是不算什么的，至多，不过供无恶意的闲人以饭后的谈资，或者给有恶意的闲人作“流言”的种子。

作者对现实的认识非常冷静深刻，青年烈士的流血牺牲，意义和价值并不大，反而给了小市民以茶余饭后的“谈资”，或者给反动文人制造流言提供了“种子”。“谈资”“种子”透着那么一点诙谐，诙谐中折射出讽刺的光芒。这就是鲁迅独有的语言张力，而这种语言张力恰是鲁迅深刻思想和过人智慧的外显。

三、“说”而“不说”的逆转，布设曲折有致的情感张力

在“说”完了对刘和珍的悼念和悲痛之后，作者的情感已经得到了释放，文章进入总结升华部分，第七节概述作者对“三一八”事件的看法，进一步指出烈士死难的意义，鼓舞革命者继续战斗。应该说，这还是前文“说”的延续。到此，作者该“说”的都已经表达了，文章也该煞笔了。但作者并没有就此收笔，而是很突兀地来了一句：

呜呼，我说不出话，但以此记念刘和珍君！

这“说”而“不说”的逆转，虽很突兀，但并不突然，其中蕴含着文本巨大的情感张力。要理解这一点，我们有必要对文本的情感轨迹做一梳理。

作者由“无话可说”，心中潜隐着悲愤，到“正有写一点东西的必要”，回忆刘和珍的优秀品质，表达对刘和珍的尊敬与哀悼，再到得知刘和珍牺牲的噩耗，表达对段政府血腥罪行的控诉，文章情感达到了第一次高潮。接着，作者转入冷静的思考，评述青年烈士请愿和死难的意义。最后，概述自己对“三一八”事件的看法，进一步指出烈士死难的意义。纵观全文，作者布设了自我情感发展的脉络，这一情感发展轨迹可以简要勾勒为——潜隐悲愤→浓烈喷发→平静沉积→倾吐而出。

显然，作者的情感发展变化经历了两个阶段。第一阶段，作者的情感由压抑潜隐逐渐发展到浓烈，进而喷薄而发。第二阶段，作者情感转入平静沉积，到最后倾吐而出。这样一个情感的发展变化，使文本的情感表达曲折有致。两次情感的转变，尤其是第二阶段情感的逆转所产生的张力是巨大的。经过冷静的思考，再联想到反动当局的凶残、反动文人的下劣、爱国青年的临难从容，此时，作者的情感已经无法再平静了，必须找到一个喷发口倾吐而出，而当作者说出“呜呼”“说不出话”来时，作者的悲愤之情也得到完全的释放，犹如琵琶女演奏到高潮时的“曲终收拨”“四弦裂帛”。

总之，《记念刘和珍君》一文，鲁迅在“说”与“不说”之间，铺展回环

往复的叙事张力，营构冷峻幽默的语言张力，布设曲折有致的情感张力，建构起文本强大的张力场，从而赋予文本极具艺术感染力的张力之美。在文本的张力之美中，我们深切地感受到鲁迅内心深处澎湃的激情，领略了鲁迅刚正的性格、高度的正义感和疾恶如仇的精神。我们不由感叹：鲁迅不愧为“民族魂”！

参考文献：

［1］赵毅衡．“新批评”文集［M］．天津：百花文艺出版社，2001：161.

［2］于永顺，刘芳．论小说的张力之美［J］．文艺评论，2011（11）：23.

（本文刊发于《语文教学研究》2019 年第 3 期）

“无”与“有”的张力

——结构主义视野下的《奥斯维辛没有什么新闻》细读

《奥斯维辛没有什么新闻》被誉为“美国新闻写作中不朽的名篇”，编入人教版高中语文必修 1“新闻与报告文学”单元。一直以来，人们读解和教学这篇文章，常常自觉或不自觉地受到新闻体例的约束，局限自己的视野，刻板地对待这个文本。事实上，该文并不是一篇中规中矩的新闻，它跳出传统新闻“客观报道”“零度写作”的窠臼，在大胆反映客观事实的基础上，着力表现作者的主观印象和使命感。因而，我们读解和教学这个文本时，有必要变换一下视角，深入地走进文本。

文章标题“奥斯维辛没有什么新闻”本身就隐含着矛盾和悖论：“没有什么新闻”，那作者为何要写？既然奥斯维辛“没有什么新闻”，那奥斯维辛有什么？这“无”与“有”之间蕴含着文本的张力。在西方结构主义文本读解理论中，“无”与“有”的矛盾即为“二项（元）对立”原理。基于此，我们可以从结构主义理论的读解视角来观照这个文本。

结构主义文本理论认为，“二项（元）对立”是文本最普遍的一种结构模式，正如美国结构主义理论家乔纳森·卡勒指出：“结构主义分析中最重要的关系又极其简单：二项对立……在所研究的各种素材中寻求功能性的对立形式。”[1]在卡勒看来，读解文本便是运用“二项对立”原理，解开封闭的结构系统，以实现是对文本的深度理解。下面笔者尝试着用结构主义“二项（元）对立”原理，对《奥斯维辛没有什么新闻》这篇曾获普利策最高新闻奖的经典文本作一细读，以示求教。

一、“可怕”与“阳光明媚温暖”

文章一开头就赫然呈现了一处对立：

从某种意义上说，在布热金卡，最可怕的事情是这里居然阳光明媚温暖，一行行白杨树婆娑起舞，在大门附近的草地上，还有儿童在追逐游戏。

现实中的布热金卡，“阳光明媚温暖”“白杨树婆娑起舞”“儿童在追逐游戏”，多么宁静安详、和平美好的一幅画面，可作者为何说，这是“最可怕的事情”？而且导语部分一连三次重复“可怕”。究竟“可怕”什么？“可怕”蕴含着哪些深意？这是这一组“二项（元）对立”所产生的阅读张力。

第一处：“最可怕的事情是这里居然阳光明媚温暖……”，稍作勾连分析，“可怕”后用了“居然”一词，隐含着难以置信的意思，即布热金卡历史上“曾经是人间地狱”，如今却“阳光明媚温暖”，一片宁静安详，作者很难相信。但换一个角度思考，这一处“可怕”，正是作者从另一个侧面提示人们：这里曾经有过人间恐怖，发生过惨绝人寰的大屠杀，不要忘记了历史。

第二处：“这真像一场噩梦，一切都可怕地颠倒了。”现实的宁静美好，却“像一场噩梦”，“一切都可怕地颠倒了”，这又是一个矛盾和悖论，是上面“二项（元）对立”的自然延伸。作者仍在强调，布热金卡现实的宁静美好让人难以置信，提示人们不要忘记了“可怕”的历史。为了强化这种提醒，作者接下来一连排比了四个“不该有”：“在布热金卡，本来不该有阳光照耀，不该有光亮，不该有碧绿的草地，不该有孩子们的嬉笑。”这四个“不该有”倒峡泻河，掀雷决电，作者似一位长者，千叮万嘱，再三告诫：在宁静与安详中，不要淡忘了历史，在和平与美好中，警惕历史的重演。因而，这一组“二项（元）对立”我们也可以看作是“有”与“不该有”的对立。

第三处：“每天都有人从世界各地来到布热金卡——这里也许是世间最可怕的旅游中心。”“每天都有人从世界各地来到布热金卡”，说明布热金卡享誉全球，但作者怕人们只把它当成一个旅游景点，所以提醒人们，这里是“最可怕的旅游中心”，这里曾经是“杀人工厂”。

总的来说，第一组“二项（元）对立”，作者站在历史的高度观照现实，从现实的视角回望历史，现实与历史交织融合，文章显得厚重深沉，读起来沉凝有力。

二、“很快地望上一眼”与“步履不由得慢了下来”

文本的矛盾与对立主要集中在新闻的主体部分，即描述奥斯维辛参观过程中参观者的主观感受和反应。作者先总体描述参观者的神态和反应：

现在，布热金卡和奥斯维辛都是很安静的地方，人们再也听不到受难者的喊叫了。参观者默默地迈着步子，先是很快地望上一眼；接着，当他们在想象中把人同牢房、毒气室、地下室和鞭刑柱联系起来的时候，他们的步履不由得慢了下来。导游也无须多说，他们只稍用手指一指就够了。

这里有一组明显的“二项（元）对立”：“很快地望上一眼”与“步履不由得慢了下来”。面对现实中安静的奥斯维辛，人们一开始都把它当作一个景点，“迈着步子”，“很快地望上一眼”，就像我们今天去旅游景区游览一样，走马观花地看上一眼，拍几张照片，表明自己来过。这表明，从本质上讲，人是很容易忘记历史的。但导游的解说立刻就能唤醒人们内心深处的“善”，“步履不由得慢了下来”表现的就是参观者对奥斯维辛死难者的尊敬与缅怀。

这一组“二项（元）对立”，作者从人性的视角去思考审视历史：人有遗忘历史的本能，同样人也有向善的本能。在对待历史的态度上，我们没有必要过多地强调突出人性的罪恶，更多地还是要看到人有向善的一面，我们要做的就是不时唤醒人们内心的“善”。

三、“炸毁的布热金卡毒气室和焚尸炉废墟”与“雏菊花在怒放”

在总体描述参观者参观奥斯维辛的感受和反应后，文本开始具体描述人们参观奥斯维辛各个地方的感受和反应。参观的第一处就是奥斯维辛毒气室和焚尸炉：

人们对他们说，这是“小的”，还有一个更大的。对另外一些人来说，这样一个事实使他们终生难忘：在德国人撤退时炸毁的布热金卡毒气室和焚尸炉废墟上，雏菊花在怒放。

这一处参观感受的描写中有一组“二项（元）对立”：“炸毁的布热金卡毒气室和焚尸炉废墟”与“雏菊花在怒放”。毒气室和焚尸炉象征着纳粹法西斯的罪恶和残忍，象征着对生命的亵渎与摧残。可是，即使惨无人道的摧残与扼杀，也抑制不了生命的力量，“雏菊花在怒放”即象征着生命的顽强与希望。生命尽管被无情地摧残，但生命绝不可能被摧毁。

这一组“二项（元）对立”，作者从生命的视角去审视历史，审视人性。历史可能会倒流，人性可能会有阴暗的一面，但任何历史的倒行逆施，在生命的长河中，也只是一时的风浪，因为生命长河永远奔腾向前，浩浩汤汤，永不停息，必须敬畏！

参观毒气室和焚尸炉还有一处感受和反应的描写：

还有一些参观者注视着毒气室和焚尸炉，开头，他们表情茫然，因为他们不晓得这是干什么使的。然而，一看到玻璃窗内成堆的头发和婴儿的鞋子，一看到用以关押被判处绞刑的死囚的牢房时，他们就不由自主地停下脚步，浑身发抖。

“表情茫然”与“浑身发抖”构成“二项（元）对立”。“表情茫然”是因为参观者“不晓得这是干什么使的”，也就是参观者无法相信纳粹分子用毒气室和焚尸炉这种方式杀人，无法相信其杀人手段残忍到如此地步，“浑身发抖”是因为参观者看到历史的真相后，对纳粹杀人的残忍感到害怕，感到恐惧。

这一组“二项（元）对立”着眼于参观者的神态细节，以此还原历史的真相，揭露纳粹法西斯的罪恶，反思战争对人性的扭曲、对生命的摧残。

四、“参观者惊惧万分”与“解说员快步从这里走开”

第二处参观的是女牢房：

一个参观者惊惧万分，张大了嘴巴，他想叫，但是叫不出来——原来，在女牢房，他看到了一些盒子。这些三层的长条盒子，6 英尺宽，3 英尺高，在这样大一块地方，每夜要塞进去五到十人睡觉。解说员快步从这里走开，因为这里没有什么值得看的。

这一段参观的描写也包含一组“二项（元）对立”：“参观者惊惧万分”与“解说员快步从这里走开”。“参观者惊惧万分”是因为参观者难以相信，在三层“6 英尺宽，3 英尺高”的长条盒子内，“每晚要塞进去五到十人睡觉”。对于生活在和平时代的参观者而言，法西斯分子这种无视人的尊严的行为荒唐至极，让人们难以相信，但对熟知历史真相的解说员来说，这种迫害女囚的做法与毒气杀人、焚尸等手段相比，简直是小巫见大巫，算不得什么，所以解说员才会“快步从这里走开”。

这一组“二项（元）对立”对比参观者与解说员的感受和反应，再一次控诉了法西斯的罪恶，揭示了战争所带来的人性的扭曲和对人的尊严的践踏。

五、“表情木然”与“温和地微笑着”

第三处参观的是一条长廊，长廊两边的墙上贴满了囚徒的数以千计的照片，作者对这些照片中的人物作了一番细致地描绘：

他们表情木然。但是，在一排照片的中间，有一张特别引人注目，发人深思。这是一个二十多岁的姑娘，长得丰满，可爱，皮肤细白，金发碧眼。她在温和地微笑着，似乎是为着一个美好而又隐秘的梦想而微笑。当时，她在想什么呢？现在她在这堵奥斯维辛集中营遇难者纪念墙上，又在想什么呢？

这一处关于囚徒照片的描写显然也构成一组“二项（元）对立”：囚徒们“表情麻木”和一位二十多岁姑娘“温和地微笑着”。“表情麻木”表现出囚徒面对法西斯残害的无奈和无助，他们只有接受命运的安排，听命纳粹分子地摆布，他们对生命、人生、和平与美好已经失去了希望。但在姑娘那里，希望永远不会失去，梦想永远不会褪色，所以她才会“温和地微笑着”。她是一个天生的乐观主义者，即使面对残暴、面对死亡，也不会失去对和平美好的憧憬，不会失去对人生梦想的追寻。而且，她要把她对和平美好的憧憬，把她的人生态度和乐观的精神传递给后人，所以作者才会发出“当时，她在想什么呢？现在她在这堵奥斯维辛集中营遇难者纪念墙上，又在想什么呢”的疑问。

这一组“二项（元）对立”，作者站在人生的高度，通过鲜明的对比，启示读者去思考如何对待人生，面对苦难，面对死亡，给人以启迪和思考。

总之，《奥斯维辛没有什么新闻》绝非一则单纯的新闻通讯，其中蕴含着对历史的思考、对人性的审视、对生命的敬畏、对战争的反思、对人生的哲思，等等，而要深刻地读解出文本的这些内涵，需要我们开阔视野，变换视角。从这个意义上说，有时阅读方法和阅读视角也决定着读解的高度和深度。

参考文献：

［1］乔纳森·卡勒．结构主义诗学［M］．北京：中国社会科学出版社，1991：37.

（本文刊发于《中学语文》2019 年第 1 期）

耐人寻味的“小姑娘”

——《包身工》“小姑娘”称谓探微

《包身工》一文中，包身工被赋予了许多称谓：“带工”老板称呼包身工“猪猡”“懒虫”，“东洋婆”叫小福子“小姑娘”，厂方把包身工叫作“实验工”“养成工”，作者在叙述时则用“生物”“机器”“小姑娘”称呼她们。其中，“带工”老板、“东洋婆”和作者都不约而同地用到了“小姑娘”这个称谓。是纯粹的巧合，还是别有深意？为探明真相，我们先要厘清他们各自是在什么情境下使用这个称呼的，然后根据相应的情境作出合理的分析与判断。

一

“带工”老板是在给拿莫温送礼时用到这个称呼的。“带工”老板为了让拿莫温不罚工钱和“停生意”，每逢端午重阳、年头年尾，总要向拿莫温送礼，那时他们总会谄媚地说：“总得你帮忙，照应照应。咱的小姑娘有什么事情，尽管打，打死不干事，只要不是罚工钱停生意。”

可是在平时，“带工”老板一般都是“猪猡”“懒虫”地称呼包身工，为何在拿莫温面前会温情地称包身工“小姑娘”？根本原因还是利益。拿莫温掌握罚工钱停生意的权力，即掌管着“带工”老板的核心利益。为了讨好拿莫温，“带工”老板不能像平时那样“猪猡”“懒虫”地呼喊包身工，那样多少会影响自己在拿莫温面前的形象，他们需要暂时伪装起来。对比平时“猪猡”“懒虫”的大呼小叫，这一声“小姑娘”揭开了“带工”老板虚伪的面纱。他们的虚伪都是利益惹的祸，那一句“打死不干事，只要不是罚工钱停生意”便是最好的明证。

如果我们把视线放大，“带工”老板口中的“小姑娘”其实隐藏着“带工”老板、厂方、拿莫温、包身工四者之间错综复杂、彼此关联的利益关系：“带工”老板通过包身契占有包身工的劳动，为了从包身工身上获利，将包身工送进纱厂做工；纱厂为了获得更多利润，实现资本增殖，雇用包身工（包身工劳动力成本比外头工人低）；“带工”老板为了不让拿莫温罚工钱和“停生意”，才要向拿莫温送礼，其目的还是想从包身工身上多获利；纱厂为了管理好包身工，让包身工稳定地为其盈利，实现资本增殖，才雇用拿莫温管理包身工。

这种错综复杂的利益关系构成了当时复杂社会关系的一个方面，包身工身处这个利益关系链的最底层，自然也就难以摆脱被剥削、被压榨、被凌辱的命运。作者正是看清了这种残酷的社会关系，才不辞辛苦冒着危险，向世人揭开罪恶包身工制度的真面目。

二

“东洋婆”叫小福子“小姑娘”是在小福子遭遇毒打时。小福子整好了烂纱没有装起来，拿莫温就殴打她，恰巧“东洋婆”走过来，拿莫温为了讨好“东洋婆”，显示他的威风，表明他监管的严厉，打的比平时格外用力。“东洋婆”不喜欢这种不文明的殴打，便换了一种新的惩戒方法。她揪住小福子的耳朵，将她扯到太平龙头面前“面壁思过”，拿莫温迎合“东洋婆”，在小福子头上放上皮带盘子，让她顶着。此时，“东洋婆”会心地笑了，说道：“这个小姑娘坏得很，懒惰!”

显然，“东洋婆”这一声“小姑娘”的称呼，比“带工”老板口中“猪猡”“懒虫”的称呼似乎是要“文明”得多。但有一点值得我们注意，小福子只是没有将整好的烂纱装起来，就被“东洋婆”看成“坏得很”“懒惰”。既然“东洋婆”认为小福子“坏得很”“懒惰”，为何不用难听的称呼辱骂她，还用带着一点温情的“小姑娘”称呼她？

这正是“东洋婆”的“高明”之处。与拿莫温的殴打相比，“东洋婆”的惩罚带着揶揄和挖苦，更具隐蔽性。拿莫温对包身工的惩罚是一种肉体上的伤害，而“东洋婆”对包身工的惩罚却是一种人格尊严的侮辱，虽然隐蔽，但本质与拿莫温的殴打并没有什么两样。相反，“东洋婆”不动声色的、充满揶揄的挖苦比暴力更伤人、更恶毒。

这样来看，“东洋婆”的言行更应当引起人们的警惕和深思，她的那一声“小姑娘”是带有欺骗性的。这种欺骗性正是日本资本侵略的一个身影，透过它，我们不只是看清了一个口蜜腹剑、蛇蝎心肠的日本老板娘的真面目，还认清了日本侵略的欺骗性和虚伪性本真。联系到日本侵华时所提出的“大东亚共存共荣”的宣言，这一点我们会看得更明白。

三

作者是在介绍包身工便于管理这一背景时，用到了“小姑娘”这一称呼：

厂家除了在工房周围造一条围墙，门房里置一个请愿警和门外钉一块“工房重地，闲人莫入”的木牌，使这些“乡下小姑娘”和别的世界隔绝之外，完全将管理权交给了带工的老板。

显然，这一声“小姑娘”带着亲昵，体现了作者对包身工的喜爱和尊重。可问题是，叙述中作者多次用“生物”“机器”称呼包身工，为何这里改用“小姑娘”，而且“小姑娘”前还加上“乡下”二字？

回到作者用这一称呼的语境——包身工便于管理的背景介绍，作者在表达对包身工喜爱和尊重的同时，更想突出的是她们的身份——来自乡下、年龄小。乡下小女孩老实本分，没见过什么世面，自然便于管理。如果联系文中另一处包身工“姑娘”的称呼，作者的这个表达意图就更明显。四点半之后，包身工吃早餐，“水门汀路上和弄堂里面，已被这些赤脚的乡下姑娘挤满了”。这里，作者也用“姑娘”来称呼包身工，且“姑娘”前也加上“乡下”二字。这处叙述是在介绍完包身工的来源后，作者用“乡下姑娘”再次明确包身工的身份。那作者为何要突出包身工的身份，仅仅只是为了背景介绍吗？如果联系作者的身份和创作这篇报告文学的目的，我们可能会有更多的发现。

1900 年，夏衍出生于浙江省仁和县（后属杭县）彭埠镇严家弄 27 号[1]。1927 年 6 月，经郑汉先、庞大恩介绍，夏衍在上海加入中国共产党[2]。1930 年 3 月，夏衍加入“左联”，与鲁迅、钱杏村一同被推举为主席团成员，并当选为执行委员，同年 8 月，他与田汉等人成立“中国左翼剧团联盟”[3]。出身农村，同时兼具党员和“左联”成员的身份让夏衍天然地亲近包身工，也促使他去关注包身工的生活与命运，他在《我与报告文学》（1992 年 6 月 3 日《文汇报》）中曾这样回忆：

……但我真正动念要写包身工的生活，还是在1935年。那一年，上海党组织遭到一次很大的破坏，组织上要我暂时隐蔽，我就利用这个机会，开始了包身工材料的搜集。

在日本的时候，我曾看到过在资本主义世界里一致认为生活水平最低、劳动条件最坏的日本纺织女工的生活。但是和包身工相比，两者就似一在天堂，一在地狱了。我觉得非把这个地狱揭开不可。为了看到包身工们早出晚归上班下班的情景，我从四月到六月，做了足足两个多月的"夜工"，半夜三点多钟起身，走十几里路，从当时我住的麦特赫斯德路走到杨树浦，才比较详细地观察到一些她们的日常生活。[4]

从这段回忆不难看出，党员、"左联"成员的身份让夏衍有一种责任感和使命感，促使他去关注包身工的生活和命运。如果从这个视角来看，那一声"小姑娘"的称呼多少包含了作者对自我身份的认同。也正是这样一种身份认同，让作者在称呼外头工人时也用了同样的"小姑娘"的称呼："外头工人的衣服多少地整洁一点，很多穿着旗袍，黄色或者淡蓝色的橡皮鞋子，十七八岁的小姑娘们有时爱搽些粉，甚至也有人烫过头发。"

综上，经典文学作品中的人物称谓，绝不仅是一个名称，其背后往往蕴含着复杂的社会关系和深刻的思想情感。《包身工》中"小姑娘"的称呼意味深长，耐人寻味，我们教学时可以引导学生深入品析探究。

参考文献：

[1] 电影艺术编辑部. 夏衍年表 [J]. 电影艺术，1995 (3)：21.

[2] 电影艺术编辑部. 夏衍年表 [J]. 电影艺术，1995 (3)：21.

[3] 电影艺术编辑部. 夏衍年表 [J]. 电影艺术，1995 (3)：21.

[4] 文艺理论研究编辑部. 夏衍回忆《包身工》的由来 [J]. 文艺理论研究，1992 (10)：91.

（本文刊发于《语言文字报》2022年7月27日第4版）

《故都的秋》：几处闲笔增趣味

读解与教学《故都的秋》，大多数论者往往将目光聚焦在文章的文眼——"北国的秋，却特别地来得清，来得静，来得悲凉"，认为故都的"秋"是作者主观情感的映射。这当然没有错，而且很有必要，但读解与教学这篇文章，文中几处闲笔别有趣味，不能忽略。

闲笔也叫闲话，著名作家贾平凹在《散文中的九个问题》中认为："散文要写得有趣味要会说闲话，所谓闲话，是作者在写作时常常把一件事说清楚之后又说些对主题可有可无的话，但是，这些话恰恰增加了文章的趣味。"[1]《故都的秋》一文中就有三处这样增添文章趣味的闲笔，值得我们细细品味。

一、闲说牵牛花，折射作者审美趣味和生命体验

《故都的秋》是一篇写景抒情散文，文章围绕"清""静""悲凉"，分别描写了故都的"秋晨之景""秋槐之景""秋蝉之景""秋雨之景""秋果之景"，写出了故都的秋的"特别"，表达作者对故都的秋的情有独钟。

文章第三段，作者主要写自己在皇城人海之中，租一椽破屋来住着，早晨起来，泡一碗浓茶，坐在院子里，看碧绿的天色，听驯鸽的飞声，细数从槐树叶底漏下来的日光，静对着牵牛花，感受故都的浓厚秋意。按理，这段关于秋日的描写，到"静对着像喇叭似的牵牛花（朝荣）的蓝朵，自然而然地也能够感觉到十分的秋意"这里，就可以结束了，可作者接着就来了一段闲笔：

说到了牵牛花，我以为以蓝色或白色者为佳，紫黑色次之，淡红色最下。最好，还要在牵牛花底，教长着几根疏疏落落的尖细且长的秋草，使作陪衬。

"说到"二字本身就有闲聊、岔开主话题的意味，表明后面内容是正题之外可有可无的。既然是可有可无，那作者为何要写呢？要回答这个问题，我们先来看看这段话讲了什么。

这几句话顺着上文，闲话牵牛花颜色以及牵牛花和秋草的搭配。谈及牵牛花的颜色时，作者认为"蓝色和白色最佳，黑色次之，淡红色最下"，蓝色、白色、黑色都可以算作冷色，淡红色属于暖色。从这个颜色的偏好看，作者喜好冷色，且看重蓝色和白色的牵牛花和"几根疏疏落落的尖细且长的秋草"搭配。这样写，除了行文上照应了文眼，强化了北国之秋的"悲凉"意味外，也折射出作者自身的审美趣味和生命体验。

作者偏爱的蓝色、白色、黑色都可以算作冷色，而淡红色属于暖色。心理学研究表明，色彩偏好和人的气质类型与审美趣味有关。一般而言，偏好暖色的人性格外向，热情大方，个性坚强，积极豁达，审美趣味上追求热烈、壮阔、豪放之美。喜欢冷色的人多愁善感、平和冷静、忧愁悲观，审美趣味上追求宁静、悲凉、感伤之美。作者偏爱冷色调牵牛花，并将其与行将凋零的秋草搭配，充分显露出自己喜欢宁静之美、悲凉之美的审美趣味。

我们由此进一步深入探查，可以发现这种审美趣味的形成和作者的人生经历有一定关系。郁达夫三岁丧父，家道中落，祖孙六人全靠母亲浆洗缝补度

日，生活十分拮据。姐姐九岁也被迫做了童养媳。儿时的不幸遭遇无疑会对郁达夫的审美趣味和心理状态产生影响，他曾说：“儿时的回忆，谁也在说，是最完美的一章，但我的回忆，却尽是些空洞。我所体验到的最初的感觉，便是饥饿；对于饥饿的恐怖，到现在还在紧逼着我。”[2]赴日本求学阶段，他感受到的也多是屈辱和歧视，妻离子丧、母死兄亡使他更加忧郁敏感，逐渐形成了追求忧郁、感伤、悲凉的审美风格。因此，对于这处关于牵牛花的闲笔，我们也可以这样理解：作者将自我的生命体验投射在故都的秋意之中，与故都之秋的“悲凉”形成相互映照的互文性表达。

二、闲写熟人对话，写出故都的人情味

《故都的秋》写秋雨，先与南方的秋雨对比——“北方的秋雨，也似乎比南方的下得奇，下得有味，下得更像样”；接着写秋雨的阵势——“在灰沉沉的天底下，忽而来一阵凉风，便息列索落的下起雨来了”，依然是“清”“静”“悲凉”的味道。不过，文章真正描写故都秋雨的只有这一句话，接下来，作者就把关注点放在了雨过天晴后都市闲人的悠闲聊天上：

一层雨过，云渐渐地卷向了西去，天又晴了，太阳又露出脸来了；着着很厚的青布单衣或夹袄的都市闲人，咬着烟管，在雨后的斜桥影里，上桥头树底去一立，遇见熟人，便会用了缓慢悠闲的声调，微叹着互答着的说：

“唉，天可真凉了——”（这了字念得很高，拖得很长。）

“可不是么？一层秋雨一层凉啦！”

北方人念阵字，总老像是层字，平平仄仄起来，这念错的歧韵，倒来得正好。

这些文字并不是对秋雨的直接描写，尤其是熟人互答的内容，即使删除也不会影响文意，那么作者为何增加这处闲笔呢？

我们先来看这些都市闲人的形象：“着很厚的青布单衣或夹袄”，看上去就是普通的市民；“咬着烟管”“上桥头树底下去一立”，体现他们的惬意与悠闲。这样的形象与北国之秋的“清”（清静、清闲）相契合。

再来看“都市闲人”说了什么。“用了缓慢悠闲的声调”说明他们的生活节奏很慢，内心充满悠闲和惬意；“微叹着”是在感叹季节变换，流露出对火热夏日的留恋；“这了字念得很高，拖得很长”更形象地写出了“微叹”的情态；“可不是么”的回答，体现出熟人之间在生活态度、生活方式、生活观念上的默契相通。从这些富有“京味”的闲聊中，我们可以感受到故都浓浓的人情味。

故都北平是一座“皇城”，相比于其他地区，这里的市民生活富足，过着

悠闲惬意的生活，作者将市井生活片段作为闲笔写入文中，一方面彰显了故都的清静与悠闲，另一方面在写景中加入“人”的元素，为故都的秋罩上一层人文色彩。

三、闲叙文人颂秋，赋予“故都的秋”文化底蕴

在描写完故都的秋景之后，文章本可以就此收尾，但作者没有急着搁笔，而是宕开一笔，写中外文人颂秋，这段文字较长，节录如下：

有些批评家说，中国的文人学士，尤其是诗人，都带着很浓厚的颓废色彩，所以中国的诗文里，颂赞秋的文字特别的多。但外国的诗人，又何尝不然？……足见有感觉的动物，有情趣的人类，对于秋，总是一样的能特别引起深沉，幽远，严厉，萧索的感触来的。……秋之于人，何尝有国别，更何尝有人种阶级的区别呢？不过在中国，文字里有一个“秋士”的成语，读本里又有着很普遍的欧阳子的《秋声》与苏东坡的《赤壁赋》等，就觉得中国的文人，与秋的关系特别深了。可是这秋的深味，尤其是中国的秋的深味，非要在北方，才感受得到底。

同样，这段文字删去也不会影响文意，但加上后更显底蕴。这一处闲笔，作者站在历史的高度，以宽广的眼界谈论古今中外文人与秋的关系，看到他们对于颂秋、绘秋有着同样的情怀，并且这种情怀是人类天生就有的，不仅没有国别、地域之分，更没有人种、阶级之分。作为中国文人的一员，郁达夫不认为中国文人与秋的关系特别深，但在他看来，即便如欧阳修、苏轼笔下的秋，也不如北国的秋有深味，因此他写道：“可是这秋的深味，尤其是中国的秋的深味，非要在北方，才感受得到底。”这些关于秋的比较，赋予“故都的秋”文化底蕴与历史厚重感。

综上所述，《故都的秋》的三处闲笔增加了文章的趣味和韵致，值得细细品味。我们解读和教学这篇文章，不应忽略这些闲笔，而应由此深入，领略文本的别样意味。

参考文献：

[1] 江力，琼虎．中国散文论坛·散文名家之讲演、评析及作品［M］．北京：北京大学出版社，2003：105.

[2] 郁达夫．郁达夫自传［M］．南京：江苏文艺出版社，2012：168.

（本文刊发于《语言文字报》2021 年 9 月 29 日第 4 版）

多重对话寄寓的哲性表达

——对话理论视域下的《囚绿记》主题新解

《囚绿记》作为一篇经典散文，被收录到不同版本的高中语文教材中。对于这篇文章主题的解读，历来争议颇多，归纳起来，大致有“爱国说”“心灵说”“反省说”“颂扬说”四种。

“爱国说”以人教版《高中语文必修 3 教师教学用书》为代表，认为：

(《囚绿记》) 含蓄地揭示了华北地区人民面临日本帝国主义侵略的苦难命运，象征着作者和广大人民坚贞不屈的民族气节。[1]

“心灵说”以张斗和老师为代表，在《〈囚绿记〉主题解读突围》一文中，张老师认为：

《囚绿记》是作者在一个特殊时段理智与情感交锋的心灵独语，是作者“心灵起伏的痕迹”，既无关宏大的政治主题，更谈不上崇高的民族气节，只是他对人性某方面的揭示和反思，或者说是他迷茫心灵的自我救赎，象征一切美好事物的“常春藤”，仅仅是他想表达思想情感的一个寄托物。具体地讲，就是文章描述了“我”和“常春藤”之间的交往和纠葛，揭示了爱和占有的关系：爱一旦变为占有，必然会给对方造成伤害；真正爱对方，就要尊重对方，给对方以自由的空间。[2]

“反省说”(或者叫“忏悔说”) 和“颂扬说”，以南开大学徐江教授为代表，认为：

《囚绿记》是自我暴露式的批判，是反思，甚至还有一点点忏悔。……作为一种自我精神的救赎，“我”以记的形式写下这一段经历，以“我”的“丑行”与“绿藤”的“美德”对立来讴歌了生命的尊严，特别是对“绿藤”坚守自身生存的本性表达了敬仰。[3]

持“心灵说”“反省说”“颂扬说”者往往批判“爱国说”，认为“爱国说”是一种生硬的“知人论世”解读实践，是“对文本进行思想意识层面的图解”“泛政治化地附会”，是一种标签式的解读。在笔者看来，这些解读从某种意义上来说，都有一定道理，同时也都有偏差。本文不揣浅陋，从对话理论的视角重新审视《囚绿记》主题，以与众家交流。

西方文学理论认为，文学文本是一个主体性的存在，具有潜在的对话性，它从多种层次和角度持续地发出自己的声音[4]。《囚绿记》通过记叙作者与“常春藤绿”之间的一段交往经历，展开了多层次、多角度的对话，在多重对话中，构建起文本的丰富意蕴。

一、与“绿”对话，寄寓生命哲思，表现对生命的深沉感悟

《囚绿记》是一篇回忆性散文，围绕与“常春藤”的交往经历，文本以“恋绿”—“囚绿”—“释绿”—“怀绿”为主线，叙述了“选择房间”“凭窗对语”“异爱囚绿”“南归释绿”“归后怀绿”五件事，其中“选择房间”“凭窗对语”“异爱囚绿”都蕴含着作者与“绿”的对话。

我们先来看“选择房间”。“选择房间”虽未直接展开与“绿”的对话，但这件事是作者与“绿”对话的铺垫，是为引出“凭窗对语”而作的交代。房间非常小，“高广不过一丈”，地面潮湿，非常简陋——“纸糊的墙壁和天花板，两扇木格子嵌玻璃的窗”，而且夏天非常炎热，可作者为何在“有选择自由”的情况下，还要选择这间房间？主要是因为“这房间靠南的墙壁上，有一个小圆窗”，“圆窗外面长着常春藤。当太阳照过它繁密的枝叶，透到我房里来的时候，便有一片绿影”，作者“便是欢喜这片绿影才选定这房间的”。这些描写都是在交代囚绿的原因，衬托了作者对绿的喜爱。

“凭窗对语”直接展开了作者与“绿”的对话。只是这里所说的对话并非我们平常所说的人物语言对白，在巴赫金的对话理论中，“对话性既包括外在言语行为又包括内在心理意识。因此，文本中的人物对话除了直接引语，也包括自语、眼神、肢体动作、心理活动等同样需要或预设外界给予一定应答的‘潜对话’形式”[5]。也就是说，文学文本中的对话既包括人物的语言对白，也包括内心独白（自语）和心理活动等。“凭窗对语”便是作者对“绿”的一段内心独白：

绿色是多宝贵的啊！它是生命，它是希望，它是慰安，它是快乐。我怀念着绿色把我的心等焦了。我欢喜看水白，我欢喜看草绿。我疲累于灰暗的都市的天空，和黄漠的平原，我怀念着绿色，如同涸辙的鱼盼等着雨水！我急不暇择的心情即使一枝之绿也视同至宝。当我在这小房中安顿下来，我移徙小台子到圆窗下，让我面朝墙壁和小窗。门虽是常开着，可没人来打扰我，因为在这古城中我是孤独而陌生。但我并不感到孤独。我忘记了困倦的旅程和已往的许多不快的记忆。我望着这小圆洞，绿叶和我对语。我了解自然无声的语言，正如它了解我的语言一样。

在作者看来，绿色是宝贵的，因为它象征生命，带给人希望、慰安、快乐，所以“我急不暇择的心情即使一枝之绿也视同至宝”。同时，绿色也代表自然，作者热爱自然，自然与作者也心有灵犀——“我了解自然无声的语言，正如它了解我的语言一样”。这段与“绿”的对话，表面上看是表现了作者对“绿”的喜爱，但何尝不是对生命的哲思与感悟。所以，读这段文字，读者在感受到作者内心激情的同时，也会受到启示——热爱并尊重自然与生命，这就

是哲思带给人的心灵的震颤与触动。

与“绿”的对话在“异爱囚绿”部分也有展开。在作者囚禁了常春藤之后，“绿的枝条悬垂在我的案前了。它依旧伸长，依旧攀缘，依旧舒放，并且比在外边长得更快”。常春藤以顽强的生命力感动着作者，作者不由发出感叹：“我好像发现了一种‘生的欢喜’，超过了任何种的喜悦。”这一处与“绿”的对话表达的是作者对常春藤坚守生命尊严的颂扬，也蕴含着作者对生命的深沉感悟。

二、与心灵对话，寄寓爱的哲思，表现对爱与伤害的辩证思考

张斗和老师说：“《囚绿记》是作者在一个特殊时段理智与情感交锋的心灵独语。”[6]这个评价是比较合乎文本实际的。但真正体现对话性的心灵独语（对话）还是集中在“异爱囚绿”的叙事中。

“异爱囚绿”是文本最富张力之处。之所以这样说，是因为“异爱囚绿”本身蕴含着矛盾和悖论：作者既然那么爱“绿”，就应该给“绿”以自由，为何作者又要将“绿”囚禁起来？因为作者对“绿”的爱发生了变异，偏离了“爱”本身：

忽然有一种自私的念头触动了我。我从破碎的窗口伸出手去，把两枝浆液丰富的柔条牵进我的屋子里来，教它伸长到我的书案上，让绿色和我更接近，更亲密。我拿绿色来装饰我这简陋的房间，装饰我过于抑郁的心情。我要借绿色来比喻葱茏的爱和幸福，我要借绿色来比喻猗郁的年华。我囚住这绿色如同幽囚一只小鸟，要它为我作无声的歌唱。

作者因为喜爱“绿”而产生了“自私的念头”，将“绿”囚禁起来，将“爱”异化成了“占有”（“牵进我的屋子里来，教它伸长到我的书案上，让绿色和我更接近，更亲密”）和“功利”（“装饰我这简陋的房间，装饰我过于抑郁的心情”），故称之为“异爱”。而“占有”和“功利”的后果是，“它渐渐失去了青苍的颜色，变得柔绿，变成嫩黄；枝条变成细瘦，变成娇弱，好像病了的孩子”。为此，作者感到自责和内疚，展开了一段自我心灵的对话：

我渐渐不能原谅我自己的过失，把天空底下的植物移锁到暗黑的室内；我渐渐为这病损的枝叶可怜，虽则我恼怒它的固执，无亲热，我仍旧不放走它。魔念在我心中生长了。

尽管作者对囚绿感到自责和内疚，但作者并没有改正自己的行为，反而心中生长出了“魔念”——继续囚绿，直到南归才释放它。作者这种自相矛盾的行为想表现什么？难道只是想忏悔反省自己的自私，告诉读者人性是自私的？显然不是。“异爱囚绿”的心灵对话其实向读者展现了一个普遍存在的现象：人们对自己喜爱的事物往往想占有它，越是喜爱，越是想占有，喜爱度越高，占有欲越强。这是不是也在揭示爱与占有的辩证关系，启迪人们思考什么才是

真正的爱？从这个意义上说，“异爱囚绿”的心灵对话其实寄寓着作者对爱的哲思，它启示人们思考爱的真谛：真正的爱不是占有，而是要给予被爱的对象自由。

三、与时代对话，寄寓社会哲思，表现对民族命运的深沉思索

一些解读者反对甚至批判“知人论世”地读解《囚绿记》，认为这样会“政治化地附会”文本。我们当然不赞成随意“政治化的图解”文本，但任何文本的产生与创作都有其历史语境，对文本的读解不可能完全脱离其历史语境，否则可能会造成解读上“只见森林，不见树木”的偏狭。因为文本本质上是一种对话，任何一种对话都有其社会性。正如巴赫金所说：“人的个性只能是社会总体的一部分，只能处于阶级之中。他是历史现实和文化生产的一部分……因为无论一个人每一举动，无论一种具体思想的形成（想法、艺术形象，甚至是梦幻内容）都不可能脱离社会经济条件来阐释和理解。”[7]巴赫金接受了马克思关于人的社会性的观点，认为对话是由人的社会性决定的。从人的社会性出发，巴赫金认为人是事件性的存在，人的言语、行为在时空中就是事件。事件必然有他者的参与，与他者相遇，必然产生矛盾，解决矛盾的方法唯有对话[8]。

《囚绿记》写于抗战时期，记录了作者特定时期“心灵起伏的痕迹”，要深入理解文本，我们当然不能脱离时代语境。可以设想一下，如果不是卢沟桥事件，作者可能还要多囚禁常春藤一段时间。提前“释绿”这个行为（事件）是因为日本全面侵华，囚绿和释绿的矛盾凸显——作者不能再按原计划尽情地囚绿。只有提前释绿，矛盾才能解决。要理解这个矛盾的解决，我们还是要把提前“释绿”这个行为放在当时的时空语境中来理解。换句话说，要理解提前“释绿”这个行为，我们还是要还原文本的历史语境。

《囚绿记》写于 1938 年，回忆了 1937 年夏天与常春藤交往的一段经历。1937 年是日寇大举侵华的一年，那一年的夏天，北平的局势已经很紧张，所以作者才“打算七月尾回南去”，打算在离开的时候恢复常春藤的自由。只是计划赶不上变化，形势发展比作者预计的更严峻。7 月 7 日，卢沟桥事变爆发，作者只有提前“释绿”赶往南方避难。作者为何要释绿？作者可不可以不释绿？释绿了之后，常春藤就一定能获得自由吗？在日寇的铁蹄下，常春藤也不一定能逃过战争的劫难，作者为什么还是要释绿呢？除了爱绿之外，恐怕更多的还是因为在囚绿的过程中，作者被“绿”的“永不屈服于黑暗”的顽强感动了。在作者看来，民族救亡图存正需要这种顽强不屈的精神，所以作者在临行时“珍重地开释了这永不屈服于黑暗的囚人”。为什么用“珍重”这个词，如果只是表达对“绿”的愧疚、忏悔，完全可以说“惭愧地开释”或“忏悔地开释”。“珍重”有珍惜、爱惜、重视、尊重之意，“珍惜”一词，除了表达对

“绿”坚守生命尊严的颂扬，更多的还是警醒人们要重视、尊重这种顽强不屈的精神，唯有凭借这种精神才能挽救民族危亡，取得抗战的胜利。此时，在作者心中，“绿”不只是一个生命，它还象征着当时的中国，象征着中华民族。正是有了这样寄寓，作者才会有接下来与“绿”的对话：

我把瘦黄的枝叶放在原来的位置上，向它致诚意的祝福，愿它繁茂苍绿。

作者只是在向“绿”祝福吗？显然不是！作者在向国家、民族祝福，祝福中国、中华民族早日取得民族的独立和自由。从这个意义上来说，《囚绿记》亦是在与时代对话，寄寓了作者对国家、民族的命运思索。这是一种深沉的社会哲思，亦是一位知识分子对国家、民族命运的一份责任担当。

总之，《囚绿记》是一篇寄寓哲思的叙事散文，文本在与“绿”、与心灵、与时代的多重对话中，寄寓了作者对生命、人生、社会的哲理性思考。基于这样一个理解，笔者认为，对《囚绿记》主题的解读，不能只见一隅而忽略了文本中更广阔的天地。这也启示我们，对经典文本的解读，要敞开胸怀，开阔视野，变换视角，这样，我们才能看到文本中更靓丽的“风景”。

参考文献：

［1］人民教育出版社课程教材研究所，中学语文课程教材研究开发中心. 普通高中课程标准实验教科书语文 2（必修）·教师教学用书［M］. 北京：人民教育出版社，2007：26.

［2］张斗和.《囚绿记》主题解读突围［J］. 语文教学通讯·初中，2014（9）：57.

［3］徐江，刘承英，戚笑微. “知人论世”：语文教学的哲学错位：《囚绿记》是颂扬民族性格还是认识生命尊严［J］. 人民教育，2009（10）：41-42.

［4］邵子华. 论文学文本的对话性［J］. 井冈山学院学报（哲学社会科学），2007（3）：55.

［5］张开焱. 开放人格：巴赫金［M］. 武汉：长江文艺出版社，2000：256.

［6］张斗和.《囚绿记》主题解读突围［J］. 语文教学通讯·初中，2014（9）：57.

［7］巴赫金. 巴赫金全集（第Ⅰ卷）［M］. 晓河，等译. 石家庄：河北教育出版社，1998：384-385.

［8］李兵. 巴赫金对话理论对文学阅读的启迪［J］. 文艺评论，2015（9）：21.

（本文刊发于《读写月报》2021 年第 6 期）

第三章　小说解读

《老人与海》声音叙事品析

《老人与海》被收入人教版高中语文必修 3 教材，作为海明威的经典之作，人们从不同的维度和视角，对其叙事艺术、语言特色、思想主题等方面作出读解和阐释。笔者非常喜欢这篇文章，也多次教过这篇课文，每一次教这篇课文，都想带领学生从中读出一点不一样的东西。上个学期，再次教学这篇文章，备课中笔者对文中的声音叙事产生了兴趣，围绕这个点，我带领学生在课堂上作了一些探讨。

关于声音叙事，学界有不同解释，有论者将声音叙事看成一种叙事形态，如马红娟认为声音叙事是新时期乡土小说的叙事形态之一[1]。也有论者将声音叙事当成一种艺术手法，认为“声音叙事是一种侧重从声音（听觉）角度出发讲述故事的艺术手法”[2]。对于声音叙事，学界虽然看法不一，但有一个普遍共识就是，声音是叙事文本中重要的叙事元素，对人物表现与故事时空的建构起着举足轻重的作用。

笔者将《老人与海》中的声音叙事看成一种叙事手法或者说叙事手段，即海明威是通过对声音的叙事操控来实现文本的意义建构，本文在此作一些粗浅的探讨。

一、以声音叙事营构故事空间，奠定叙事基调

《老人与海》“是一个由多种声音对话建构的复调世界，这些声音发自于老人、男孩、大海、鱼、鲨鱼、月亮与星星”[3]，海明威用这些声音营构起小说的故事空间，构建了小说的整体环境。以教材节选部分为例，该文节选的是从鲨鱼出现到老人回渔港的部分，在第一次写到桑地亚哥老人与鲨鱼搏斗的情景时，文本对鲨鱼咬大马林鱼的声音作了描绘：

鲨鱼飞快地逼近船后边。它去咬那条死鱼的时候，老头儿看见它的嘴大张着，看见它那双奇异的眼睛，它咬住鱼尾巴上面一点的地方，牙齿咬得嘎吱嘎

吱地响。鲨鱼的头伸在水面上，它的脊背也正在露出来，老头儿用鱼叉攮到鲨鱼头上的时候，他听得见那条大鱼身上皮开肉绽的声音。他攮进的地方，是两只眼睛之间的那条线和从鼻子一直往上伸的那条线交叉的一点。事实上并没有这两条线。有的只是那又粗大又尖长的蓝色的头，两只大眼，和那咬得格崩崩的、伸得长长的、吞噬一切的两颚。

“嘎吱嘎吱”“皮开肉绽”“格崩崩”这几个拟声词生动形象地表现出鲭鲨的凶狠，渲染了一种紧张的、令人害怕的故事氛围，营构了老人与鲨鱼搏斗的故事空间。在接下来的老人与鲨鱼搏斗的具体叙事中，作者再次通过声音叙事强化了这种紧张、扣人心弦的故事空间：

鲨鱼在海里翻滚过来。老头儿看见它的眼珠已经没有生气了，但是它又翻滚了一下，滚得自己给绳子缠了两道。老头儿知道它是死定了，鲨鱼却不肯承认。接着，它肚皮朝上，尾巴猛烈地扑打着水面，两颚格崩格崩响，像一只快艇一样在水面上破浪而去。海水给它的尾巴扑打得白浪滔天，绳一拉紧，它的身子四分之三都脱出了水面，那绳不住地抖动，然后突然断了。老头儿望着鲨鱼在水面上静静地躺了一会儿，后来它就慢慢地沉了下去。

老人已经将鱼叉攮进了鲨鱼头部，鲨鱼也奄奄一息了，作者接着用动作和声音描写鲨鱼的垂死挣扎，使人鱼搏斗的故事更扣人心弦，也为下文的人鱼搏斗营构了紧张、动人心魄的故事空间，奠定了人鱼搏斗的叙事基调。

二、创建“他说＋他想”的声音叙事模式，推动情节发展

小说如何设置、安排情节很体现小说家的叙事本领。教材节选的《老人与海》，叙述的是桑地亚哥老人在海上独自与鲨鱼搏斗的故事，故事本身很单纯，除了那条大马林鱼和鲨鱼外，没有其他的人和动物，要将这个简单的故事叙述往前推进，西方小说惯用的手法是用大篇幅的心理描写。但海明威没有这样做，他另辟蹊径地采用声音叙事的方式，借助于对话来展现故事的时间流动。梅尔巴·卡迪－基恩在听觉感知的叙事研究中将“对话”作为文学作品中声音的一种表现形式，因为在他看来，对话也是一种“能听到的声音”[4]。

但海明威的声音叙事，并不是简单地描写人物对话，而是将叙事的重心放在叙述桑地亚哥老人与鲨鱼搏斗过程中内心的声音叙事上，通过描写他与鲨鱼搏斗过程中自我话语与内心的回应，推动情节向前发展——小说情节在话语与内心的声音交流碰撞中向前发展。具体行文时，小说创建了“他（老头儿）说＋他想”的声音叙事模式，以此作为情节的叙事单位。请看下面节选的一个片段：

“它咬去了大约四十磅。”老头儿高声说。他想：它把我的鱼叉连绳子都带

去啦，现在我的鱼又淌了血，恐怕还有别的鲨鱼会窜来呢。

他不忍朝死鱼多看一眼，因为它已经给咬得残缺不全了。鱼给咬住的时候，他真觉得跟他自个儿身受的一样。

他想：但是我已经把那条咬我的鱼的鲨鱼给扎死啦。我从来没看过这么大的“Dentuso”。谁晓得，大鱼我可也看过不少呢。

他想：能够撑下去就太好啦。这要是一场梦多好，但愿我没有钓到这条鱼，独自躺在床上的报纸上面。

“可是一个人并不是生来要给打败的，”他说，“你尽可把他消灭掉，可就是打不败他。”他想：不过这条鱼给我弄死了，我倒是过意不去。现在倒霉的时刻就要来到，我连鱼叉也给丢啦。“Dentuso”这个东西，既残忍，又能干，既强壮，又聪明。可我比它更聪明。也许不吧，他想。也许我只是比它多了个武器吧。

“别想啦，老家伙。”他又放开嗓子说，“还是把船朝这条航线开去，有了事儿就担当下来。”

这里写的是老人第一次与鲨鱼搏斗后自说自话的片段。老人连续 84 天未捕到鱼，经过三天两夜搏斗才捕获的大马林鱼，被一条鲭鲨咬去了四十磅肉，他不免有些灰心失落，觉得“跟他自个儿身受的一样”，所以希望“这是一场梦多好”，但愿“没钓到这条鱼”。但想想自己毕竟把鲨鱼给刺死了，老人又重新振作起来，鼓励自己“一个人不是生来要给打败的”，虽然鲨鱼残忍、能干、强壮、聪明，自己鱼叉也丢了，但自信自己比鲨鱼更聪明。可马上老人又犹豫了，觉得自己不一定比鲨鱼聪明，只是比鲨鱼多了个武器。所以，他立刻又告诫自己不要去想：“还是把船朝这条航线开去，有了事儿就担当下来”。小说就是不断地通过“他说＋他想”的声音叙事实现一个个情节的转换，以此推动情节向前发展。

其实，从人教版高中语文必修 3 教材节选的《老人与海》部分来看，情节发展的主线虽然是老人与鲨鱼搏斗的故事，但小说情节的主体并不是老人与鲨鱼搏斗的场景，而是老人的直接话语与他内心的回应两种声音的交流对话，小说也正是通过声音叙事这种特殊的叙述方式，规避了大篇幅的心理描写，真实细腻地展现了人鱼搏斗的过程，使小说情节扣人心弦又波澜起伏，同时有效调控了小说的叙述节奏。若是换用心理描写，叙述节奏和叙事效果将会大打折扣，这也正是海明威作为小说家的高明之处。

三、以声音叙事表现自我的复调，展现复杂性格

以“声”写人是叙事作品惯用的艺术手法，经典案例就是《林黛玉进贾

府》以“未见其人，先闻其声”的方式安排王熙凤出场。声音叙事在表现人物身份、职业、性格、心理等方面具有独特的优势。《老人与海》也发挥了声音叙事在表现人物上的优势，但与众不同的是，《老人与海》超越了单纯地以“声音”来刻画人物某一方面性格的常规做法，文本以声音叙事表现人物的自我矛盾与分裂人格，展现主人公复杂的性格和心理。

复调本是音乐术语，指欧洲 18 世纪（古典主义）以前广泛运用的一种音乐体裁，它与和弦及十二音律音乐不同，没有主旋律和伴声之分，所有声音都按自己的声部行进，相互层叠，构成复调体音乐。巴赫金将音乐中的多重声音引入文学批评，认为“复调”不仅是叙事文学的一种认知方式 ，而且是作为人们认识世界的思维方式[5]，这是“一种超出小说体裁范围之外的特殊的复调艺术思维，这种思维能够研究人的思考着的意识，和人们生活中的对话领域 ”[6] 。在巴赫金看来，对话即复调，“复调的实质在于，不同的声音在这里保持各自的独立，作为独立的声音结合在一个统一体中，这已是比单声结构高出一层的统一体”[7]。复调可以存在于人物与人物之间的对话，也可以存在于人物的自我对话，人物的自我对话形成自我的复调。

如前所述，教材节选的《老人与海》主要以老人与自我内心的对话推动情节发展，其实在《老人与海》中，人物的自我对话不只是推动情节发展的助推剂，还是刻画人物、展现人物性格和心理的主要手段。文本中，老人每一次与鲨鱼搏斗后都会与自我内心展开对话，说出的话语与内心的声音进行交流，在交流中形成自我的复调，且看一个片段：

“想点开心的事吧，老家伙。”他说，“一分钟一分钟过去，离家越来越近了。丢掉了四十磅鱼肉，船走起来更轻快些。”

…………

他想：不抱着希望才蠢哪。此外我 还觉得这样做是一桩罪过。他想：麻烦已经够多了，还想什么罪过。何况我根本不懂这个。

我不懂得这种事，也不怎么相信。把一条鱼弄死也许是一桩罪过。我猜想一定是罪过，虽然我把鱼弄死是为了养活我自己，也为了养活许多人。不过，那样一来什么都是罪过了。别想罪过了吧。现在想它也太迟啦，有些人是专门来考虑犯罪的事儿的。让那些人去想吧。你生来是个打鱼的，正如鱼生来是条鱼。桑·彼得罗是个打鱼的，跟老狄马吉奥的爸爸一样。

他总喜欢去想一切跟他有关联的事情，同时因为没有书报看，也没有收音机，他就想得很多，尤其是不住地想到罪过。他想：你把鱼弄死不仅仅是为了养活自己，卖去换东西吃。你弄死它是为了光荣，因为你是个打鱼的。它活着的时候你爱它，它死了你还是爱它。你既然爱它，把它弄死了就不是罪过。不然别的还有什么呢?

“你想得太多啦，老头儿。”他高声说。

这是桑地亚哥老人第一次与鲨鱼搏斗后的一段自我对话，在大马林鱼被鲭鲨咬去了四十磅肉后，满身淌血，老人曾一度灰心失望，但他很快又找回了信心和希望，认为“不抱着希望才蠢哪”，可转念老人心中又生出了一种负罪感，他觉得自己“把一条鱼弄死也许是一桩罪过”，即便是“为了养活我自己，也为了养活许多人”。但一想到自己是个打鱼的，把鱼弄死“是为了光荣”，“它活着的时候你爱它，它死了你还是爱它。你既然爱它，把它弄死了就不是罪过”。这一段自我对话“我说”与“我想”两个声音互相驳斥，自相矛盾，展现了一个矛盾又真实的自我，把老人的复杂性格表现得一览无余：一方面世俗、残忍、自私；另一方面平等尊重自然生物，有着高贵的灵魂。

对于杀死鲨鱼，老人也有着分裂的认识：

他想：你倒很乐意把那条鲨鱼给弄死。可是它跟你一样靠着吃活鱼过日子。它不是一个吃腐烂东西的动物，也不像有些鲨鱼似的，只知道游来游去满足食欲。它是美丽的，崇高的，什么也不害怕。

“我弄死它为了自卫。”老头儿又高声说，“我把它顺顺当当地给弄死啦。”

他想：况且，说到究竟，这一个总要去杀死那一个。鱼一方面养活我，一方面要弄死我。孩子是要养活我的。我不能过分欺骗自己了。

老人觉得，鲨鱼“靠着吃活鱼过日子”，是“美丽的，崇高的，什么也不害怕”，吃大马林鱼的肉也是应有之事，觉得自己不该杀死它，但马上他又转念，“弄死它是为了自卫”，“这一个总要去杀死那一个”，为自己的残忍行为找理由开脱。

小说中，老人这种充满自我矛盾的复调对话还有很多，在这些对话中，“他说 ”与“他想”作为复调的两个声部，一方面推动了情节的发展（前文已做了论述）；另一方面表现了主人公自我的复调，充分展现了主人公复杂的性格，为读者呈现了一个立体化的人物形象。

综上所述，声音叙事是《老人与海》这部作品重要的叙事手法和叙事方式，其对于作品意义的建构不是可有可无的，而是有着非凡的作用和价值。从某种意义上说，正是这一非同一般的叙事手法成就了这一部经典。

参考文献

［1］马红娟．新时期乡土小说声音叙事［J］．新乡高等师范专科学校学报，2007（4）：77.

［2］喻栓．试论余华小说《现实一种》的声音叙事［J］．韩山师范学院学

报，2019 (4)：72.

[3] 张媛．双声部和弦：《老人与海》中的自我复调 [J]．北京化工大学学报，2016 (1)：68.

[4] 费伦．新叙事理论译丛：当代叙事理论指南 [M]．申丹，等译．北京：北京大学出版社，2007：442.

[5] 张首映．西方二十世纪文论史 [M]．北京：北京大学出版社，2002：346.

[6] 巴赫金．陀思妥耶夫斯基诗学问题 [M]．白春仁，顾亚铃，等译．上海：生活·读书·新知三联书店，1988：363.

[7] 巴赫金．陀思妥耶夫斯基诗学问题 [M]．白春仁，顾亚铃，等译．上海：生活·读书·新知三联书店，1988：363.

（本文刊发于《语文教学与研究》2020 年第 7 期）

诗化气韵，诗之旋律

——茹志鹃《百合花》叙事特色品析

在表现战争题材的红色经典作品中，《百合花》绝对可以算作独特的一个。在笔者看来，其独特之处在于它回避了正面书写战斗的激烈与残酷，并以此表现英雄的崇高与伟大的惯用笔法，而是采取独特的叙事艺术为我们呈现了一道别样的战争风景线。

《百合花》以第一人称“我”为叙事视角，以解放战争为背景，描写的是 1946 年的中秋之夜，在大战前夕，小通讯员护送女文工团同志“我”到前线包扎所，以及他们到包扎所后向一个新媳妇借被子，当晚小通讯员不幸战死的故事。在反复阅读这篇红色经典小说后，从叙事特色这一视角，可以发现这篇小说与诗歌有着不少共通之处，可以说是一篇富有诗化气韵、诗之旋律的小说，下面笔者试从三个方面予以解读。

一、结构：徐疾有序，刚柔有致

茅盾在评论《百合花》时说道：“在这篇小文章所举的那些例子中间，《百合花》可以说是在结构上最细致、严密，同时也是最富有节奏感的。”[1] 作为一篇小说，《百合花》的叙事节奏正如茅盾所言，极富内在的节奏感。叙事节奏是指情节发展的起伏升降和氛围的张弛抑扬。李计谋在《论茹志鹃〈百合花〉的艺术特色》中指出，《百合花》在叙事的节奏上做到了“徐”与“疾”的和谐相配[2]。

《百合花》起笔写我军总攻前，小通讯员护送“我”前往包扎所，刻画了通讯员面对异性局促、羞赧和质朴的一面，这时的叙事节奏仿佛一弯小溪，平静悠扬。接着写来到包扎所后，小通讯员和“我”一起去向群众借被子，这时出现的新媳妇让整个叙事平添波澜，带有喜剧色彩，通讯员憨厚、老实、纯真的一面得以显现。紧接着写总攻发起前的战斗前线，中秋之月的映照，触发了“我”对故乡团圆温馨的思念，这也与当时暗流涌动的残酷战争形成强烈的对比，揭示出以小通讯员为代表的战士们即将面临的生死考验。最后落笔写战斗打响后，伤员一个接一个被送到包扎所，伤员和抬担架员转述了前方战场的激烈，“我”和新媳妇一面忙碌地照料伤患，也暗暗为小通讯员担心。不承想，一个重伤员送了过来，正是小通讯员，据说他用身躯压住炮火，拯救了同胞。至此，新媳妇和“我”的情绪——悲痛与崇敬，在回顾与小通讯员的交往中喷涌而出。激烈的战争对战士生命的无情吞噬，以及作者对文章主旨的表达在落笔时达到洪波涌起的效果。

这一富有节奏感的叙事特色，如同诗歌的旋律。诗歌讲究赋比兴，律诗更是注重起、承、转、合，在结构上亦具有节奏感。比如杜甫的《旅夜书怀》，由首联“微风细草岸，危樯独夜舟”写景，颔联“星垂平野阔，月涌大江流”写意，接着颈联“名岂文章著，官应老病休”转至抒怀，尾联“飘飘何所似，天地一沙鸥”借景抒情，收束文本，整首诗内在的旋律亦是徐疾有序、刚柔有致的。

二、物象：以象造境，托物寄情

除了结构上富有诗的旋律，《百合花》在物象的提炼与刻画方面也有着诗化气韵。

《百合花》这一小说中用到了很多物象，通过这些物象营造出特定的意境，并传达出独特的内蕴。比如小说注重对环境进行描绘，写到雨后的“秋庄稼”、故乡的“竹海”、包扎所旁的“野草”，或是写通讯员枪筒里插着的树枝和野菊花，营造出清新自然、富有诗意的画面，体现了“我”和通讯员亲近自然、热爱生活的性格特点。再如中秋之月这一物象，由一轮圆月联想到中秋佳节团圆温馨的画面，月光在这里寄托了乡思，也引发了“我”对小通讯员的想念和担忧。另外，新媳妇的百合花被和通讯员给“我”的两个馒头也寄托着浓浓的真情，前者对通讯员的献身表达了深深的敬意和无尽的哀伤，后者让我们想见通讯员为人的真挚和淳朴，愈加让人痛惜美好生命的逝去。不得不说茹志鹃深谙“可亲”与“可敬”的辩证法，其处处点染英雄的可亲之处，可敬也就成了一种油然而生的感情归宿了。小通讯员的调皮、窘态、歉意、亲昵的呼唤，以及枪筒上插着的野菊花、衣服上的破洞，都成了英雄纪念碑的一砖一石。

这如同诗的旋律，诗歌注重意象的描绘，善于以象造境、托物寄情，如陶渊明的“采菊东篱下，悠然见南山”、王维的“独坐幽篁里，弹琴复长啸”、辛弃疾的“稻花香里说丰年，听取蛙声一片”，都是通过写自然中的“菊”“竹”“稻香”等意象来传达亲近自然、悠然自得的内心。关于月的诗句就更多了，如苏轼的《赤壁赋》《水调歌头》等，古诗中亦有写百合的诗句，屈原的《橘颂》更是开了咏物诗的先河。

除了采取了富有诗意的意象来营造特定的意境外，《百合花》也善于从生活中提炼出足以胜过千言万语的感情附丽物——如一床被子、两个馒头等来表达军民情、战友谊，这如同诗歌通过意象来营造意境或托物寄情的写法，二者具有异曲同工之妙。

三、手法：虚实相生，浓淡相宜

李计谋在《论茹志鹃〈百合花〉的艺术特色》中谈到虚实浓淡是我国传统美学思想的重要组成部分，认为《百合花》依循了这一技法[3]。笔者以为“虚实浓淡”更是诗歌的常用手法，《百合花》通过依循传统美学思想，抑或有意识地采取诗化的笔致来谋篇布局，使得它带有诗化气韵、诗之旋律。

茅盾曾指出当时的短篇小说有“三病”，即缺乏剪裁、回叙太多太长、环境描写不能为主题服务[4]。而《百合花》则是一篇“三病”皆无的短篇小说。这一点可以从手法上来解读，它很好地处理了虚实、浓淡的笔墨。

一方面，《百合花》虚写了战斗大场面，实写了战斗后方细微处。小说细致描绘了战斗“第二线”发生的护送、借被、铺被、盖被等生活情景，相反对战斗的艰苦和英雄的牺牲只是从侧面一带而过，这种寓崇高于平凡的写法，使小说剪裁精妙得当。

另一方面，《百合花》还注重实境向虚境的转换。文中有两处，一是写“我”得知通讯员是我的同乡后，联想到故乡的竹海，联想到一个拖毛竹的小伙儿，这就避免了大段文字的回叙，只用一个场景的虚写就对通讯员的身世背景作了介绍：

我朝他宽宽的两肩望了一下，立即在我眼前出现了一片绿雾似的竹海，海中间，一条窄窄的石级山道，盘旋而上。一个肩膀宽宽的小伙儿，肩上垫了一块老蓝布，扛了几枝青竹，竹梢长长的拖在他后面，刮打得石级哗哗作响……这是我多么熟悉的故乡生活啊！

二是写“我”有感于中秋佳节，联想到故乡团圆温馨的场景，进而又想起小同乡：

啊，中秋节，在我的故乡，现在一定又是家家门前放一张竹茶几，上面供一副香烛，几碟瓜果月饼。孩子们急切地盼那炷香快些焚尽，好早些分摊给月亮娘娘享用过的东西。他们在茶几旁边跳着唱着："月亮堂堂，敲锣买糖……"或是唱着："月亮嬷嬷，照你照我……"我想到这里，又想起我那个小同乡，那个拖毛竹的小伙，也许，几年以前，他还唱过这些歌吧！……我咬了一口美味的家做月饼，想起那个小同乡大概现在正趴在工事里，也许在团指挥所，或者是在那些弯弯曲曲的交通沟里走着哩！……

这两处环境描写既丰富了人物形象，衬托出人物内心美，又增强了画面感，增添了作品的色彩美，显得不可或缺。

《百合花》虚实相生、浓淡相宜的叙事艺术与诗歌惯用的虚实结合的手法不谋而合。《采薇》中脍炙人口的"昔我往矣，杨柳依依。今我来思，雨雪霏霏"便是虚写来时春景，实写归途风雪，虚实对比衬托出当下归家的欢乐与内心深处的凄苦。白居易的《邯郸冬至夜思家》前两句"邯郸驿里逢冬至，抱膝灯前影伴身"实写冬至节孤身一人抱膝灯前的孤独，后两句"想得家中夜深坐，还应说着远行人"虚写家人围坐思念自己的场景。这些诗篇运用虚实结合的写法，很好地传达出了诗意。《百合花》巧妙地运用虚实结合这一手法，给小说增添了浓浓的诗的旋律。

综上所述，《百合花》这篇小说在叙事上富有诗化气韵，小说结构上徐疾有序、刚柔有致，富有很强的节奏感；物象上以象造境，托物寄情，富有诗意和内蕴；手法上虚实相生，浓淡相宜，独具匠心、善于留有想象空间。《百合花》在红色文学作品中独辟蹊径，用诗意的写法写出革命战争年代人与人之间温情脉脉一面。这篇小说只讲述了一天中发生的故事，但正如茹志鹃所说："战争使人不能有长谈的机会，但战争却能使人深交，有时仅几十分钟，甚至只来得及瞥一眼，便一闪而过，然而人与人之间，就在这一刹那里，便能肝胆相照，生死与共。"[5]

《百合花》的意义在于它告诉了我们：战斗生活不一定是炮火连天、血肉横飞的，也可以是细腻深婉、质朴动人的，战场上有的不一定是高大全的战斗英雄，也可以是时刻闪耀着人性光辉的普通战士、普通人。

《百合花》以其独特的诗化气韵，给我们讲述了一个革命战争年代的动人故事，它告诉我们哪怕在革命战争年代，青春也是鲜活的，青春同鲜花一色，青春始终与人民、与国家紧密相连；同时，将其与诗歌进行对照阅读，更加深了我们对诗歌和小说这两种不同体裁的理解，二者是自成体系而又水乳交融的。这或许就是部编版高中语文新教材将其与五首诗歌组成一个单元的原因吧！

参考文献：

[1] 茅盾．谈最近的短篇小说［M］//茅盾评论文集（上）．北京：人民文学出版社，1978：170．

[2] 李计谋．论茹志鹃《百合花》的艺术特色［J］．学习与探索，1983（4）：120．

[3] 李计谋．论茹志鹃《百合花》的艺术特色［J］．学习与探索，1983（4）：119-120．

[4] 茅盾．谈最近的短篇小说［M］//茅盾评论文集（上）．北京：人民文学出版社，1978：177-182．

[5] 茹志鹃．我写《百合花》的经过，漫谈我的创作经历［M］．长沙：湖南人民出版社，1983：40．

（本文刊发于《教育考试与评价》2021年第12期）

祥林嫂之死："礼"与"利"的合谋

《祝福》是鲁迅先生的一部经典作品，多次入选语文教材。对于主人公祥林嫂之死，传统解读大多归因为礼教的戕害。如部编版教师教学用书说："《祝福》通过祥林嫂一生的悲惨遭遇，揭露了封建思想对广大民众的毒害，抨击了封建礼教'吃人'的本质，表现了对底层劳动妇女的深切同情。"[1]人教版教师用书也持这种观点："正是这种'从一而终'的封建伦理道德观念，无情地绞杀了祥林嫂的精神和肉体。"[2]孙绍振先生则将祥林嫂的死归结为祥林嫂的寡妇身份和礼教的三重矛盾——夫权不讲理，族权不讲理，神权不讲理[3]，本质上与主流观点并无二致。

我们很容易被这种解读裹挟，可深入追问，我们不难发现破绽和矛盾：祥林嫂遵从礼教，从一而终，拼死不愿改嫁，可为何婆婆不遵守礼教而逼迫她改嫁？卫老婆子明知祥林嫂的寡妇身份，为何还要介绍她到镇上做工？四叔是封建礼教的卫道士，他明明嫌弃祥林嫂的寡妇身份，为何还要雇用她？祥林嫂想捐门槛，庙祝"起初执意不允许"，可在祥林嫂捐了大钱十二千后又为什么同意了？实际上，除了祥林嫂外，所有人都背弃了礼教。祥林嫂的婆婆为了给二儿子娶媳妇，毫不在意礼教从一而终的观念，把祥林嫂卖到山里，祥林嫂不愿意，则不惜动用暴力逼迫她就范。中人身份的卫老婆子，压根就没把礼教放在心上，她羡慕祥林嫂再嫁后的生活，压根就不在乎什么贞洁礼教观念。四叔虽然没有像祥林嫂婆婆那样赤裸裸地逐利，但雇用祥林嫂也多少屈从了实利（祥林嫂能干、雇用女工难）而放弃了对礼教的坚守。庙祝在十二千面前，礼教早已抛之脑后。

显然，在“礼”与“利”发生冲突时，大家不约而同地选择了“利”。因此笔者认为，不能将祥林嫂的死简单归咎于封建礼教的压迫，却忽略“加害者”深层心理动机。

一、婆婆谋“利”逼迫祥林嫂

旧社会推崇“烈女不事二夫”，丈夫死了以后，妻子通常要守寡，侍奉公婆终老。按照“礼”的要求，祥林嫂在第一任丈夫死了之后，就应该和婆婆相依为命，侍奉婆婆终老。可婆婆为了给二儿子娶媳妇，将祥林嫂卖到贺家墺，以换得财礼。在利益面前，礼教成为摆设，祥林嫂的婆婆丝毫没有可怜儿媳年纪轻轻守寡的不幸，反而心安理得地卖掉祥林嫂。祥林嫂不愿意改嫁，偷偷地逃到了鲁镇做长工。即便这样，婆婆也不愿放过祥林嫂，找到鲁镇，将祥林嫂捆了回去，逼迫她嫁给贺老六。祥林嫂一再抗争，婆婆就使用暴力，逼迫她就犯。

有人会说，这反映出礼教中夫权和族权的矛盾，婆婆正是利用这一矛盾行使族权，逼迫祥林嫂改嫁，她并没有背弃礼教。这种理解带有诡辩性，婆婆利用礼教矛盾行使族权，并不意味着她遵从了礼教（至少是没有不折不扣地坚守礼教）。正如某人利用法律漏洞犯罪，并不表明他就是遵守法律的良民，因为犯罪已成事实。婆婆逼迫祥林嫂改嫁是出于自私的实利目的，无法改变其行为“逐利”的本质，而这一逼嫁逐利行为，正是祥林嫂悲剧的开始。

因此，从婆婆这一视角来考察祥林嫂的死，我们可以得出这样的结论：婆婆为“利”，开启了祥林嫂死亡之路。祥林嫂之死与其说是礼教的戕害（婆婆利用礼教夫权和族权之间的矛盾，逼迫祥林嫂走上了死亡之路），不如说是婆婆自私自利的“逐利”行为所致，它反映出人性的自私与丑恶。

二、卫老婆子为“利”当中人

卫老婆子如果坚守礼教，就不应该介绍祥林嫂到鲁镇做工：一来祥林嫂是寡妇，按照礼教的要求，不适合到大户人家做工，因为礼教认为这样有伤风化，不吉利；二来祥林嫂是偷跑出来的，如果出了什么状况，会影响中人的声誉，会落得东家怪罪——祥林嫂被婆婆抢回去，四婶就责怪她。但卫老婆子为何介绍祥林嫂到四叔家做工，还介绍了两次？最重要的原因是她有利可图，可以赚取荐头费（中介费）。

可见，卫老婆子完全不是礼教的捍卫者，在实打实的利益面前，礼教于她而言可有可无。在谈及祥林嫂的改嫁时，面对四婶的惊讶，卫老婆子说“我们山里人，小户人家，这算得什么”，反而对祥林嫂的反抗感到不可思议。对祥林嫂再嫁生子后的生活，她甚至感到羡慕，说她“真是交了好运了”。正因不把礼教当回事，当祥林嫂再次丧夫，卫老婆子才能心安理得地又一次将其推荐到四叔家做工。可以说，在利益的驱动下，卫老婆子无意识地成为助推祥林嫂之死的帮凶。

三、四叔屈“利”收留祥林嫂

《祝福》中的四叔是一名老监生，是封建礼教的“卫道士”。他自始至终都不喜欢祥林嫂在自己家做工，后面更不允许祥林嫂参与祝福礼的准备。原因很简单，祥林嫂是一名寡妇。他头脑中根深蒂固的礼教观念告诉他：祥林嫂是一名寡妇，不干净、不吉利。当他得知祥林嫂是逃家出来做工时，骂道：“可恶！”当他得知祥林嫂的死讯时，没有表现出任何同情和怜悯，仍是骂道：“不早不迟，偏偏要在这时候，——这就可见是一个谬种！”

四叔如此讨厌祥林嫂，为何还要雇用祥林嫂呢？原因也很简单：雇用女工很难。祥林嫂安分、勤快、干活卖力，“简直抵得过一个男子”，要的工钱也不高（每月五百文）。在“礼”与“利”面前，即使四叔这样忌讳极多的“老顽固”，也只是简单地皱了皱眉，便弃礼教而选利益。礼教在实利面前，是多么不堪一击！这也充分揭示了礼教的虚伪！

四叔经济状况尚可都这样，更何况祥林嫂婆婆、卫老婆子这些经济拮据的人。这也反映出在落后封闭的中国乡村社会，与思想愚昧同时并存的，是普遍存在着的贫困问题，以及由此引发的对金钱利益的追逐，而这也是造成祥林嫂之死的一个重要原因。

四、庙祝牟“利”利用祥林嫂

祥林嫂经历了丧夫、失子之痛，身心已濒临崩溃。尽管这样，鲁镇上的人们还是不停地用礼教观念嘲笑她，“咀嚼鉴赏”她的悲剧命运，露出“又冷又尖”的笑影。柳妈更是用死了之后，两个丈夫争夺，阎王会将她锯成两半这样的话吓唬她，让她去土地庙捐门槛。祥林嫂听话照做，去土地庙捐门槛，但一开始遭到了庙祝的拒绝——这应当跟祥林嫂的寡妇身份与“不洁”品行有关。这说明，庙祝起初是遵从礼教原则的，但后来他看到祥林嫂“急得流泪”，又“勉强答应了”。

是庙祝起了慈悲之心，同情祥林嫂吗？当然不是！那是什么原因，庙祝又同意了呢？鲁迅用一句“价目是大钱十二千”来解释。潜台词是，祥林嫂出了大价钱，庙祝才同意她捐门槛。“价目”意味着捐门槛也可以当作商品来明码标价，“大”字更是充满夸张和讽刺色彩。这充分说明，在金钱面前，所谓的佛门净地也卸下了伪装，堂而皇之地向百姓索取利益。

庙祝收了钱后果真能够将她从精神崩溃中解救出来，那也没什么。可悲的是，祥林嫂花了钱，捐了门槛，却并未得到精神的解脱。当她听到四婶那一声大喊“你放着罢，祥林嫂”时，她的精神彻底坍塌了，加速走向死亡。

总之，在祥林嫂周围所有人的眼中，礼教不过是虚伪的摆设。他们说一套，做一套，让祥林嫂逐渐陷入生活和精神的绝境，最终滑向死亡的深渊。所以在笔者看来，祥林嫂的死，绝不能简单地归咎于礼教的戕害。祥林嫂的死，与其说是礼教的毒害，不如说是礼教与实利的合谋。当我们以这样一个视角来审视祥林嫂之死，便能深刻地感受到鲁迅思想的深邃和笔力的深刻——既批评了封建礼教“吃人”的本质，也体现出对旧社会民情和人心的深入洞察。正如孙绍振先生所说，“鲁迅写得最成功的一种死亡，是祥林嫂的死亡。”[4]

参考文献：

［1］人民教育出版社课程教材研究所，中学语文课程教材研究开发中心. 普通高中教科书语文必修下册·教师教学用书［M］. 北京：人民教育出版社，2019：204.

［2］人民教育出版社课程教材研究所，中学语文课程教材研究开发中心. 普通高中课程标准实验教科书语文 3（必修）·教师教学用书［M］. 北京：人民教育出版社，2007：16.

［3］孙绍振. 礼教的三重矛盾和悲剧的四层深度：《祝福》解读［J］. 语文学习，2008（10）：51-52.

［4］孙绍振. 礼教的三重矛盾和悲剧的四层深度：《祝福》解读［J］. 语文学习，2008（10）：51-52.

（本文刊发于《语言文字报》2024 年 1 月 17 日第 4 版）

第二篇　文体教学

文本体式一定程度上规约着文本意义阐释的空间和解读的方法，也制约着课堂教学内容和结构的整体安排。要让课堂有向心力、吸引力和凝聚力，充满灵动之美，有必要加强文体教学的研究，探究文本"类性""结构化"的因子和规律，让学生更轻松、更清晰地读解文章、读懂文本，以培养学生终生阅读的能力。

第一章　古诗文教学

诗歌教学教什么

——以人教版高中语文必修 1 诗歌单元教学为例

诗歌教学教什么，诗歌教学如何教，我们一线教师总不免要生出疑惑。人教版高中语文必修 1 诗歌单元教学编选了四首诗歌——《沁园春·长沙》《雨巷》《再别康桥》《大堰河，我的保姆》。这四首诗从形式看，既有古典格律诗，也有现代自由新诗；就表达方式而言，既有抒情诗，也有叙事诗；从题材看，既有写景抒情诗，也有即事感怀诗。编者之所以编入不同类型不同风格的诗，就是想通过这个单元的诗歌教学，全面培养学生诗歌欣赏的基本素养和能力。笔者结合本单元诗歌教学实践，谈一些粗浅的看法，以供交流。

一、加强诗歌基础知识的教学，教给学生阅读诗歌的一些基本知识

一段时间，语文教育界曾盛行一种教学主张，即阅读教学强调整体感知、整体把握，淡化甚至取消语文知识教学。笔者认为，这是一种狭隘的教学观念。因为，任何感知都是建立在一定理性知识的基础上的，缺乏基本的语文知识，所谓的整体感知和整体把握都只能是空中楼阁、自欺欺人。诗歌作为一种特殊的文体，涉及格律、流派、风格等知识，这些知识（尤其是流派知识）对阅读欣赏诗歌有着不可忽视的作用，缺乏这些知识，学生阅读理解诗歌就会遭遇障碍。而实践中，不少老师常常忽略了诗歌知识的教学，因此，当下的诗歌教学有必要加强诗歌基础知识的教学。

（一）加强诗歌格律知识的教学。

如《沁园春·长沙》是一首词。词是中国古典诗歌的一种特殊文体，有其写作的一些格律要求，而这些格律要求对于我们理解诗歌内容、把握诗歌形式与内容的统一极为重要。因此，教学这首诗有必要给学生讲解词和“沁园春”词牌格律的相关知识，否则学生是很难理解词作自然美（上片写景）和社会美（下片抒情）的完美融合的。

（二）加强诗歌流派知识的教学

有时，流派知识对理解、欣赏诗歌起着非常重要的作用，因为，任何一个诗歌流派都有其特定的创作主张，而这一创作主张决定了诗人对诗歌内容和形式的选择。读某一个流派的诗作，如果缺乏该流派的相关知识，阅读和欣赏这类诗歌犹如盲人摸象，或只见其形却难以识其神。如《雨巷》这首诗，作者戴望舒是现代派象征主义诗人，其创作受法国象征主义诗人魏尔伦、果尔蒙、耶麦等的影响较深。要深入理解这首诗，就有必要让学生了解象征派和象征主义诗歌的基本特点，否则，学习这首诗，学生就会如雾里看花、水中捞月，不得要领。

（三）加强诗歌体裁类别知识的教学

诗歌可以按照不同的标准划分为不同的类别，按照内容可以分为叙事诗、写景抒情诗、咏物诗、悼亡诗、讽喻诗等；按照题材可以分为咏史怀古诗、送别诗、山水田园诗、边塞诗等；按照形式可以分为格律诗、自由诗、散文诗；等等。不同类别的诗，其表达方式、表现手法和情感内涵不尽相同，因而解读方法也不尽相同，诗歌教学有必要加强体裁类别知识的教学。如《大堰河，我的保姆》，这是一首长篇叙事诗，教学这首诗与教学《再别康桥》在教学方法上显然是不一样的。

二、强化诗歌解读方法的教学，教给学生一些解读诗歌的基本方法

“授人以鱼，不如授人以渔”，要让学生真正学会读诗、欣赏诗歌，我们有必要教给学生一些解读欣赏诗歌的方法。诗歌解读的方法涉及面较广，有共性的，如意象解读法、吟咏诵读法、比较阅读法等，也有个性的，如俄国形式主义文学批评、英美新批评等不同文学批评流派的解读方法。对于中学诗歌解读方法的教学，笔者有一个基本观点，就是教学一定要立足于学生实际，以读懂为前提，以品味语言和意象为载体，以审美为旨归，共性的诗歌解读方法要贯穿教学始终。西方文学批评的方法过于深奥玄妙，不宜展开，要强化诗歌的分类解读意识，增强诗歌解读方法的可操作性，不同类型的诗歌解读要给出相应的解读路径。基于此，结合本单元所编选的四首诗歌，笔者归纳了几种不同类型诗歌的解读方法。

（一）中国古典诗歌的解读方法

目前，无论是教材和还是考试，高中生面对的中国古典诗歌主要是近体诗（以律诗为主）和词，而要解读近体诗和词，学生首先要读懂标题和注释：标题是诗歌内容的概括，透露出诗歌的情感基调、题材类型等信息；注释则交代

了诗歌的写作背景，解释了理解诗歌的疑难词语和典故内涵，它对于解读诗歌是十分重要的。

其次，学生解读诗歌要面对的最大障碍还是来自语言的障碍，即学生在文字上读不懂诗歌的内容。学生能不能有效读懂诗歌就看他能不能将诗歌的文言话语转化为现代话语，要实现这两个语言系统的有效转换，学生必须要有良好的文言功底，能准确流畅地翻译诗歌。而翻译诗歌又不仅限于简单的语言转换，更重要的还是要学会品读语言，品味中国古典诗歌的炼字炼句艺术，这一点恰是诗歌教学培养学生“语言的建构和运用”这一核心语文素养的重要方法，尤其要引起我们的重视。除此之外，解读中国古典诗歌还要善于抓住诗歌以描绘意象、营造意境来表情达意的特点。为此，笔者归纳了中国古典诗歌的基本解读路径：读标题注释→翻译诗歌（补充省略/调整语序/炼字炼句/特定含义）→寻找意象→感受意境→揣摩情感。

以《沁园春·长沙》为例，首先，读标题“长沙”，可以推测本诗肯定要写诗人在长沙的所见所感，结合课文注释，可知本诗是写诗人重游橘子洲头。既然是重游，诗歌在写眼前景物的同时，可能还会叙写之前游玩橘子洲的情景，而这些内容在文本中均有体现——上片写景，下片回忆。学会读标题注释，对诗歌内容作合理推测，能激发学生读诗的兴趣。

接着，翻译诗歌，品读语言。这首词语义上还是比较通俗易懂的，借助于课文注释，学生基本上能读懂诗歌文意。细读词作第一句，我们会发现，句子主语被省略了，且语序被打乱了（正常语序应是“橘子洲头，寒秋独立，湘江北去”），作者为何要省略主语，打乱语序，这就要回到词的格律知识了。词受字数和平仄押韵的约束，往往会省略跳跃甚至打乱语序，具体到这首词，受“沁园春”词牌的格律限制，第一句每个分句必须是 4 个字，且最后一个字必须押平声韵，如果按照现代汉语的语法要求和语序排列，第一句就不合格律了。从这一点来说，诗歌知识教学和解读方法的教学是互为补充、相辅相成的。接下来的写景是诗歌的精彩部分，体现了诗人高超的语言艺术，值得我们含英咀华。作者选取了“山”“林”“江”“舸”“鹰”“鱼”六个意象，用“万”“遍”“层”“尽”“漫”“透”“百”“争”“击”“翔”这些传神的字，写出了色彩绚丽、高远辽阔和生机勃勃的橘子洲景象，营造了壮阔高远的意境，为下文抒发词人积极向上、昂扬奋进的豪情壮志烘托了气氛。

最后，我们还要带领学生整体审视上片写景和下片回忆抒情之间的关系。通过以上的解读，学生不难理解，上片壮阔高远的景物描写并不是随意而为的，而是要与下片昂扬向上的豪情壮志实现完美融合，而这正是中国古典诗歌一贯追求的情景交融的境界。

这一解读方法具有较强的可操作性，可以运用于大多数中国古典诗词的解读，辅之以适当的训练，学生是比较容易掌握的，且其解读中国古典诗歌的能力是能得到有效提升的。

（二）现代新诗的解读方法

中国现代新诗在语词特点、意象选择、情感内涵及审美形态等方面与中国古典诗歌有很大的差异，读解方法自然不同。且现代新诗风格流派多样、内容形态各异，很难有一个统一的读解方法。对于中学诗歌教学而言，笔者以为，现代新诗解读方法的教学，除了要运用常规的意象解读、语词分析等方法外，更重要的还是要考虑中学生的认知实际，从文本出发，结合诗歌的流派特征，归纳出可操作性的诗歌解读路径。这里以《雨巷》为例说说象征派诗歌的解读方法。

要读懂象征派诗歌首先要了解象征派诗歌的基本特点：以表现内心（忧郁、梦幻、迷茫、惆怅等）为主要内容，借助有声有色且富有象征意义的意象（物象）暗示微妙的内心世界，崇尚朦胧晦涩。基于象征派诗歌的风格特征，读解象征派诗歌的核心要抓住诗中富有象征意义的意象，其基本解读路径为：寻找意象→结合创作背景、文化传统及意象特征分析意象的多义性象征义→揣摩诗歌情感。

以《雨巷》为例，诗中呈现的意象有油纸伞、雨巷、丁香姑娘、篱墙，其中核心的意象是雨巷和丁香姑娘。雨巷的特征是迷蒙、逼仄、促狭，结合这首诗的创作背景（1927 年夏天，“四一二”反革命政变后，全国处于白色恐怖中，诗人因参加进步活动避居友人家中而写下此诗），雨巷象征着中国当时的黑暗现实和诗人迷茫、惆怅的心境；丁香姑娘的特征是“丁香一样的颜色”“丁香一样的芳香”“彷徨在寂寥的雨巷”“太息般的眼光”“在雨中哀怨”“冷漠、凄清、又惆怅”“像梦一般地凄婉迷茫”，结合“丁香”意象的文化内涵（中国传统诗歌中“丁香”象征美丽、高洁、愁怨），丁香姑娘这个意象可以象征着美、理想、纯洁等，而丁香姑娘最后“消了她的颜色，散了她的芬芳”，“消散了，甚至她的，太息般的眼光，丁香般的惆怅”，这其实象征着作者所追寻的美、理想、纯洁爱情等的幻灭。《雨巷》是一首朦胧诗，通过这样一个解读，学生很快就能把握诗歌的基本内涵，而且以后遇到像《雨巷》这类的诗歌，也知道如何去读解。

（三）叙事诗的解读方法

叙事诗主要通过写人叙事来抒发情感，与小说戏剧相比，其叙事简练、情节相对简单，更多地展现情景交融的生活场景。叙事诗表情达意的主要载体是事件或场景，读解叙事诗，就要紧扣这一载体。为了增强诗歌的画面感和抒情性，叙事诗会刻画细节，转换人称，因此读解叙事诗要学会运用细节和人称这两把钥匙，品味其中蕴含的情感。其解读路径如下：梳理事件/场景→品味细节和人称变化→揣摩情感。

以《大堰河，我的保姆》为例，这是一首篇幅较长的叙事诗，共 13 节。首先，梳理全诗的事件或场景：第 1～2 节主要介绍大堰河与我的血肉联系，运用第三人称概述；第 3～11 节回忆大堰河勤劳善良、为生活劳碌而受尽苦难的一生，这部分叙述人称不断地在第二、第三人称之间切换，具体描述大堰河劳动和死去的场景，有大量的细节描写；第 12～13 节赞美大堰河，主要运用第二人称概述。

其次，品味细节和人称变换。第 1～2 节没有细节描写，为增加介绍的客观性，诗歌运用第三人称，从“她的名字就是生她的村庄的名字，她是童养媳”“大堰河以养育我而养育她的家”这些叙述看，不难读出诗人对大堰河的同情、怜悯之情。第 3～11 节回忆部分，生活场景形象可感，细节描写值得细细品味。如第 7 节，以第三人称具体描写“我”离开大堰河之后大堰河的劳动生活场景，“含着笑”“洗”“提”“切”“掏”“扇”“背”“结冰”“冰屑悉索”“猪吃”等，这些细节刻画出大堰河乐观、吃苦耐劳、生活艰辛的形象，表达了对大堰河的同情与崇敬之情，而这部分之所以不断在第二、第三人称之间转换，就是因为诗人一方面要表达对大堰河的感激之情（第 3～5 节第二人称），另一方面又想更加客观地再现与大堰河一般的劳苦大众艰苦的生活和悲惨的命运（第 7～11 节第三人称）。第 12～13 节为诗歌总结升华部分，没有细节描写，为增强情感的表达，叙述人称又转换为第二人称，表达对大堰河以及像大堰河一样的穷苦人民的赞美之情。

当然，任何方法都不可能是放之四海而皆准的，具体的文本更需具体的分析，我们要做的就是强化诗歌解读的分类意识和方法意识，尽可能教给学生一些可操作的诗歌解读路径。

三、注重诗歌审美能力的培养，陶冶学生高尚的情操

诗歌是美的艺术，诗歌教学的一个重要内容就是审美，诗歌教学的一个重要目标就是培养学生的审美能力、陶冶学生高尚的情操。

（一）感受内容美与形式美的结合，培养学生良好的艺术审美情操

任何艺术都是内容美与形式美的完美结合，诗歌也不例外。诗歌的内容美主要是指诗歌的意象美、意境美和情感美。诗歌的形式美主要是指诗歌的节奏、韵律所展现的音乐美，以及诗歌的结构排列所呈现的视觉美，即闻一多倡

导的“建筑美”。诗歌的内容美和形式美相互依存，紧密相连，二者结合成诗美。教学中，我们要让学生充分感受诗歌的内容美，也要引领学生品味诗歌的形式美。

如教学《再别康桥》，我们要引导学生充分感受诗中的人情美（无论是对母校的眷恋和不舍，还是对逝去爱情的缅怀，都是打动人心的人情美），而这份人情美是通过描绘“金柳”“艳影”“青荇”“彩虹”“星辉”等富有色彩感和画面感的意象来表现的，正是这些优美意象的使用，诗作才为我们展现了一个童话般的、令人神往的康桥世界。同时，这首诗的形式美也是值得品味的：全诗共七节，每节两句，单行和双行错开一格排列，无论从排列上，还是从字数上看，也都是整齐划一的，给人以充分的美感。可以说，这首诗是新诗中内容美与形式美完美结合的典范。

（二）体味人情美向理想美的升华，培养学生积极向上的理想情怀

诗歌是诗人内心情感的抒发，蕴含着至真至善至美的人类情感。人情美就是诗歌的情感之美，理想美是人对未来事物的想象或希望所产生的美感，即人在实现心愿、完成追求过程中产生积极的心灵体验。诗歌教学要让学生充分感受诗中的人情美，但情感有细腻粗犷之分、有博大狭隘之别，不同情感所彰显的诗人的胸怀是不一样的，因而所承载的社会价值和意义也是不一样的。积极向上的、博大的情感会给生活增添一抹温暖的色调，让人对生活充满热情与希望，给人以理想和信心。从一定意义上说，这种情感美会升华为一种理想美。诗歌教学要引领学生品味不同情感所呈现的人情美，更要体味人情美向理想美的升华。

如《大堰河，我的保姆》，诗歌通过回忆与追思乳母大堰河的一生，抒发了对贫苦劳动妇女大堰河的怀念、感激和赞美之情，这是一份至真至美的情感。大堰河只是当时贫苦善良的广大劳动妇女中的一个，大堰河的生存境遇和悲惨命运能唤起人们对当时广大劳苦大众命运的同情，对当时“不公道世界”的仇恨和批判。从这个意义上说，诗歌也寄寓着诗人改造旧世界、创造新世界的社会理想。教学这首诗，我们要让学生充分感受诗人对大堰河的那份人情美，更要引导学生体味人情美向理想美的升华，培育其自觉的理想情怀，如此，学生才真正读懂了这首诗。

（三）品味自然美和社会美的融合，培养学生以天下为怀的思想情操

诗歌一方面要写景，表现自然美；另一方面要抒情，表现人情美。而真正优秀的境界较高的诗歌往往注重自然美和社会美的融合，即诗歌在写景的同时融入作者对国家的爱与关切、对社会发展的忧思与期盼、对人民生存现状的同情与怜悯等，杜甫的诗歌就是其中杰出的代表。这类诗作往往表现出诗人以天下为己任的博大胸怀，更能打动人心。诗歌教学，在引领学生品读自然美与人情美的同时，更要引领学生品味自然美和社会美的融合，培养学生以天下为怀的思想情操。

以《沁园春·长沙》为例，诗歌为我们呈现了橘子洲壮阔优美的自然景物，但如果诗作仅限于此，诗歌的境界与格调就会大打折扣。诗人的高明之处就在于，壮阔优美的景物描写中融入了以天下为己任、蔑视反动统治、改造旧中国的豪情壮志，使自然美和社会美实现了完美融合。教学这首诗，我们一定要引领学生品味诗作的这个完美融合，要让学生明白，自然美如小家碧玉，社会美如黄钟大吕，二者融合方为阳春白雪，这样的作品也才能经得起历史的淘洗，才能沉淀为艺术精品。

当然，诗歌教学涉及方方面面，远不只知识、方法、审美三个方面，但毫无疑问，这三个方面是诗歌教学的“三驾马车”，驾驭好这“三驾马车”就牢牢把握住了诗歌教学的大方向。而在实际的教学实践中，这三个方面要相互融合、相互补充，不可顾此失彼，如此，诗歌教学才会春暖花开，春色满园。

（本文刊发于《教育科学论坛》2019 年第 2 期）

觅得清溪到云林

——高中文言文阅读教学的误区与对策

著名特级教师韩军老师曾说：“没有文言文，我们找不到回家的路。”作为民族精神文化的承载，古诗文有着流光溢彩的章句、灿若群星的人物、博大精深的文化内蕴，一直是高中语文教学的重中之重。然而，从笔者所见的一份调查数据来看，高达 70.4％的同学明确表示不喜欢古诗文；56.1％的学生把学习文言文的目的定位为通过考试，对文言文陶冶情操、提升素养的功能没有太多关注和肯定；53.1％的同学常常有放弃文言文学习的想法，41.1％的同学几乎不阅读任何课外古典典籍。是什么造成了这种现状？又该如何应对？笔者认为，要改变现状，当下的文言文教学要走出以下误区。

一、去“训诂化”——文体辨读通意脉

这里所说的“训诂化”，是指把实词、虚词、句子的翻译等视为古文教学的终极目标，把课内文言文经典篇目视为达到这一目标的工具，把“字字落实、句句串讲、习题操练”作为常规教学策略的理念与模式。“去‘训诂化’”

并不全盘否定字词解析作为一种策略的合理性，而是指从观念、评价与策略三个层面上，回到新课标对文言文教学的要求上来。

在“训诂化”的沉闷低效与“泛审美”的凌空虚蹈之间，“文体辨读法”是一项行之有效的教学方法。它的具体实施策略是：读题辨体—理清脉络—落实细节—体悟意图。下面以几种常见的文体为例进行说明。

1. 描写型的记，包括游记、亭记、园记、楼记等，如《游褒禅山记》《黄州快哉亭记》《小石城山记》。第一步，读题辨体。本文是篇游记，游记一般的写作顺序是怎样的？（写由来—记行踪—发感慨—叙同行者）对照本文，是否这样写的？批注相关内容。第二步，理清脉络。“记行踪”部分，作者到了哪些地方（见到了哪些景物）？景物有什么特点？（视角）是怎样变换的？据此圈划表层的景物脉络；“发感慨”部分，作者的情绪有什么变化？由此梳理作者的情感脉络。第三步，落实细节。将具体细节摘取出来，让学生一读断句读，二读通文意（译读，标注重点字词，在语境中落实），三读今译古（将译文回译为文言文，标注重点字词句式的翻译，加深学生的文言语感）。第四步，体悟意图。作者为什么要这样记游，记游与抒发议论之间有什么内在联系？

2. 记叙型的传、状等，如《项羽本纪》《苏武传》《段太尉逸事状》等。第一步，读题辨体。一般而言，传记的写作顺序是怎样的（叙家世出身—叙少时事—按官职变动记行状—作评论）？本文是否也这样写的？第二步，理清脉络。圈划传主的职务变动情况。第三步，落实细节。每一任官职，传主遇到什么情况（背景）？做了什么（行状，此处抓人物关系）？什么结果？由此看出传主是个怎样的人？也按三读的方法，在语境中落实字词。

此外抒情型的书、表，议论型的说、论等，也可以依循同样的方法。鉴于篇幅，此处不一一赘述。

在让学生掌握文言基础知识方面，文体辨读法与训诂法相比有着明显的优势：一是它能最大限度地调动与强化学生的文体意识，在读不懂的情况下也能根据文体体例大致把握篇章内容，并举一反三，可增强学生的信心与阅读能力；二是字词句是在语境中掌握的，根据上下文推断出来的，因此无须死记硬背，大大减轻学生的学习负担，加深记忆；三是它强调了言说情境，即作者是在什么情况下，写给谁的，如果是自己，会怎么写，让学生整体感受文本意义与其中的言说智慧。

二、去“标签化”——作品联读知情理

“标签化”的阅读，指在教学活动中，不经过对人物复杂情感的仔细分析、体悟，直接给人物贴上预设的标签。例如陶渊明就被当作淡泊闲适的象征，苏

轼已成为豁达的代名词。他们一旦被标签化、符号化、标本化，就失去血肉与生气，使学生不敢亲近，无法产生情感共鸣，更无法从中汲取精神力量与人生智慧。因此，“去标签化”是文言文教学的应有之义，作品联读则是一个很好的方法。

作品联读，可以是同一作者的不同作品的联读，从中窥见人物复杂、丰富的情感世界与艰难挣扎的心路历程。一篇清风明月《赤壁赋》，使苏轼被贴上了豁达通脱的标签。洞箫客“寄蜉蝣于天地，渺沧海之一粟”的悲叹，何尝不是苏轼内心的悲音？《念奴娇 · 赤壁怀古》中的“早生华发”之悲、“一尊还酹江月”之叹，又包含着多少悲怆？《后赤壁赋》中一声“划然长啸，草木震动，山鸣谷应，风起水涌”分明就是内心的悲愤喷涌！那“超然豁达”背后的内心挣扎，又有几人能知？当学生因粗读、误读而随意引用时，他们已因自己的浮浅与轻慢而错失了与一颗博大丰富的心灵相遇的机会。

联读的作品，也可以是相似的，例如境遇相似、人格相似的作者的作品。学苏轼，我们可以联想到和他相似的贬官谪宦，读柳宗元的《小石城山记》、刘禹锡的《陋室铭》、白居易的《与微之书》《琵琶行》，由此探究贬官与山水之间的关系，思考在重大的人生打击面前，他们的对待方式有何不同，这种不同的态度如何影响了各自的人生境遇。

联读的作品，还可以是相关的，让学生了解历史背景、人物风貌及历史意义。例如学习《与妻书》时，可抽取文中所提到的语典，探究林觉民的精神渊源；可展示《林觉民传》中他年少时胸怀大志、倜傥不群，就义时慷慨赴死的章节，让学生感受其英雄风范；还可展示孙中山对黄花岗事件的追忆与评价，让学生了解英雄之举的历史意义。学贾谊《过秦论》时，可联读《贾谊传》，以及李清照、李商隐、王安石、毛泽东对贾谊人生经历的评价，增加学生对文本的了解，增强趣味性。

三、去“碎片化”——专题研读通渊源

碎片化阅读，指的是孤立静止的阅读。粤教版教材中的文言文选文是按时代排列的，能清晰地照顾文体的历史流变，却无法顾及主题及思想内涵的呼应，造成人物的碎片化（把人物看成一个绝世独立的存在而不是一个时代群像的表征）、精神的碎片化（把人物精神看成超尘拔俗的高标，而不回溯这一精神的渊源与流变）。我们只了解一个人物，却不把他放到一个历史长河中去思考他身上的精神为何会存在，是否会继续存在下去。“精神的承传，需要‘历史’记忆，需要‘整体’记忆，需要‘永恒’记忆”，如果只有这样的断章碎片，我们就会处于一种“碎片化”的生存状态之中，“人类几千年建立起来的那些永恒意义被‘消解’……”碎片化的文言经典阅读，使我们无法理解文言

经典承载着的民族精神与文化基因，更谈不上传承这种精神文化。因此，面对学生正在走向“碎片化生存”的事实，我们作为教师，特别是教学文言文时，更应该从学科的整体性建构上动脑筋，尽可能帮助学生去建构人生的历史性、绝对性、永恒性认知，以形成整体性人生的意义，使他们无论走到哪里，都有清晰的“回家”路线图。一个有效的方法，是开展专题研读。

第一，针对人物的碎片化，思考在历史长河中，他是一个孤独的存在，还是一个时代群像的表征。有没有一个和他相似的群体？这个群体代表着怎样的时代精神？例如，林觉民何以能抛爱妻别幼子慷慨赴死？研读他信中语典的出处我们会发现，原因是他的血液里流淌着华夏儿女共同的精神基因——士人心忧天下、情系苍生的责任担当。它体现为由屈原到曹植、范仲淹、杜甫、辛弃疾、文天祥、李大钊、谭嗣同、鲁迅等人的一脉承传。苏轼何以能在人生重创面前豁达自适？因为山林情怀也进入了我们的文化基因。从陶渊明的田园，到柳宗元的游记，再到苏轼的赤壁，直到朱自清的月下荷塘，细细研读之下我们发现，那清逸灵秀的山水林泉，给被严酷现实挤压的自由灵魂提供了情感慰藉与精神家园。将这些相关作品进行联读，可以让学生梳理感知出我们民族的文化精髓与精神符码。

第二，针对精神的碎片化，当我们感佩那些人物内心的丰盈与精神的强大时，隔着遥远的时空，他们其实也在通过诗文告诉我们这些精神与智慧的源泉。读完前后《赤壁赋》及《定风波》等，我们可以看到江上清风与山间明月的自然美景，荣辱相依、祸福与共的至交好友，辉耀千古、苏慰人心的先贤话语，泣血而写、含泪而歌的艺术创作，是如何在安慰、滋养和拯救着这位命途多舛、饱经沧桑的旷世文豪。把视线投向历史的时空，寻找他的精神渊源与流变，可以让我们汲取其人生智慧，获得精神力量。

第三，专题研读还有一个维度，即将含有共同社会元素的一组文章结合起来进行探究。如《氓》讲述的是平民女子无端被弃，《孔雀东南飞》讲述的是吏人女子被遣殉情，《长亭送别》讲述的则是相府千金送行伤别。把它们与李清照的词作结合起来，我们可以梳理出一个共同的主题——古代女性在经济、情感、人生价值上的依附地位。再联系《祥林嫂》等文本，我们可以看到这种状况在近代仍未改变。而《遨游建筑天地间》中的林徽因，则为女性博取自己独立的价值与尊严提供了良好的范本，对当下女性的自我成长与价值肯定等也是极好的警示。

四、去“割裂化”——“悟点写读”通古今

文言文教学的第五个误区，是为学文言文而学文言文，导致了读与写、古与今的割裂。经典的解读要让学生“在场”，以“我”的生活实践为背景，强

调现代视角、当今立场，把文本读成作者在“我”能理解的生活实践中的所见、所闻、所思、所想，产生感悟，让那些精彩的语言经验“其言皆若出于吾之口”，“其义皆若出于吾之心”，成为对“我”的生活实践有直接意义的智慧和表达。

具体说来，我们可以通过问题的设置引领学生思考，以古观今，打通读写。

1. 某一问题，今天是否依然存在？问题设置为：（1）除了××王朝，历史上还有哪些时期如此？（2）这种现象，今天还存在吗？列举出你认为与之相似或相关的三个现实事件，你认为这样会导致怎样的后果（试着从三个方面分析）？（3）你认为怎样才能从根本上改变这种状况？

2. 某一思想，今天是否依然闪光？问题设置为：（1）这一思想包含了哪些含义？（2）谁在怎样的历史情境下提出这一思想？历史上还有哪些时期如此？（3）这种思想，在今天还有现实意义吗？

3. 某些社会核心价值，今天是否依然充满力量？例如，如果把《鸿门宴》《段太尉逸事状》《张中丞传叙》等文本结合起来，便可以看到乱世中的道义力量：在刘邦同袍之义的婉责面前，雷霆一怒的西楚霸王无话可答；在段太尉义正辞严的指责面前，为非作歹的暴徒满面羞惭，鱼肉百姓的酷吏“一夕自恨死”……正是这些强大的道义力量，维系着我们民族的生存与发展。而在今天，它确确实实出现了断裂。当环境的污染、资源的耗竭开始让我们付出惨痛代价时，我们会想起，孟子早在两千多年前就提出“数罟不入洿池”“斧斤以时入山林”的尊重规律、可持续发展的思想；当贫富差距加大、社会阶层分化、乖戾之气萌生时，我们会想起，孔子的“盖均无贫（如果把‘均’理解为社会公正而不是平均主义）、和无寡、安无倾”的内政方针，依然闪耀着现实的光芒；当是否搀扶老人、救助伤者居然成为一个全民束手的问题时，那“当亦乐牺牲吾身及汝身之福利，为天下人谋永福也”的铮铮誓言，便格外荡气回肠；当信任危机威胁整个民族产业和国计民生时，“己欲立而立人、己欲达而达人”便有了振聋发聩的力量！

任何一部古诗文经典，都是绽放在时空深处散发着幽香的永恒奇葩，是穿透时空隧道照亮永恒岁月的美丽星光。对相当一部分学生而言，高中阶段可能成为其人生中最后一次接受系统的古诗文学习的机会。引领他们走出文言文阅读误区，让其真正懂得、爱上文言经典，领略其中的无限风景，从中获取心灵养料与言语智慧，传承民族精神，是我们作为语文老师不可推卸的社会责任与时代使命。

（本文刊发于《语文教学研究》2015 年第 9 期，
人大复印资料《高中语文教与学》2016 年第 2 期全文转载）

第二章　散文小说教学

写人记事散文教学：选文类型与教学目标定位

——以《记梁任公先生的一次讲演》教学为例

人教版高中语文必修1第三单元系写人记事散文单元，对这个单元的三篇写人记事散文该如何教学，笔者一直人云亦云，亦步亦趋，没有什么教学突破。在认真研读了王荣生教授的教材选文类型理论后，笔者认为写人记事散文的教学要依据选文类型，合理定位教学目标，切实培养学生的阅读方法和能力。本文以《记梁任公先生的一次演讲》教学为例，抛砖引玉，以示求教。

《记梁任公先生的一次演讲》即人教版高中语文必修1第三单元中的一篇略（自）读课文。这篇短小精悍、描写细致生动的散文，符合王荣生教授鉴定的“样本”类选文特征，其中蕴含着培养学生阅读方法的教学目标。为何这样说？

第一，我们要明确何谓“样本”。王荣生教授在《语文科课程论基础》中将我国语文教材的选文分为“定篇”“例文”“样本”“用件”四种类型，这四种选文类型其实是对课文作了四种价值定位，对我们语文教学实践有指导意义。但到底什么是“样本”，王荣生教授并没有给出明确的界定，他借用了叶圣陶的解释来阐述“样本”的内涵：“知识不能凭空得到，习惯不能凭空养成，必须有所凭借，那凭借就是国文教本。国文教本中排列着一篇篇的文章，使学生试着去理解它们，理解不了的，有教师给予帮助（教师不教，学生先自设法理解，而只是一篇篇讲给学生听，这并非最妥当的帮助）。从这里，学生得到了阅读的知识。”[1]依据这一解释，所谓的“样本”就是教材中编选的可以用来培养学生阅读方法和能力的那一类课文。从《记梁任公先生的一次演讲》课后的“研讨与练习”来看，文本显然是符合培养学生阅读方法和能力这一特征的。

第二，看单元提示：

阅读这些文章，要透过对人与事的描写，仔细揣摩人物的言行、心理、体察人物的个性、情操，看作者如何在人物描写中体现对人物品行的评价，如何在叙事中表现或隐或显的情感倾向。要注意文章中哪些地方最能触动你的心灵，哪些地方让你过目不忘，想想这是为什么。这可能就是作品的“亮点”，不妨加以圈点批注，认真揣摩。[2]

从这一单元提示看，编者显然是想通过这个单元的教学，培养学生阅读写人叙事散文的阅读方法。那么，具体到《记梁任公先生的一次演讲》这篇课文，我们要培养学生哪些阅读方法呢？

一、“不动笔墨不读书”，掌握圈点批注

古人说：“不动笔墨不读书。”圈点批注是中国传统的读书方法。宋朝著名学者朱熹读书时十分喜欢在书上做各种记号，初读、再读、三读分别用不同颜色的笔圈点勾画，他认为这样能“渐渐向里寻到那精英处”。中国古代四大名著在历史上有多个批注版本，如《脂砚斋评石头记》《脂砚斋重评石头记》。毛泽东主席每阅读一本书、一篇文章，都在重要的地方画上圈、杠、点等各种符号，在书眉和空白的地方写上许多批语。

为了突出本文圈点批注阅读方法的培养，编者在“研讨与练习”第一题做了如下设计：

本文对一次演讲中的梁启超作了精彩生动的描写。请找出这些描写的语句，仿照示例作些旁注，与同学讨论：这些精彩生动的描写表现了梁启超怎样的性格、气质和修养？

示例：“他的讲演是预先写好的，整整齐齐地写在宽大地宣纸制地稿纸上面，他的书法很是秀丽，用浓墨写在宣纸上，十分美观。”——办事认真，学问和书法的修养都很好。[3]

显然，这个练习设计就是要让学生在阅读课文时，学会对文章精彩的描写作批注。虽然示例没有圈点勾画，但实际阅读时，学生没有必要处处这样抄写下来，学生只要在原文精彩处加以圈点勾画，以作提示便可。

那么，学生该如何批注呢？首先，教给学生一些常用的圈点批注符号是有必要的，如：用“①②③……”标明段落；用横线或波浪线标明精彩语句或重点语句；用“//”标明朗诵节奏、停顿或段落层次；用“*”标明重点注意；用“?”表示疑问；用“{ }”或“【 】”标注重点段；等等。

其次，要让学生知道该批注什么？这里涉及批注的角度问题。对于《记梁任公先生的一次演讲》这样一篇写人记事的散文而言，批注的重点应该是人物形象和描写人物的手法，即我们应该围绕梁任公的形象特点和塑造形象的手法来批注，这其中最多的还是对梁任公的细节描写。为了给学生直观呈现圈点批注的阅读方法，笔者给学生做了课文圈点批注的示范。如课文第一自然段：

梁任公先生晚年不谈政治，专心学术。大约在民国十年左右，清华学校请他作第一次的演讲，题目是《中国韵文里表现的情感》。——不枝不蔓，快速入题。(评点写法)

我很幸运地有机会听到这一篇动人的演讲。那时候的青年学子，对梁任公先生怀着无限的景仰，倒不是因为他是戊戌政变的主角，也不是因为他是云南起义的策划者，实在是因为他的学术文章对于青年确有启迪领导的作用。——学术成就高，影响力大。(点评人物形象)

过去也有不少显宦，以及叱咤风云的人物，莅校讲话。但是他们没有能留下深刻的印象。——对比突出梁任公先生的演讲给人印象深刻。(赏析手法，点评形象)

第一自然段照应标题，提纲挈领，总领全文。(评点写法)

这一批注从文章写法、人物形象特点、表现手法等角度展开，涉及课文的形象分析、篇章结构及艺术技巧等内容。当然，我们还可以让学生对感受较深的句子写下自己的理解或感悟，对文本中的不足之处需要作出批判。如此示范，学生很快会掌握圈点批注的阅读方法，知道从哪些方面（角度）进行批注。

二、“虚心入里玩味道”，学会揣摩思考

朱熹说：“凡人读书，须虚心入里玩味道理，不可只说得皮肤上，例如食物滋味尽在里面，若只舔噬其外，而不得其味，无益也。”[4]朱老夫子说的是，读书要深入思考，探幽索微，才能获得精深的义理。单元阅读提示所要求的“仔细揣摩”“认真揣摩”也是在要求学生——读书要深入思考。

其实，揣摩思考和圈点批注并不是截然分开的，它们融合在阅读的过程中。在圈点批注的同时，我们的思考就已经开始了，我们要思考为何这一处值得圈点，它好在哪，该如何批注评点，等等。

为突出揣摩思考阅读方法的培养，编者在“研讨与练习”部分也设计了一个思考题（第二题）：

作者说：“文章要深，要远，要高，就不要长。描写要深刻，意思要远大，格调要高雅，就是篇幅不一定要长。”(《文学讲话》) 你觉得课文是怎样体现他的这种主张的？你对这种主张有什么看法。[5]

思考题所引用的作者创作主张可以从两个维度来看，第一个维度：“文章要深，要远，要高，就是不要长。”说的是写文章要立意高远深刻，言简意赅；第二个维度：“描写要深刻，意思要远大，格调要高雅，就是篇幅不一定要长。”说的是描写要写出特点来，不能泛泛而谈，落入陈套，而要做到这一点，

就要求文章格调自然高雅，语言精练。这道思考题其实就是让学生思考：课文立意高远、描写深刻、格调高雅、言简意赅、语言精练，具体体现在哪儿？

这是一道思维含量较高的思考题，要求学生在文本细读的基础上思考判断文章的创作特点，并对作者的创作特点（创作主张）作出评价。学生要回答好这道思考题，必须在圈点批注课文相关描写的基础上，揣摩思考这些描写的特点，进而思考这些描写特点所体现的作者的创作主张。

那么，文章到底是如何体现作者的这种创作主张的呢？我们先来看文章几处关于梁任公先生的细节描写：

1. 随后走进了一位短小精悍秃头顶宽下巴的人物，穿着肥大的长袍，步履稳健，风神潇洒，左右顾盼，光芒四射，这就是梁任公先生。

2. 他的广东官话是很够标准的，距离国语甚远，但是他的声音沉着而有力，有时又是洪亮而激亢，所以我们还是能听懂他的每一字，我们甚至想如果他说标准国语其效果可能反要差一些。

3. 有时候，他背诵到酣畅处，忽然记不起下文，他便用手指敲打他的秃头，敲几下之后，记忆力便又畅通，成本大套地背诵下去了。他敲头的时候，我们屏息以待，他记起来的时候，我们也跟着他欢喜。

4. 先生的讲演，到紧张处，便成为表演。他真是手之舞之足之蹈之，有时掩面，有时顿足，有时狂笑，有时太息。听他讲到他最喜爱的《桃花扇》，讲到“高皇帝，在九天，不管……”那一段，他悲从中来，竟痛哭流涕而不能自已。他掏出手巾拭泪，听讲的人不知有几多也泪下沾襟了！又听他讲杜氏讲到“剑外忽传收蓟北，初闻涕泪满衣裳……”，先生又真是于涕泗交流之中张口大笑了。

5. 他走上讲台，打开他的讲稿，眼光向下面一扫，然后是他的极简短的开场白，一共只有两句，头一句是：“启超没有什么学问——”，眼睛向上一翻，轻轻点一下头：“可是也有一点喽！”

6. 这四句十六字，经他一朗诵，再经他一解释，活画出一出悲剧，其中有起承转合，有情节，有背景，有人物，有情感。我在听先生这篇讲演后约二十余年，偶然获得机缘在茅津渡候船渡河。但见黄沙弥漫，黄流滚滚，景象苍茫，不禁哀从中来，顿时忆起先生讲的这首古诗。

7. 有学问，有文采，有热心肠的学者，求之当世能有几人？

显然，这些细节描写不是泛泛地写人物的外貌和所谓的性格特点，而是着眼于人物的个性，写出了梁启超独特的神采、气质、修养。读者由这些气质和修养也可以感受到梁启超政治素质之外的另一种素质——学术素质，自然也可以联想到近代史上梁启超起过重大作用的其他事情，联想到与梁启超有关的历史上的重大事件。从这个意义上讲，文章的描写不可谓不深刻，立意不可谓不远大。

同时，作者笔下的梁启超是一位学问高深又很会演讲的学者，具有卓越的才华和高雅的情怀。而作者表现梁启超卓越的才华和高雅的情怀，用的是纯正的白话书面语，语言活泼生动，同时又不时地加入一些文言词句，富有雅趣。从这个意义上讲，文章不可谓不格调高雅、语言不可谓不简洁精练。

揣摩思考是一个重要的阅读方法，也是阅读的一个基本方法，只有揣摩思考、熟读精思，才能使阅读真正有所收益，才能达到朱熹所说的“循序而致精”的读书境界。而《记梁任公先生的一次演讲》这篇文章，无疑为我们训练和培养学生揣摩思考阅读方法提供了一个很好的范本。

三、“反来就自家身上推究”，践行切己体察

所谓切己体察是指将所学道理亲自体验，躬行实践。切己体察的阅读方法是南宋学者朱熹倡导的，包含学以致用、读书结合实际的原则，即读书不能只停留于书本，而要见之于自己的实际行动，运用于实践。他说：“读书须要切己体验，不可只作文字看。”“读书不可只去就纸上求义理，须反来就自家身上推究。”[6]他竭力反对只向书本上求义理，而不“体之于身”的读书方法，认为这样是“则虽广求博取，日诵五车，亦奚益于学哉”[7]。

切己体察的阅读方法具体到学生，就是要求学生联系自身实际去体察书中的道理，将阅读中学到的知识用于实践，将获得的感悟转化为行动。为了凸显切己体察阅读方法的培养，编者在“研讨与练习”部分设计了第三道思考题：

你在本单元学了几篇写人记事的散文，可以归纳总结一下你的阅读体会。下面提供一些思路（也可另找思路），请你就其中一个思路，对这几篇课文进行综合探究：找准人物的特点，尤其是主要特点；选取最能表现人物特点和文章主题的材料；综合运用多种写作方法；语言各具特色。[8]

这道思考题要求学生综合归纳学习本单元三篇写人记事散文后的阅读体会，并自选角度，对这几篇课文进行综合探究。显然，这道思考题是从实践的层面来训练和培养学生切己体察的阅读方法的。题干提供了综合探究这几篇课文的一些思路，我们可以让学生依照这些思路对本文进行探究。

其一，找准人物的特点，尤其是主要特点。对于梁任公，文章主要是突出其文人学者的一面，彰显他的学术造诣和幽默潇洒而又直爽不羁的个性。探究过程中，应注意将分析人物的性格与体会的主题联系起来。其二，选取最能表现人物特点和文章主题的材料。该思路是从选材与人物、主题的关系设计的，即选材是为塑造人物和表现主题服务的。分析中应注意找出表现人物特点的具

体材料（语言、行动、细节等），同时分析其对于表现主题的意义。对于梁任公，文章着重写他演讲中的语言（开场白）、动作（表演）、神态（大汗淋漓）、效果（学生欢喜，对文学发生爱好）等细节，塑造他沉稳睿智、幽默洒脱、感情丰沛、有文采的学者形象，字里行间流露出对先生的景仰之情。其三，综合运用多种写作方法。本文和其他两篇都是记叙性散文，以记叙为主，但作者对所记之人、所叙之事充满感情，又不乏理性认识，故而都是叙事、议论、抒情的完美结合。我们可让学生举一些典型片段作具体分析，体味其中感人的力量。其四，语言特色。本文语言活泼生动，文白相间，富有雅趣。当然，我们还可以让学生从其他方面进行探究，如细节描写、对比手法等。无论从哪一点着眼，都须注意观点与材料的统一，分析有理有据。

切己体察的阅读方法体现了阅读教学学以致用的原则，能真正培养学生的阅读能力，提升学生的阅读素养，需要我们在阅读教学中长期坚持。《记梁任公先生的一次演讲》这篇课文对于培养学生掌握这个阅读方法，无疑作了很好的示范。

综上所述，写人记事散文教学要依据选文类型，合理定位教学目标，着力培养学生的阅读方法和阅读能力。正如叶圣陶先生所说："阅读程度不够的原因，阅读太少是一个，阅读不得其法尤其是重要的一个。""多读固然重要，但尤其重要的是怎样读。""惟有特别注重方法，才会收到事半功倍的效果。"[9]叶老作为语文教育的前辈和泰斗，很多年前就提出了加强阅读方法培养的语文阅读教学观，时至今日，叶老的这个观念仍然应该是我们阅读教学的方向和指针。对于我们这些语文人晚辈而言，应当铭记叶老的谆谆告诫，将阅读方法的培养进行到底！

参考文献：

[1] 王荣生. 语文课课程论基础 [M]. 上海：上海教育出版社，2003：289.

[2] 人民教育出版社课程教材研究所，北京大学中文系，等. 语文必修 1 [M]. 北京：人民教育出版社，2007：26.

[3] 人民教育出版社课程教材研究所，北京大学中文系，等. 语文必修 1 [M]. 北京：人民教育出版社，2007：37.

[4] 黎靖德. 朱子语类・卷一百二十 [M]. 北京：中华书局，1986.

[5] 人民教育出版社课程教材研究所，北京大学中文系，等. 语文必修 1 [M]. 北京：人民教育出版社，2007：37.

[6] 黎靖德. 朱子语类・卷十一 [M]. 北京：中华书局，1986.

［7］张伯行．学规类篇［M］．北京：中华书局，1985．

［8］人民教育出版社课程教材研究所，北京大学中文系，等．语文必修1［M］．北京：人民教育出版社，2007：37．

［9］胡礼仁．文本阅读方法例谈［J］．中学语文，2013（13）：23-25．

（本文刊发于《语文教学通讯》2019年第10期）

矛盾冲突分析：提升小说阅读理解力的关键一环

——以《祝福》教学为例

目前，学生阅读小说的主要问题是读不懂、读不透，不能准确理解把握小说的主题。这个问题概括起来说就是，学生小说阅读理解力亟待提升。缘何出现这一问题？

小说是通过描写环境、叙述故事情节、塑造人物形象来表现作者对社会、对生活的深度思考和理解的一种文学体裁。环境、情节、人物是小说的基本要素，这些要素最终汇聚成小说的矛盾冲突（现代小说叫荒诞），并以此推动故事情节的发展，表现主题。因而，读懂小说，提升小说阅读理解力的关键，就是要紧扣矛盾冲突。但现实情况是，小说阅读教学中，教师常常只带领学生勾画环境、梳理情节、分析人物形象，很少引领学生去分析矛盾冲突，以致学生即使整体把握了环境、情节和人物，却仍然读不懂或读不透小说的主题。因此，小说阅读教学，一定要在矛盾冲突分析上有所作为。

一、在整体感知的基础上明确冲突对象

读懂小说，首先要整体把握小说的环境、情节和人物，即小说描写了哪些环境（社会环境和自然环境）、叙述了哪些情节、塑造了哪些人物。读完小说，学生对这些要有一个基本的掌握。但环境、情节和人物这些要素不是孤立的，而是彼此关联、融合，并聚合成矛盾冲突。因此，阅读小说，在对环境、情节、人物有了整体的感知后，就要聚焦分析小说的矛盾冲突。

小说的矛盾冲突不限于一般戏剧中人物与人物的性格矛盾冲突，其类型包括人与自然、人与社会、人与人、人自我内心的矛盾冲突。在现代小说中，矛盾冲突主要表现为荒诞——不合生活常理和事理逻辑的事物或现象。分析矛盾冲突，首先要明确冲突对象——谁与谁产生矛盾冲突，即矛盾冲突的双方是谁。冲突对象可以是人，也可以是物，还可以是人与物。

如《祝福》，小说的环境是旧历年底的鲁镇，一个下着雪的“祝福”的夜晚；主要情节是祥林嫂在这个“祝福”的夜晚悲惨死去，围绕这一中心情节，

小说穿插叙述了祥林嫂丈夫死亡、被卖改嫁、痛失爱子、捐门槛等情节；主要人物除了祥林嫂之外，还有鲁四老爷、四神、柳妈、祥林嫂婆婆、“我”及鲁镇平民等。本文的矛盾冲突主要是人与社会的冲突，即祥林嫂与封建礼教的冲突，冲突对象包括：祥林嫂与鲁四老爷、祥林嫂与四婶、祥林嫂与柳妈、祥林嫂与婆婆、祥林嫂与“我”及鲁镇平民等。《祝福》的矛盾冲突对象如图 1 所示。

图 1　《祝福》的矛盾冲突对象

明确矛盾冲突对象是矛盾冲突分析的第一步，也是矛盾冲突分析的前提和基础，没有这个基础，小说的矛盾冲突分析就无法展开。

值得注意的是，一篇小说的矛盾冲突对象往往不只一组：情节内容复杂的小说，其冲突对象相对多一些；反之，情节相对简单的小说，其冲突对象相对少一些。

二、在情节（细节）细读中找准冲突点

在明确冲突对象后，矛盾冲突分析就要接着深入下去：冲突对象围绕什么产生冲突？双方冲突的焦点是什么？双方冲突的焦点——在什么事情上有冲突，笔者把它叫作冲突点。因为冲突点常常潜伏隐藏在情节或细节中，要找准这个冲突点不是件容易的事，它需要我们在细读情节或细节中去准确定位。

如前所述，《祝福》中有多组冲突对象，其中，祥林嫂与鲁四老爷是主要冲突对象。那么，祥林嫂与鲁四老爷围绕什么产生冲突？双方冲突的焦点，即冲突点是什么？初读小说，学生不是一眼就能找准这个冲突点的。在教学《祝福》时，笔者就曾让学生在找出冲突对象后寻找每组对象的冲突点。结果是，学生很快就能找到冲突对象，但要找准冲突点，就得费一番周折。对于祥林嫂与鲁四老爷这一组冲突对象的冲突点，学生各持其说，意见不一：有的说祥林嫂与鲁四老爷属于两个不同的阶层，思想性格存在对立冲突，他们的冲突点就是各自的价值观；有的说祥林嫂是一个寡妇，鲁四老爷骨子里持有封建思想，他们的冲突点是祥林嫂的寡妇身份；还有学生说，祥林嫂到鲁四老爷家是为了谋生，鲁四老爷却认为祥林嫂的寡妇身份会给他及他家带来不吉利，他们的冲

突点是祥林嫂想留在鲁四老爷家做工、鲁四老爷却不想祥林嫂继续在他家做工，等等。

第一种说法是从阶级对立的角度认定冲突点。第二种说法则是没有弄清楚冲突点的内涵——双方产生冲突的焦点，把鲁四老爷一方的偏见当成了冲突点。第三种看法虽基于双方，但脱离了文本的情节本身，因为文本并没有关于祥林嫂想留在鲁四老爷家做工的叙写。凡此种种关于祥林嫂与鲁四老爷的冲突点的错误理解，都源于学生未能理解冲突点的内涵，未紧扣文本本身，脱离了文本的情节（细节）。

其实，小说关于祥林嫂与鲁四老爷这组冲突对象的叙事主要有六次。第一次是祥林嫂死后，鲁四老爷高声地说："不早不迟，偏偏要在这时候——这就可见是一个谬种！"第二次是卫老婆子介绍祥林嫂到鲁四老爷家做工，鲁四老爷得知祥林嫂是一个寡妇后，"皱了皱眉"，但最终也没有反对她留下来。第三次是祥林嫂被抢前，鲁四老爷猜到了祥林嫂是从婆婆家逃出来的，便结清了工钱，允许婆婆领她回去。第四次是鲁四老爷得知祥林嫂被婆婆抢回去了，连骂了两声"可恶"。第五次是祥林嫂第二次到鲁四老爷家做工，鉴于雇用女工之难，并没有反对四婶留下祥林嫂做工，只是告诫四婶"这种人虽然似乎很可怜，但是败坏风俗的，用她帮忙还可以，祭祀时候可用不着她沾手，一切饭菜，只好自己做，否则，不干不净，祖宗是不吃的"。第六次是祥林嫂捐门槛后，积极卖力地参与祭祀，结果仍遭四婶拒绝，祥林嫂失神站着，鲁四老爷上香时，叫她走开。

通过以上情节（细节）的梳理，不难看出，前四次祥林嫂和鲁四老爷这组冲突对象并没有产生正面的实质性的矛盾冲突。实质性的冲突主要发生在第五、第六次，双方冲突的焦点集中在参与祭祖"祝福礼"的准备这件事情上：祥林嫂渴望参与祭祖"祝福礼"的准备，渴望被接纳、被认可；而鲁四老爷认为她是一个寡妇，不吉利，让她参与祭祖"祝福礼"的准备不合礼法，不准她参与。

由此看来，分析矛盾冲突，一定要忠于文本，要教会学生在细读小说情节（细节）中找准矛盾冲突点。这是读懂小说、提升小说阅读理解力关键性的一环，需要长期训练。

三、在因果关系分析中把握小说主题

矛盾的本质是对立统一关系，对立必有其原因，统一必有相应的结果。从这个意义上说，大凡矛盾冲突都有因果关系。要深入分析小说的矛盾冲突，就要探究其中的因果关系，即每一组冲突对象围绕冲突点产生矛盾冲突的原因是什么，其结果又如何。只是，小说在表现矛盾冲突时，往往只呈现冲突的结果，原因往往被作者隐藏起来，潜伏在冲突的背后，这个潜隐的原因就是作者要表现的主题。因此，要把握小说的主题，就要在找准冲突点后，找到其相应的冲突结果，并依据这个结果，按图索骥，循果追因，追到了因也就打开了小说的主题之门。

如前所述，《祝福》中，祥林嫂与鲁四老爷这组冲突对象的冲突点是：祥林嫂渴望参与祭祖“祝福礼”的准备，渴望被接纳、被认可；而鲁四老爷认为她是一个寡妇，不吉利，让她参与祭祖“祝福礼”的准备不合礼法，不准她参与。冲突的结果是：祥林嫂离开鲁四老爷家，在下着雪的“祝福”的夜晚悲惨死去。

是什么原因造成这一冲突的结果呢？表面上看，鲁四老爷应对祥林嫂的死负责；深层看，其实是鲁四老爷骨子里的那套封建礼教思想杀死了祥林嫂。因为受深入骨髓的礼教思想的影响，鲁四老爷认为寡妇身份的祥林嫂不能参与祭祖“祝福礼”的准备，逼迫祥林嫂（加上之前的种种遭遇，此时她精神上已经崩溃）离开鲁家，以致祥林嫂最后悲惨死去。因此，作者要批判的是封建礼教思想对旧社会普通劳动妇女的残害，鲁四老爷不过是封建礼教思想的附体而已。

通过以上分析，我们可以归纳出小说矛盾冲突分析的基本路径：明确冲突对象→找准冲突点→循果追因→把握主题，以《祝福》为例，其矛盾冲突分析见表 1：

表 1 《祝福》的矛盾冲突分析

冲突对象	祥林嫂		鲁四老爷
矛盾冲突点	祥林嫂是否能参与祭祖“祝福礼”的准备		
	渴望参与、被承认、被接纳		认为不干不净、不合礼法，不准参与
循果追因	结果	祥林嫂离开鲁家悲惨死去	
	原因	封建礼教等思想的影响	
把握主题	批判封建礼教思想对普通劳动妇女的残害		

当然，《祝福》的矛盾冲突较为复杂，冲突对象也不只这一组，如果我们让学生对文本中的矛盾冲突都作这样的分析，那么学生读懂这篇小说、把握这篇小说的主题，应该不是难事。

综上所述，小说阅读教学和复习备考，教师一定要抓住矛盾冲突这个“牛鼻子”，切切实实教会学生准确把握并分析矛盾冲突。这是小说教学的有效策略，长期坚持，学生的小说阅读理解力是能得到有效提升的。

（本文刊发于《语文建设》2018 年第 4 期）

第三章 单元整体教学

“阅读与写作”单元任务驱动教学推进策略

——以统编高中语文教材必修上册第一单元为例

从单元类型看，统编高中语文教材必修上、下两册共十六个单元（每册各八个单元），覆盖七个学习任务群，主要有三种单元类型：“阅读与写作”单元、“整本书阅读”单元、“综合活动类”单元。其中，“阅读与写作”单元十一个（上册第一、二、三、六、七单元，下册第一、二、三、五、六、八单元），“整本书阅读”单元两个（上、下册第七单元），“综合活动类”单元三个（上册第四、八单元，下册第四单元）。“阅读与写作”单元占据了必修教材的主体，需重点研究。从单元编排看，统编高中语文必修教材突破了以往的以单篇、文体教学的固有模式，强化单元教学内容的整合，实施单元整体教学。

对于“阅读与写作”单元，笔者提出“立足任务，整体推进”的任务驱动教学主张。具体来说就是，以学情为起点，依循课标，以教材的“单元学习任务”为抓手，明确单元任务群归属，依据课标规定的对应任务群的内容和目标要求，重构、分解、细化单元学习任务，整体推进单元教学。这一主张不是明悟洞开的发明创造，也不是毫无依据的闭门造车的构想，而是受了新教材主编温儒敏和王本华先生的指引和启发：“新教材提倡的是以学习任务群为中心的大单元教学，要先明确单元所承担的任务是什么，然后以任务来带动整个单元的教学。教材中的单元学习任务不是课后练习，而是设计这个单元教学的依据。”[1] “既可以从任务出发围绕任务解读文本，把握课文，也可以从课文出发，在读文本的同时，暗含着为完成任务提供支撑的内容。”[2]

在单元整体教学的过程中，重构、分解和细化单元学习任务是任务驱动教学推进的三个重要策略。如何运用这三个策略，实施“阅读与写作”单元的整体教学呢？下面以统编高中语文教材必修上册第一单元为例来具体解说，希望能为一线教师的教学提供帮助。

一、重构教材中的单元学习任务，将其转化为教学中的单元学习任务

教材中的单元学习任务是单元任务驱动教学的起点，也是重要的抓手，但这并不意味着教学就必须按照教材中单元学习任务的编排顺序来实施组织教学。究其原因，四川师范大学胡斌教授指出：“一些单元的学习任务蕴含的知识点有限，不能囊括单元之中所有文本中有价值的教学点。也许正因如此，教材在每课的学习提示中，对每课有学习价值的知识点进行了专门的提示。尽管如此，单元学习任务有时还是难以充分实现单元学习在整个任务群里的功能。”[3]

例如，统编高中语文教材必修上册第一单元，本单元学习任务中所要求的知识点和能力点主要是鉴赏诗歌意象意境、欣赏小说的描写艺术、分析点评细节描写。实际上，仅凭这三个知识点和能力点是不足以支撑整个单元文本的学习的。该单元属于“文学阅读与写作”任务群的基础单元，是为文学相关任务群中其他单元任务的学习奠基。要学好这个单元的文本，实现这个单元的价值功能，势必要挖掘这个单元中有价值的教学点，补充增加相关的知识点和能力点，如诗歌常用的艺术手法、梳理小说的情节、鉴赏小说的诗化特征等。为了应对考试，实现教考结合，也需要补充增加这些知识点和能力点。

同时，不同地区、不同学校、不同班级学情不一样，教师的教学风格、教学水平也存在差异，我们没有必要一五一十地刻板地按照教材的单元学习任务来组织教学。在理解教材编排的学习任务的基础上，在不违背课标的前提下，我们进行单元整体教学时，可以结合学情对教材的单元学习任务进行重构，或增加，或删除，或调整，或重组，将其转化为教学中的单元学习任务（见表 1）。

表 1　示例单元学习任务重构

项目	教材中的单元学习任务	教学中的单元学习任务	变化点
单元任务一	讨论青春的价值	1. 查阅背景资料； 2. 写札记（如何通过意象鉴赏诗歌）； 3. 讨论交流（如何通过词语鉴赏意境）； 4. 朗诵	教材中的单元任务二调到教学中的单元任务一，新增查阅背景资料任务

续表

项目	教材中的单元学习任务	教学中的单元学习任务	变化点
单元任务二	1. 写札记（如何通过意象鉴赏诗歌）； 2. 讨论交流（如何通过词语鉴赏意境）； 3. 朗诵	1. 联系背景理解作品内涵，鉴赏描写艺术； 2. 分析评点《百合花》《哦，香雪》中细节描写的表达效果	教材中的单元任务三调到教学中的单元任务二
单元任务三	1. 联系背景理解作品内涵，鉴赏描写艺术； 2. 分析评点《百合花》《哦，香雪》中细节描写的表达效果	1. 讨论青春的价值； 2. 用诗歌书写青春； 3. 编辑诗集	合并了教材中的单元任务一和任务四
单元任务四	1. 用诗歌书写青春； 2. 编辑诗集	1. 合作探讨诗歌与小说语言和艺术形象的基本特点； 2. 鉴赏诗歌的艺术手法，小说的诗化特征	新增合作探讨和鉴赏任务，体现了单元学习的综合性和进阶性

重构转化之后的教学中的单元学习任务更符合学生学习接受的规律，也便于组织教学，体现了教学的进阶性和层次性。因此，在笔者看来，重构是“阅读与写作”单元整体教学中十分重要的一环，也是推进“阅读与写作”单元任务驱动教学的一个基本策略。这一策略遵循了教学的基本规律，能够循序渐进地有效落实教材中的单元学习任务。

二、分解教学中的单元学习任务，将其转化为每课的学习任务并确定课型

教材中的单元学习任务经过重构，转化为教学中的单元学习任务，这并不意味着单元学习任务的自动完成。单元学习任务要实现它的教学功能和价值，仍需通过“课”这一载体。学生只有在“课”的学习中才能逐步完成单元学习任务。因此，教材中的单元学习任务在重构转化为教学中的单元学习任务后，需要进一步分解到每一课。

从统编高中语文必修教材“阅读与写作”单元的编排看，教学中的单元学习任务与课的联系有三种情形：一是只与一课有关的学习任务，这类任务与选

文的体裁有关，如必修上册第一单元第三课是两篇小说，能够与其关联的任务就是“感受细节与点评细节”；二是与两课有关的学习任务，这类任务一般是选文类型相同的课的学习任务，如必修上册第一单元第一课和第二课，选文都是诗歌，这两课都有一个基本相同的任务——“鉴赏诗歌意象”；三是与整个单元所有课，即与整个单元的选文都有关的学习任务，这类任务一般是单元综合性学习任务，如必修上册第一单元学习任务四“合作探讨诗歌与小说语言和艺术形象的基本特点”。依据教学中的单元学习任务与课的联系情形，具体分解时可以参照如下操作（示例详见表2）。

表2　示例单元学习任务分解

课次	教学中的单元学习任务	每课学习任务	课型
第一课：《沁园春·长沙》	单元学习任务一、任务三、任务四（除任务二小说学习任务外）	1. 查阅背景资料； 2. 朗诵； 3. 学会意象与意境鉴赏方法	单篇阅读
第二课：《站在地球边上放号》《峨日朵雪峰之侧》《红烛》《致云雀》	单元学习任务一、任务三、任务四（除任务二小说学习任务外）	1. 查阅背景资料； 2. 配乐朗诵； 3. 鉴赏诗歌不同意象； 4. 写札记（鉴赏诗歌意象意境手法，把握诗歌意蕴）	群文阅读
第三课：《百合花》《哦，香雪》	单元学习任务二、任务三、任务四（除任务一诗歌学习任务外）	1. 梳理小说情节； 2. 感受细节描写表现人物的精神世界，点评细节描写的表达效果； 3. 把握小说诗化特征	单篇阅读、双篇阅读
第四课：综合性学习	单元学习任务三、任务四（在任务一、任务二分散知识点学习的基础上进行综合学习，强化梳理探究，体现学习进阶）	1. 用诗歌书写青春：编辑诗集； 2. 梳理探究：文学作品（诗歌与小说）语言和艺术形象的基本特点	群文阅读

只与一课有关的任务，可直接设置为该课的一个学习任务。如必修上册第一单元第三课，这一课是两篇小说，教学中的单元学习任务之梳理小说情节、感受细节描写表现人物的精神世界、点评细节描写的表达效果、把握小说的诗化特征这些学习任务，只与这一课有关，那就可以将这些单元学习任务设置为

第三课的学习任务。在课型设置上，需要视该课的选文数量而定：如果选文数量单一，课型可以设定为单篇阅读；如果选文数量较多，则可以设定为群文阅读。

与两课有关的学习任务，需要分解至每课，完成每课的学习任务，也就完成相关单元任务的学习。如必修上册第一单元“鉴赏诗歌意象意境”，这一单元学习任务与第一课和第二课有关，需要分解到第一课《沁园春·长沙》和第二课四首现代诗的教学中，且每课的侧重点和教学方式不尽相同。这种情形的课型设置需要依据选文体式特征而定，不可笼统地设定为群文阅读或单篇阅读。如必修上册第一单元第一课《沁园春·长沙》是一首词，第二课是中外四首现代诗，如果将这两课的五首诗强行放在一起来进行群文阅读，也不是不可以，但《沁园春·长沙》与四首现代诗的体裁及风格差异较大，群文阅读实施起来难度较大，不好操作。如果将第一课《沁园春·长沙》的教学设定为单篇阅读，将第二课四首现代诗放在一起做群文阅读，课堂教学实施要容易得多。

与整个单元所有课有关的学习任务，则要专门增加一课——综合性学习课，一来是完成单元学习任务中的综合性学习任务，二来也是对整个单元学习的总结提炼。这类学习任务一般是综合实践或探究型学习任务，在课型设置上以群文阅读为宜。如必修上册第一单元，在学完了教材的三课后，我们增加了一课，这一课的学习任务是：用诗歌书写青春，编辑诗集；梳理探究文学作品（诗歌与小说）语言和艺术形象的基本特点。完成这一课的学习任务就需要总结提炼前三课的学习内容，课型设定为群文阅读。

教学中单元学习任务分解为每课的学习任务后，每课的学习便各有侧重，这既保证了单元学习任务的完成，也使得每课教学内容重点突出。显然，在“阅读与写作”单元整体教学推进过程中，分解起到了承上启下的作用。

三、细化每课的学习任务，合理安排课时及相应的教学内容与教学活动

单元学习任务分解到每一课后，接下来就需要围绕每课的学习任务展开课堂教学，让每课的学习任务能够落实到每一节课。这就需要进一步细化每课的学习任务，合理安排课时和每课时要进行的教学内容与教学活动。对此可以借鉴四川师范大学胡斌教授的做法，即确定每课的基础学习任务、专门学习任务、单元学习任务：

完成单元学习任务的前提是读懂、读通单元内的每一篇课文。读懂、读通并不是说要把一篇课文里的所有内容和知识点都读通，而是包括需要完成以下

学习任务：一是基础学习任务，主要是了解每课的基本内容及结构，为后面任务的快速完成做铺垫；二是专门学习任务，主要是每课中一些需要学习但与单元学习任务完成关联不大的任务；三是单元学习任务，主要是分解到每课的子任务。[4]

参照胡斌教授的做法，我们将必修上册第一单元每课的学习任务具体细化在下面的表3中，并安排了相应的课时。

表3　必修上册第一单元单元学习任务细化

每课的学习任务				课时安排
	基础学习任务	专门学习任务	单元学习任务	
第一课	查阅诗作写作背景	“沁园春”词牌名格律知识	任务一子任务1：查背景资料； 任务三子任务1：讨论青春的价值	4～5课时
第二课	查阅四首诗的写作背景；熟悉本诗的写作内容	体味《立在地球边上放号》《致云雀》想象艺术	任务一子任务2：写札记（鉴赏诗歌意象意境手法，把握诗歌意蕴）； 任务三子任务2：用诗歌书写青春	
第三课	了解小说反映的时代背景；厘清小说情节；理解小说中的主要人物	理解小说中的象征手法；把握小说的诗化特征	任务二子任务2：鉴赏小说描写艺术； 任务三子任务2：分析评点小说细节描写的表达效果	3～4课时
第四课	无	编辑诗集的通识性知识	任务三子任务3：编辑诗集； 任务四子任务1：合作探讨诗歌与小说语言和艺术形象的基本特点	2课时

细化了每课的学习任务之后，接下来就要考虑每一课时的教学内容与教学活动安排。以必修上册第一单元为例，每一课时教学内容与教学活动安排如表4所示：

表 4　必修上册第一单元课时教学内容与教学活动安排

<table>
<tr><td></td><td>第一课时</td><td colspan="2">第二课时</td></tr>
<tr><td>第一课</td><td>1. 导入；
2. 学生分享诗作背景解说词和“沁园春”词牌名格律知识；
3. 教师补充诗词表情达意方式；
4. 朗诵词作，整体把握诗歌大意，感受青春激情</td><td colspan="2">1. 诵读、品析：从色彩、空间、气韵、手法等方面分析意象，感受意境；
2. 品读下片“同学少年”形象，交流讨论青春价值</td></tr>
<tr><td>第二课</td><td>1. 学生分享四首诗背景解说词；
2. 朗诵熟悉四首诗内容；
3. 比较阅读，合作讨论《立在地球边上放号》《致云雀》艺术手法；
4. 任选一首写札记（鉴赏诗歌意象意境手法，把握诗歌意蕴）</td><td colspan="2">1. 分享札记；
2. 介绍现代诗的常用写法；
3. 模仿四首诗中其中一首，创作一首表现青春主题的诗歌；
4. 课堂交流分享四首诗青春的姿态（视学情增加一课时）</td></tr>
<tr><td rowspan="2">第三课</td><td rowspan="2">1. 导入；
2. 介绍小说时代背景；
3. 学生梳理两篇小说情节并交流分享</td><td>第二课时</td><td>第三课时</td></tr>
<tr><td>1. 品读精彩片段：鉴赏小说的描写艺术；
2. 自选感人片段：点评细节描写的表达效果</td><td>1. 合作探究：两篇小说的象征手法；
2. 合作探究：两篇小说的诗化特征</td></tr>
<tr><td>第四课</td><td>1. 学生分享所查阅的编辑诗集的知识，教师补充；
2. 合作探究编辑诗集方案（诗集名称、分类标准、章节安排、序言后记等）</td><td colspan="2">1. 合作探讨诗歌语言和形象特点；
2. 合作探讨小说语言和形象特点；
3. 比较探究诗歌小说语言和形象特点的差异</td></tr>
</table>

细化保证了单元学习任务的有效落实，不费时，不走样，使整个单元的教学有条不紊地推进，也体现了单元教学的整体性和层次性。

综上，在新教材“阅读与写作”单元教学中，以教材单元任务为抓手的任务驱动教学是比较贴合一线教学的一种教学方式，而重构、分解、细化是这种教学方式中的三个重要策略。运用好这三个策略，会让“阅读与写作”单元教学更有实效。

参考文献：

[1] 温儒敏. 统编高中语文教材的特色与使用建议：在统编高中语文教材国家级培训班的讲话 [J]. 课程·教材·教法，2019（10）：4-9.

[2] 王本华. 任务·活动·情境：统编高中语文教材设计的单个支点 [J]. 语文建设，2021（2）：56-61.

[3] 胡斌. 单元学习任务前置教学模式中课的教学设计：以高中统编教材文学阅读与写作任务群为例 [J]. 课程·教材·教法，2022（5）：73-78.

[4] 胡斌. 单元学习任务前置教学模式中课的教学设计：以高中统编教材文学阅读与写作任务群为例 [J]. 课程·教材·教法，2022（5）：73-78.

（本文刊发于《语文建设》2022 年第 9 期）

文化审美视角下写景抒情散文单元教学探讨

统编高中语文教材必修上册第七单元是必修教材中唯一一个纯散文单元，编选了五篇散文。这五篇散文均为写景抒情散文经典名篇。这个单元该如何教？教师用书给出了两个较为具体的教学指导方案：“分项式活动，版块式推进”和“贯通式活动，整合化学习”。这两个方案遵循了新课标倡导的以任务为导向，以学习项目为载体，引导学生在语文活动中提升语文素养的教学要求，贯彻了新教材以学习任务群为中心的大单元教学理念。

但教学中，我们运用这两个方案开展教学，效果却不太理想，主要表现在：学生不能深入理解文本的意蕴，对文本意象意境的品评多流于表面；不能以审美的眼光欣赏作品，不能领会写景抒情背后所体现的民族审美心理与审美传统；落实到写，不能以审美的眼光观照景物，景物与自我的精神心灵相离散；对于文本的语言、结构形式所蕴含的文化审美内涵更是缺乏感知能力。这自然有学情的因素，但另一方面也促使我们转化视角来思考探索本单元的教学。基于课堂教学的实际问题，结合教材单元学习任务（尤其是任务二）和本单元选文的篇性特点——折射民族文化审美，我们试着以文化审美的视角来构建本单元的教学。

一、文化审美，写景抒情散文单元教学的应有之义

必修上册第七单元属于“文学阅读与写作”任务群，对于这个单元的教学，新课标虽没有给出具体的教学指导方案，但在“学习目标与内容”中却给出了鲜明的教学指向：“根据诗歌、散文、小说、剧本不同的艺术表现方式，

从语言、构思、形象、意蕴、情感等多个角度欣赏作品，获得审美体验，认识作品的美学价值，发现作者独特的艺术创造。”[1]这个教学指向明示我们，写景抒情散文的教学应该从语言、构思、形象、意蕴、情感等角度，围绕作品的景物描写（观察角度、描写手法、景物特点、意境氛围）、结构形式、语言特点、情感意蕴等要素展开，而写景抒情散文单元教学就要将这些要素融合起来，提升学生的阅读审美能力。

如何将这些要素融合？文化审美就是最好的融合剂。因为对于写景抒情散文而言，无论是景物意象的选择、文本结构形式的运用，还是词语句式修辞的使用、情感意蕴的表达，都有文化审美的意义，都体现和折射了民族文化审美。

第一，写景抒情散文的意象（景物）本身蕴含着一定的文化意义，有些意象还是中华文化源流中的原始意象，凝聚着中华民族共有的文化心理和命运。如《赤壁赋》中的赤壁和《登泰山记》中的泰山，就是中国古代重要的文化符号，以它们为原型诞生了许多诗文作品，其背后蕴含着丰富的文化意义。再如《赤壁赋》中水、月、风三个典型意象，是中华文化源流中的原始意象，作者正是“通过这三个意象的原型显现，传导出中华民族的乃至人类的某些普通心理和愿望，一方面借助水、月、风抚慰自身的痛苦和忧患，另一方面体现了人类渴望突破有限的时空，追求与宇宙同在的永恒”[2]。

第二，写景抒情散文景物的选择反映了作者的审美倾向和审美情趣，而这种审美倾向和审美情趣是在长时间的文化浸润下形成的，体现了民族审美心理和审美特点。如《故都的秋》，在郁达夫眼中，“秋天，无论在什么地方的秋天，总是好的；可是啊，北国的秋，却特别地来得清，来得静，来得悲凉”。郁达夫欣赏的这种萧瑟、悲凉之美，正体现了中国古代文人“自古逢秋悲寂寥”的悲秋传统，带着传统文人的审美情趣和审美追求，反映出民族文化审美心理和审美特点。

第三，写景抒情散文文本结构形式的运用以及词语句式修辞的使用，也反映了作者的审美倾向和审美情趣，其中蕴含着一定的文化审美内涵。如苏轼的《赤壁赋》采用了虚拟的主客问答的结构形式来真实而巧妙地记录了作者泛游赤壁时的心理活动过程，而这种虚设人物问对的行文结构并不是苏轼的独创。在苏轼之前，从先秦时期的《庄子》，再到屈原的《离骚》，以及后来的汉代散体大赋，一直延续着这种文体形式。“这种虚拟人物对话的行文方式，蕴含着骚赋传统文体的文化审美内涵，极大地活跃了创作主体的艺术思维，拓展了艺术创作的自由空间，从而为历代作家所接受、效仿。”[3]再如朱自清的《荷塘月色》描写月下荷塘的宁静优美，用词上大量使用叠词，句式上多使用整句、短句，修辞上多用比喻、排比、通感，整个呈现一种柔美的风格。这种柔美的风格并非朱自清一人所独有，在当时“五四”作家中也较为普遍，如果放在中国文学的长河中观照，这种柔美的风格是有其深刻的文化内蕴作为前提和基础的——香草美人传统和婉约派词风即是其重要的源流。

以上要素最终都要归结到情感意蕴的表达，都是为情感意蕴的表达服务的。所以，情感意蕴的表达具有文化审美的意义就不言自明了。关于这一点，散文作家兼评论家林非先生曾有过一段精彩的评论：

由于散文创作是通过情感与形象的艺术途径，记载整个人类生存与思维的方式，表现他们纷繁复杂的心灵活动，因此就不能不具有普遍和重要的文化学涵义……所谓的文化学涵义，丝毫也不是什么高深莫测和难以企及的事情，只要在描绘人世和剖析心灵时，能够抒发这浓郁和动人的真情实感，就肯定会丰富和提高自己民族的文化传统。[4]

基于此，我们认为，文化审美是写景抒情散文单元教学的应有之义。

二、文化审美视角下写景抒情散文单元教学的意义

我们认为，文化审美视角下写景抒情散文单元教学至少有以下三层意义：

1. 培育学生成熟的文化心理和自觉的文化使命担当

本单元为何同一体裁地编排了五篇写景抒情散文？这体现了怎样的编写意图？是否有编者特殊的考量？要回答这些问题，我们还是要到课标中去找答案。因为课标是教材编写的依据，教材编写要落实课标的理念和要求。

新课标在“课程性质”“基本理念”中多次明确了语文课程“文化传承和理解”的使命担当。“语文课程应引导学生在真实的语言运用情境中……培养高尚的审美情趣，积累丰厚的文化底蕴，理解文化多样性。”[5]“祖国语文是中华儿女的精神家园，语文课程对继承和弘扬中华优秀传统文化、革命文化、社会主义先进文化，培养文化自信，推动文化的创新发展，具有不可替代的优势。”[6]“语文课程应该引导学生自觉继承中华优秀传统文化和革命文化，吸收世界各民族文化精华，积极参与中国特色社会主义先进文化的建设与传播。”[7]从这些表述中不难看出，积累文化底蕴、传承民族文化是教材编写的一个重要指针。而正如上文所述，写景抒情散文在“文化传承和理解”的核心素养培育上是有着重要的价值和意义的。编者之所以这样编排，是有着“文化传承和理解”的特殊考量的。

从这个意义上说，以文化审美的视角构建本单元的教学，其实就是在回应落实新课标理念要求，实现新教材的编写意图。换句话说，文化审美视野下写景抒情散文单元教学是在充分发挥语文课程的文化育人功能，提升学生“文化传承与理解”的核心素养，增强文化自信。本单元所选文章都是散文名篇，虽

写于不同时期，且风格迥异，但内容上，无论是意象选择、意境营造、词语句式使用，还是结构形式安排、情感抒发等，都不约而同地融入了文化审美思维，反映了作者的审美倾向，体现了民族文化审美心理。学习本单元，学生能从郁达夫、朱自清、史铁生、苏轼、姚鼐这几位散文作家身上学习和传承民族文化审美精神，融入民族文化审美的基因，肩负起文化传承的责任和使命；教学本单元，我们让学生在感受、学习几位散文作家的文化审美精神的同时，也是在培养学生成熟的文化心理和自觉的文化使命担当。

2. 丰富学生的情感结构，完善学生的情感世界

“情感结构”是英国文化理论家雷蒙德·威廉斯的“文化唯物主义”理论中使用的一个专门术语，指一种当下的、现实性的、不断变化的和具有某种建构意义的社会或个人的共同经验。他认为，情感结构是一个时代文化的基础，也是共同体共同生活的基础，深植于人们的生活之中，承载着他们共同的价值观念和生活经验，它存在于作为一种整体经验被认识的文学艺术中[8]。学生是一个个有情感的人，其情感结构处于不断形成和发展变化的过程中。高中阶段是完善学生情感的关键时期，学生对散文作品的情感体验，与散文作品之间的情感共鸣、默契程度，很大程度与学生的情感结构有关。对于刚刚升入高中的高一学生而言，教学本单元的写景抒情散文，我们可以通过创设情境化的学习任务，带领学生品读意象、分析写景、体会情感、理解哲理，去触摸作者的心灵，激发学生的情感共鸣，熏陶学生的情操，进而丰富学生的情感结构，完善学生的情感世界。

3. 去浅表化，使写景抒情散文教学走向深入

写景抒情散文的常规教法多围绕景物描写，分析、把握文章观察景物的角度和表现景物的手法，学习作者如何抓住景物的特点，表现景物的独特之美；品味作品的语言之美，品读作者高超的语言艺术，从用词、句式等方面入手，对文本精彩语段品读分析，把握作品的思想情感，关注作品中景物所寄寓的人生体验和人生思考。

对于写景抒情散文教学而言，这些当然要教。但写景抒情散文教学若仅停留于此，未免浮于表面，学生思维水平难以提升，文本深度理解无从谈起，“思维发展与提升”“文化传承与理解”核心素养的培育将无处安放。以文化审美视角实施教学，着眼于文本深度理解和思维的发展提升，将有效克服写景抒情散文教学浅表化的不足，使教学走向深入。

三、文化审美视角下写景抒情散文单元教学的实施

以文化审美的视角来建构写景抒情散文单元的教学，该如何实施？下面提

供我们一些粗浅的思考。

1. 基于文化审美，确定单元教学目标

文化审美视角下的写景抒情散文单元教学，自然要以文化审美为旨归，依据课标和教材单元学习任务来确定单元教学目标。本单元属于“文学阅读与写作”任务群，依据该任务群“学习目标与内容”中“从语言、构思、形象、意蕴、情感等多个角度欣赏作品，获得审美体验，认识作品的美学价值”的教学要求，结合教材“分析其中哪些地方体现了民族审美心理和审美特点”“探究其背后蕴含的文化意义”“体会民族审美心理，提升文学欣赏品位，培养对自然的热爱之情”这些单元学习任务要求，可以将本单元教学目标设定如下：

①关注作品中的景物描写，考察每篇作品的意象（景物）选择，在意象品析中把握作者情感（哲思），体会民族文化审美心理。

②反复诵读，从用词、句式、修辞等方面品味写景抒情散文的语言之美，领略作者高超的语言艺术，思考其中的文化内蕴。

③分析本单元五篇写景抒情散文的结构形式和表现景物的艺术手法，感受写景抒情散文的形式美，发掘其中的文化审美内涵。

④借鉴本单元写景抒情散文的写法，选取自己最喜欢的景物，写一篇写景抒情散文，要求做到情景交融，传承民族文化审美。

2. 围绕教学目标，确定单元教学内容

在确定单元学习目标之后，就要确定单元教学内容了，即围绕单元教学目标，立足文化审美，我们将确定本单元具体该教什么。

本单元编选了五篇写景抒情散文，教学内容的设定一定要体现选文的篇性特征，即要教出写景抒情散文的“味”来。要做到这一点，教学内容的设定还是要紧扣写景抒情散文的要素。基于此，围绕单元教学目标，立足文化审美，本单元教学内容设定如表 1 所示：

表 1　第七单元教学内容

教学内容		选文				
内容要素	具体内容	《故都的秋》	《荷塘月色》	《我与地坛》	《赤壁赋》	《登泰山记》
景物描写	景物意象					
	思想情感					
语言艺术	用词特点					
	句式特点					
	修辞手法					

续表

教学内容		选文				
内容要素	具体内容	《故都的秋》	《荷塘月色》	《我与地坛》	《赤壁赋》	《登泰山记》
形式手法	结构形式					
	艺术手法					
文化审美	文化意义					
	文化内蕴					
	审美心理					
写作借鉴	语言艺术					
	形式手法					
	文化审美					

具体实施教学，学生需在教师指导下自主阅读，梳理文本，进行合作探究，完成表格中的学习内容。学生完成表格学习内容的过程，其实就是逐渐深入文本、理解走向深入的过程，也是思维由浅入深、发展提高的过程。

3. 创设整体学习情境，设计安排学习活动

新课标在“教学建议”中提出“创设综合性学习情境”“关注学生学习方式转变，做好学生语文学习活动的设计、引导和组织，注重学习的效果”“激发学生的学习兴趣和动力”的教学要求[9]。为使写景抒情散文单元教学符合新课标的教学要求，“激发学生的学习兴趣和动力”，提升教学效果，在确定了本单元的教学内容后，接下来就要考虑创设单元学习的整体学习情境，设计安排相应的学习活动。

根据本单元选文的篇性特征，基于文化审美的教学旨归，我们创设了主题为“自然与审美：散文的景情意——名家经典品读”读书分享会的任务情境：

飞天文学社拟于9月28日“全民阅读节”当天，举办经典写景抒情散文读书分享会，请每位同学从必修上册第七单元中至少选取一篇作品与全校师生分享。分享可以采取以下活动形式：

①电视散文制作，将你最喜欢的一篇散文制作成电视散文（时长3～5分钟），提交电视散文视频及视频制作脚本。文学社将邀请学校资深语文老师对提交的电视散文进行打分，并分等次评选出优秀作品。优秀作品将在读书分享会现场展播。

②经典景致解说，选择自己喜欢的景致（如郁达夫的“故都”、朱自清的

“荷塘”、史铁生的“地坛”、苏轼的“赤壁”、姚鼐的“泰山”）在读书会上解说，品味其中的独特情韵和审美内涵，要求写解说词，体现文化审美和个性化的理解。

③如是我读——名作与文化审美。从文化审美的视角品读本单元的写景抒情散文，可以是一篇，也可以是多篇，将品读写成学术性的小论文，论述作品中寄寓的作家的精神追求和蕴含的文化审美内涵（审美倾向、审美情趣、审美心理等）。

这是一个具有挑战性的学习任务情境，学生要完成这个任务情境中的任何一项活动任务，都必须先深入文本，完成好单元教学内容的学习。所以，这个任务情境的创设就起到了任务驱动的作用，驱动着教学去完成单元教学内容与目标，同时也激发学生的学习兴趣和主动探求的欲望。这也正是新课标和新教材单元教学所要求的。

参考文献：

［1］中华人民共和国教育部．普通高中语文课程标准（2017 年版 2020 年修订）［S］．北京：人民教育出版社，2020：17-18．

［2］杨问富．《赤壁赋》的原型显现与文化意义［J］．名作欣赏，1992（3）：103．

［3］宁登国，赵立伟．《前赤壁赋》主客问答结构的文化审美内涵［J］．语文建设，2009（6）：27．

［4］林非．散文的昨天和今天［M］．广州：广东人民出版社，1996：153-154．

［5］中华人民共和国教育部．普通高中语文课程标准（2017 年版 2020 年修订）［S］．北京：人民教育出版社，2020：1．

［6］中华人民共和国教育部．普通高中语文课程标准（2017 年版 2020 年修订）［S］．北京：人民教育出版社，2020：2．

［7］中华人民共和国教育部．普通高中语文课程标准（2017 年版 2020 年修订）［S］．北京：人民教育出版社，2020：3．

［8］李丽．雷蒙德·威廉斯的“情感结构”理论析论［J］．吉首大学学报（社会科学版），2015（5）：123-124．

［9］中华人民共和国教育部．普通高中语文课程标准（2017 年版 2020 年修订）［S］．北京：人民教育出版社，2020：42．

（本文刊发于《教育科学论坛》2024 年第 1 期）

他山之石，可以攻玉

——高中理科班语文教学困境突围例谈

如今，在高中理科班级的教学中，语文学科在学生中不受重视，存在语文学科被边缘化的现象。这一方面有教育功利实用思想的影响，学生不愿意把更多的时间花在语文学科上；另一方面，也因为语文学科重积淀、具有螺旋上升的学科特点，学生花了时间学语文却短时间内难见成效，久而久之，自然而然地就丧失了学语文的兴趣和热情。如何有效改善高中理科班的语文教学，走出高中理科班语文教学的困境，是我们不得不思考的问题。

高中语文新课程标准提出了“加强与其他课程的沟通，更新内容，以适应现实生活和学生自我发展的需要”的课程理念。这一理念为高中理科班语文教学走出困境提供了启示，即在新课改的背景下，我们要敢于打破学科本位意识，寻找语文与其他学科之间的契合点，有效利用其他学科的知识和方法来改善语文教学。

一、适当引入理科知识，激发学生学习语文的兴趣

激发学生学习语文的兴趣有很多方法，如设计形式多样的导入，创设各种教学情境，运用多种媒体等。但就理科生而言，在运用这些方法的同时，如果能适时引入理科知识，效果会更显著。

如课文《像山那样思考》的论证结构和行文风格是教学的难点。本文是美国作家、生态学家、土地伦理学家利奥尔多·利奥波德的一篇随笔，因为语言和思维方式的差异，学生理解本文存在一定的难度。如果按传统的教学方法，让学生逐段梳理段意，然后归纳和感受文章以小见大、层层深入的论证结构及文笔洗练、富有浓郁的诗意美和思辨色彩的行文风格，学生是很难提起学习兴趣的。

杨琦晖老师讲授这篇课文时，尝试着将自然学科资源与语文学科资源进行有机整合。他引入生物学科的食物链知识，根据文本内容，让学生以狼为起点画出“食物链”。这对理科学生来说是很容易的事，任务一布置，学生的学习兴趣一下子就被激发出来。很快，学生根据课文内容画出了以狼为起点的“食物链”：狼（少）→鹿（多）→草（光）→食草动物灭亡→山秃，当这个“食物链”呈现在学生眼前时，本文的论证结构及行文风格一下子就在学生脑海中形成了，教师稍加点拨，学生就能理解和感受，学生的语文学习兴趣自然也就得到了培养。

成语复习是高三理科班语文复习的难点之一。理科生平时阅读量不大，成

语积累不足，而高考常考的成语数量又较多，仅靠死记硬背学生很难牢固掌握，学生的畏难情绪较为普遍，导致学习兴趣不高。

笔者在梳理高考常考成语时发现，有不少成语沉淀着我们祖先对自然科学的研究成果，包含着物理学的一些现象和知识。根据这一特点，笔者尝试着用物理现象和知识来分析成语的内涵，帮助学生更好地理解和记忆成语的意义，以消除他们心中的畏难情绪，激发他们的学习兴趣。

如复习“月晕而风，础润而雨”这个成语。这个成语的意思是比喻事情的发生总有预兆。为什么是这个意思呢？我给学生这样解释：“晕”是太阳或月亮周围出现的光环，当月晕出现时，天空中浮现薄薄的卷层云，这种薄幕状的卷层云是由细小的冰晶构成的，“晕”就是冰晶反射或折射所形成的光学效应。晕出现于卷层云中，而卷层云又是风暴将临前的云雾之一。所以，一旦出现“晕”，说明天气就要变化了。“础”是柱子底下的石墩，“础润而雨”就是说柱脚石潮湿会下雨。石头传热本领比空气大，吸热快、散热快，一般情况下，柱脚石的温度比空气的温度低。如果空气中含有的水汽增多，当空气接触到温度较低的石头表面时，水汽达到饱和状态，就会在石头上凝结成小水滴，石头表面就要“出汗”，出现这种情况说明空气湿度已经很大，天快要下雨了。经过这样一解释，学生一下子就理解并记住了这个成语的意思。

物理知识的引入能有效地帮助学生加强对相当一部分成语，如“立竿见影”“形影不离”“井底之蛙”“以管窥天”“炉火纯青”“一言既出，驷马难追”等的理解和记忆，学生畏难情绪消减，学习兴趣也就提高了。

二、适时融合理科知识，促进语文学习内容的内化吸收

各学科间的知识体系、思维模式都有很大的相关性。因此，在进行理科班的语文教学时，可以融合理科知识，让理科知识成为语文知识的“消食片”，促进语文学习内容的内化吸收。

姚伟红老师在教学《林教头风雪山神庙》一文时，为了让学生更好地理解林冲的性格发展过程，借用代数中的数轴与曲线知识，画出了如下的林冲性格发展示意图[1]（图 1）。

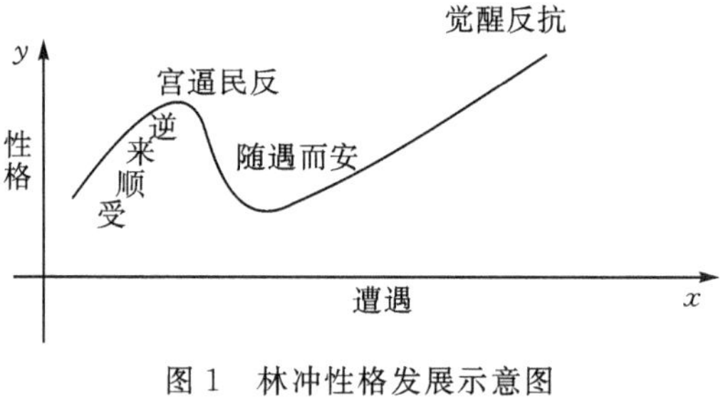

图 1　林冲性格发展示意图

图形一呈现，学生一下子就理解了林冲的性格随情节的波动而不断发展的过程及原因。

杨琦晖老师教学《清兵卫与葫芦》时，在探讨“教员家访，父亲恰好不在。清兵卫心跳，只求不要危及自己剩下的其他葫芦。幸亏教员只管训斥，并未注意近在咫尺的那些葫芦。刚刚松了一口气，父亲回来了，最终注意到那些葫芦，并粗暴地将之‘一个一个地砸碎’”这一情节处理时，抓住“葫芦”的命运启发学生：既然剩下的其他葫芦最终难逃劫数，不让教员再次没收，却让回家的父亲逐个砸碎，比较这两种情节处理方式，哪种好？

学生思考后都认为是后者好，但理由却基本上只停留在人物形象上，诸如突出了父亲的粗暴、清兵卫的可怜等。为了加深学生对《外国小说欣赏》中的话题知识“摇摆”及其对于小说情节发展、形象塑造，特别是对于主题深化作用的理解，杨老师导入了物理学科的“单摆”模型并绘制了示意图。融入物理学上的“单摆”知识后，杨老师再让学生进行自主探究，找出文中的若干摇摆情节，并尝试再次结合单摆运动的轨迹（类似正弦余弦图形，出示简图）分析“摇摆”对于小说情节发展的作用。面对直观的图像，学生的思考一下子豁然开朗起来，有说情节起伏的，有说一波三折的，“摇摆”的概念及作用通过物理上的“单摆”知识得到了较好的落实[2]。

等到接触了“延迟”这一话题知识后，不少学生把“延迟”与“摇摆”混为一谈。《外国小说欣赏》教材介绍：作者常常故意“延迟”小说的进展，作者会竭力给故事、人物、心理的进展设置障碍，又不使读者觉得希望完全破灭，就在这样捉迷藏的游戏中，一环扣一环，实现小说的结构张力。如《牲畜林》中每当朱阿举起猎枪要向德国兵射击的时候，就会被阻止，而阻止的理由也在情在理。学生认为犹疑不定就耗费了时间，就是延迟。说实话光看概念，真的很难跟学生讲清楚两者的差别。这时候，为方便区别，杨老师引入物理学的减速运动，延迟的意义相当于减速运动，运用这一结构可使情节舒缓下来；而摇摆则是圆周运动，情节是有往复的。物理知识的融入，加深了学生对“延迟”与“摇摆”这两个概念的理解。过于专业的术语曾使学生困扰，此时则另辟蹊径，柳暗花明[3]。

三、妙用理科知识，促进语文解题能力的有效提升

与语文学科相比，理科的逻辑性和技能型较强，更注重理性思考。理科解题讲究方法和技巧，其解题过程形象可感，操作性强；而语文解题注重理解，解题方法较为抽象，操作性不强。语文教学能否在这两者的差异间找到契合点，化抽象为形象，有效提升学生的语文解题能力？笔者在教学实践中做了一

些尝试。

（一）用数学知识解语病题

教学搭配不当的病句，教会学生分析句子的结构，是解答这类语病题的关键。对于理科生来讲，分析句子结构显得有些抽象，学生的学习热情不高。笔者把代数中的乘法分配率和分解因式的知识引入病句的教学，教学效果就大不一样了。

例如：为了更好地提高服务质量，我们必须坚持以人为本，最大限度地为旅客创造和谐的候车环境、快乐的人性化服务。(2011 年高考全国课标卷)

用分析句子结构的方法，学生一下子把握不住句子的语病在何处。为了让学生一目了然地看出这个句子的语病，笔者写了一个算术式：$a\ (x+y)$，让学生用乘法分配率写出它的等式：$ax+ay$。这对高中理科生而言是简单得不能再简单了。我告诉学生 a 代指“创造”，让学生去找 x、y 分别代指什么。学生一眼就看出了 x、y 分别代指“候车环境”和“人性化服务”。这样一点拨，学生很快就明白了“创造”可以和“候车环境”搭配，但不能和“人性化服务”搭配。

数学知识的巧妙使用，让学生很轻松地就掌握了搭配不当类型的语病辨析。而且，这种方法也为他们解其他类型的病句题，如成分残缺、不合逻辑等提供了方法和思路的参考。

（二）用数学知识解散文阅读筛选整合信息题

散文阅读中的筛选整合信息题是各类考试必考的一类题。解这类题时，学生基本上都能够根据题干筛选到相应的答题范围，提取有关的关键语句。但对筛选出来关键语句进行整合，组织成简洁的答案却有一定的难度。为此，笔者总结了三种整合信息概括作答的方法：截、改、写。

“截”是指题目答案就是原文的某一句话、某一个词，答题时只要原原本本把它移出来或裁出来，按规定写进答题处就可以了。“截”的方法操作简单，学生容易掌握。

“改”是我们在找出题目答案所在的语句后，由于语句太长不合书写要求或语句含有不合题意的杂乱信息，需要加以改造，这时要求根据题意，选出有用的语言信息进行重新组合、表述。“改”的方法较为抽象，操作性不强，理科班的学生还是很难给出准确的答案。仔细分析了“改”的方法，笔者发现改的过程与数学中的提取公因式、合并同类项有相似之处。于是，笔者引入提取公因式与合并同类项的知识。如 2005 年浙江卷散文阅读《越来越接近精神的天空》第 19 题：

作者认为“生而为人”，我们不可能拒绝人群的原因______________（不超过 20 个字）。

解这道题，学生都能找到相应的答题范围，即第一自然段的第一句话：“人，在人群里行走寻找他的道路，在人群里说话寻找他的回声，在人群里投资寻找他的利润，在人群里微笑寻找回应的表情。”

但题干中有不超过 20 个字的字数要求，显然不能将这句话直接作为答案。笔者让学生仔细阅读这句话，学生很快发现，每个分句都包含有一些“公因式”的文字，如“在人群里”“寻找他的”。改写时，可以将这些“公因式”提取出来，然后把同类项合并在一起，答案一下子就变得简洁起来：人总在人群里寻找他的道路、回声、利润、表情。

“写”是阅读题答案在原文语句中找不到，需要我们整体把握段前文或全面理解上下文语境才能悟出答案。“写”的方法更为抽象，理科学生语感本身就不足，要在语境中悟出答案，这对理科学生来说有相当的难度，但引入合并同类项、提取公因式等数学知识后，悟出答案也不是那么玄妙而高不可攀了。如 2009 年高考全国卷Ⅰ散文阅读《彩色的荒漠》第 14 题：“文章第一段描写了戈壁滩的哪些特点?”

解这道题，题干已经告知了筛选的范围——第一自然段，学生很容易找到答题的区间，即第一自然段的第 6～8 句话：“开阔的戈壁，像是一方棋盘，偶尔看见一团两团圆圆的草棵，像是刻意摆下的一局残棋。生存与死亡，在这里艰难地进行命运的博弈。我们来到这里时，已是深秋时节，灰色，到处是灰色。”

笔者请学生找出这几句话中的关键词。学生很快划出了关键词：偶尔看见、一团两团、残棋、命运的博弈、灰色、到处是灰色。将这些关键词合并，可以分为两类：“偶尔看见”“一团两团”“残棋”“命运的博弈”是一类，写戈壁滩的环境；“灰色”“到处是灰色”是一类，写戈壁滩的色彩。接下来就要提取出合并之后的“同类项”的“公因式”。只是这里的“公因式”在筛选的句子中没有，要靠学生自己去“悟”——归纳概括。但“合并同类项”后，学生还是很快能悟出，前一类是写戈壁滩环境的恶劣或者荒凉，后一类是写戈壁滩色彩的单一。

数学知识的引入与使用，使散文阅读中筛选整合信息题“改”和“写”的解题方法一下子变得具体可感，易于操作。学生从心理上对现代文阅读不再那么畏惧了，解题的自信心也增强了，自然也就不会像以前那样胡乱答一通地去蒙答案。

“解铃还需系铃人”，要实现高中理科班语文教学困境突围，我们首先得端正认识，打破学科的本位意识，正确认识语文与数理化的关系——不能只停留在语文是基础、是工具的认识上。“他山之石，可以攻玉”，在新课改的背景下，高中理科班的语文教学要善于从理科生的实际出发，因生制宜，下意识地去寻找理科学生的语文兴趣点，寻找提升理科生语文素养及能力的生长点。这样，我们才能有效改善当下的理科班语文教学，走出理科班语文教学的困境。

参考文献：

[1] 姚伟红. 相关学科教学方法在语文教学中的运用 [J]. 湖州师范学院学报，2003 (4)：140.

[2] 杨琦晖. 化轻为重：高中理科班语文教学困境突围 [J]. 语文月刊，2012 (6)：9.

[3] 杨琦晖. 化轻为重：高中理科班语文教学困境突围 [J]. 语文月刊，2012 (6)：9.

（本文刊发于《中学语文》2013 年第 10 期，
人大复印资料《高中语文教与学》2014 第 2 期全文转载）

第四章　整本书阅读教学

整本书阅读教学策略指瑕及改进建议

随着“整本书阅读与研讨”的课程化、教材化，高中整本书阅读教学策略的探索便如火如荼地开展起来，各种策略应运而生。这些策略凝聚了很高的创造性，给一线教师实施整本书阅读教学提供了很好的借鉴与参照，一定程度上缓解了一线教师整本书阅读教学的焦虑。但同时，这些策略也存在一些不足，需要我们在实践中优化改进。

一、当下高中整本书阅读教学主要策略概览

从目前已发表的研究成果看，高中整本书阅读教学策略主要有专题教学策略、项目式教学策略、任务驱动策略、问题教学策略、分级课程教学策略、共生教学策略、思辨读写策略七大策略。为便于直观了解这些策略，下面以表格的形式概略地呈现如下（表1）：

表1　高中整本书阅读教学策略梳理

策略类型	实践者	主要目标	操作实施要点
专题教学策略	袁圆	建构整本书阅读经验和方法	整合具有独特性、贯穿性的专题内容，构建呈现结构化、进阶性的微专题群，设计彰显驱动性、关联性的主问题，引领学生在宏观梳理和微观深读中，挖掘整本书的阅读价值，建构整本书的阅读经验和方法
项目式教学策略	王清香	破解整本书阅读教学的困境	包括项目准备、项目实施、项目评价三个阶段，从真实世界中的驱动性问题出发，以解决学习问题、促进学生深度学习、提高学生能力为目的

续表

策略类型	实践者	主要目标	操作实施要点
任务驱动策略	王冠楠 徐鹏	提高整本书阅读教学品质和效果	依据不同的课型特点设置系列性学习任务，基于问卷调查 和过程监控提供阅读方法指导，运用“学历案”评价学生阅读的真实表现
问题教学策略	陈金华	以主问题或问题导读促进整本书阅读教学实施	基于学情，从不同角度进行设计并构建好“问题链”。有先分后合式、先合后分式、逐步渐进式、综合推进式和思辨批判式等不同的实施策略
分级课程教学策略	高海英 于永新	以分级课程开展整本书阅读教学	1. 通读，扫除文字障碍，读懂文本；2. 研读，篇章分类重组，纲举目张；3. 评析，挖掘主题内涵，深入理解；4. 成诵，边吟边思边记，厚积沉淀；5. 表达，小切口大视野，抒情写意；6. 拓展，经典走进现实，知行合一
共生教学策略	黄厚江	以共生教学的理念引领整本书阅读教学	阅读主题和语文目标的融合共生；“教”和“学”的融合共生；过程性课型和策略性课型的融合共生；读懂和会读的融合共生；“点”和“面”的融合共生；“我”和“书”的融合共生；阅读和写作的融合共生
思辨读写策略	余党绪	构建基于思辨读写的整本书阅读教学范式	读书为本，思辨为要，注重转化，以母题、议题、问题作为组织与推进的要素——以母题确立文本的核心价值，以议题确立教学的主要内容，以问题驱动思辨读写

当然，还有一些其他的策略，但大多是以上策略的综合或变体。如江苏省宿迁市马陵中学李方顺老师提出了“依据文本，聚焦主题，有效整合”的策略[1]，其实就是专题教学策略和任务驱动策略的综合。在此就不一一列举。

二、当下高中整本书阅读教学策略存在的不足

应该说，当下高中整本书阅读教学策略的实践与探索取得了一定的成果，各种策略均围绕课标要求展开，着力课堂教学的有效落实，注重探索阅读整本书的门径，强化整本书阅读成果的转化，帮助学生形成和积累阅读整本书的经验。但同时，这些策略也有一些不足，需引起正视。

1. 忽略学情分析，教学策略的有效性被弱化

七大策略不同程度地忽略了学情分析，不太注重学生阅读整本书的兴趣点、问题点、障碍点、困惑点等的搜集与梳理，一厢情愿地按照自己的理解选定书目，设定教学目标，认为只要运用了教学策略，就能达成整本书阅读教学的目标。殊不知，忽略了学情，教学策略的针对性被弱化，所产生的教学效益将大打折扣。

如实施专题教学策略，首先需要整合具有独特性、贯穿性的专题内容。"只有聚焦这些'特色和亮点'(专题内容)，才能把握这本书的独特价值，从而建构这一类书的阅读经验和方法。"[1]抓住整本书的篇性特征来确定整本书的教学专题，思路是对的。但整本书阅读教学专题的确定，除了要考虑篇性特征外，还需要考虑学情。哪些专题是学生整本书阅读的学习发展区？哪些专题是学生阅读整本书的障碍点、困惑点？哪些专题是学生比较熟悉而不需要花太多时间开展教学的？哪些专题最有利于构建学生阅读整本书的经验与方法？等等。只有把握了这些学情，整本书阅读教学才有针对性，教学效果才有保障。

2. 考察对象单一，教学策略的适用性不广

当下高中整本书阅读教学策略大多是针对文学类整本书，以某一文本为例构建的，运用的是简单枚举的不完全归纳推理。众所周知，每一个文本有每一个文本的篇性特征，即使是同一类型的整本书，其阅读方法也不尽相同，何况是不同文体的整本书。同样是小说，读《红楼梦》和读《水浒传》，读中国小说和读外国小说，读传统小说和读现代小说，其阅读方法有所不同。因为考察对象单一，导致所归纳提取的教学策略的适用范围有限。

如分级课程教学策略，以《论语》整本书为讨论对象，构建通读、研读、评析、成诵、表达、拓展六级课程。是不是所有的整本书阅读都适合这六级课程策略？像《乡土中国》这样的学术著作，恐怕这六级课程的教学策略就不适用，即便是对于同类著作《庄子》《荀子》等整本书，这六级课程的教学策略也可能会"水土不服"。再如，思辨读写策略提出以母题确立文本的核心价值，以议题确立教学的主要内容，以问题驱动基于文本的思辨读写。这一策略更多地适用于文学类整本书阅读教学，对于学术类整本书阅读教学也是不太适用的。

3. 封闭教学视界，教学策略的延展性不够

当下整本书阅读教学大多聚焦或围绕某一本书展开，教学策略的探索也主要集中在某一本书教学流程的优化和阅读方法指导上，一定程度上忽略了与其他领域书籍或媒介的关联与融合，造成了整本书阅读教学的自我封闭。其结果是，针对某一本书或某一类书的教学效果可能良好，但从拓展学生阅读视野、

拓宽学生的阅读面、建构全面宏观的整本书阅读经验看，当下的整本书阅读教学策略的延展性不够。

如思辨读写策略，构建了“基于思辨读写的整本书阅读教学范式”，即在课程开发与教学设计中，以母题确立文本的核心价值，以议题确立教学的主要内容，以问题驱动思辨读写。《俄狄浦斯王》是整本书阅读思辨读写教学的经典案例，具体教学操作：在思辨读写中把握“它原本”，形成“我认为”，体验“如何用”，真正做到了读、思、用的结合。应该说，这样的教学策略是有效有用的，但如果在进行《俄狄浦斯王》的整本书阅读教学的某些环节，穿插引入《俄狄浦斯王》电影的某些片段，让学生比较对于同一个事件，电影和戏剧文本在处理上有何不同，这对于学生把握“它原本”、形成“我认为”可能会大有裨益。

三、当下高中整本书阅读教学策略的改进建议

1. 以“学”定“教”：以原初阅读教学理念引领教学

教学策略本身包含“教”和“学”两个方面，任何教学策略的实施，都必须以“学”为前提。缺乏对学情的观照与把握，任何教学策略都只能是闭门造车的构想，最终将沦为一种教学摆设。以“学”定“教”不只是发发问卷、搞搞调查，了解学生喜欢读哪些书、阅读的兴趣点在哪儿。以“学”定“教”要做的是关注学生读某本书之前的原始阅读状态：学生阅读某本书普遍的难点、障碍点、困惑点、混淆点在哪儿，学生通过合作探究能不能自行解决，等等。只有把握了这些学情，教学才能抓住学生阅读整本书的生长点，进而把握整本书阅读教学的生成点。为此，我们提出以原初阅读教学理念来引领整本书阅读教学。

所谓原初阅读教学，即从学生的原初阅读问题出发，针对学生的思维瓶颈，设置语言认知情境（包括语言冲突、文体特征、语义结构），引导学生在阅读体验中获得理解力的提升，进而让学生达成更高层阶的原初阅读体验。一个人的阅读理解力源自其原初阅读体验的积淀而不是训练策略的熟练。原初阅读教学应该包括在原初阅读理念指导下的课堂单篇教学、课堂类文教学（任务群学习）和课堂整本书教学。原初阅读教学尊重学生个体的原初阅读体验，着力提升学生的语言理解力和逻辑思辨力，注重文道结合以文化人，滋养学生的生命情怀、审美情趣和精神品格。原初阅读是在一种非功利状态下接触文本及由此实现的阅读体验。原初阅读教学的核心价值追求是关注学生原初阅读理解水平，寻找提升学生理解水平的思维方法，突破学生文本理解的瓶颈[3]。

对于整本书阅读教学而言，尊重学生的原初阅读体验就是尊重学情，以原

初阅读教学理念来引领整本书阅读教学就是在以“学”定“教”。原初阅读理念下的整本书阅读教学按照以下流程进行：整书阅读—问题发现—主问聚焦—认知情境—教师启迪—问题解决—读读写写—读书报告会。与问题教学策略不同的是，问题教学策略是教师依据文本本身设置主问题、构建问题链，来推进整本书阅读教学，而原初阅读教学理念指引下的整本书阅读教学，问题源自学生阅读中的原始问题，问题发现和聚焦的就是学生阅读中的原初问题。如《老人与海》整本书阅读教学，学生自读《老人与海》后提出了很多琐碎的问题：老人为何总是梦见狮子？为何反复提及棒球新闻和棒球明星迪马吉奥？老人为什么把大海当成女性的尊称？等等。其实这些问题就是海明威冰山理论在《老人与海》这部小说中的具体体现，我们可以将学生这些问题整合聚焦为：我们已经了解过海明威的冰山理论，那么这一理论在《老人与海》这部作品中是如何运用的？试着从意象选择的角度谈谈自己的理解。

为了助力学生解决原初问题，更有效地突破学生的思维瓶颈，在发现与聚焦问题之后，就需要创设符合语文本质规律的认知情境。我们常见的做法是设置语言冲突。以《老人与海》为例，我们在收集学生的原初问题时，学生提出一个难解的问题：小说中老人在不断否认自己，老人先说“跟它们斗”，后来老人又说“多么希望不和它们斗”，这不是前后矛盾吗？老人是什么心态？解决学生这个原初阅读问题，不能只靠经验感悟，我们根据审美悖反原理设置语言冲突，引导学生解决问题。我们让学生再次阅读并思考文中矛盾：“它是美丽的、崇高的，什么也不害怕”，又说“他想：鱼一方面养活我，一方面要弄死我”。这里的它和鱼就是前面提及的老人与之搏斗的鲨鱼。这些心理活动显示桑提亚哥似乎理解了鲨鱼要与他争夺大马哈鱼甚至要吃他的原因。鲨鱼作为生命的存在，它也要为生存而拼搏。此时老人似乎与大自然达成了谅解。这个谅解看似矛盾，其实它也符合基督教“爱众生”之精神。这种谅解的博爱也可以解读为，面对无可奈何的命运，人和自然等所有生命只有抗争到底，从而显示生命的崇高美。这样阐释不但不矛盾，而且从矛盾背后挖掘出深意。

原初阅读教学发现并聚焦问题，设置认知情境突破思维瓶颈，从而解决问题，其归宿不止于文意理解和问题消解，而是培育学生的读书兴趣，完成类书阅读，以积累其原初阅读体验，提升语文素养，达到以文化人、立德树人的境界，“读书报告会”便承担起这样的功能。“读书报告会”指结合课堂文本学习，在教师定期指导下，学生预先在课外阅读整本类书，并提交一篇读书笔记，继而由语文教师遴选择优，在课堂上进行阅读心得交流的一种读书形式。读书报告会的特点是：教师有效指导、学生定时阅读、心得及时反馈、读写有效结合。在完成了《老人与海》阅读教学后，我们让学生在海明威的长篇作品

(《春潮》《太阳照常升起》《永别了，武器》《有钱人与没钱人》《丧钟为谁而鸣》《过河入林》《岛在湾流中》《伊甸园》《曙光示真》）中选取一本，阅读后撰写读书笔记，在读书报告会上交流阅读心得。

2. 依“性”而“教”：紧扣篇性采取相应的教学策略

不同体式、不同类型的整本书文本，其结构、内容、风格上的特点不同，因而采取的教学策略应有所不同。同一类型的整本书文本，如小说《红楼梦》和《三国演义》，因为不同作家写作个性和创作风格的差异，其篇性特征各有不同，教学策略也应有别。即使是同一作家的不同文本，因为时代背景、作家心境、创作目的等不同，文本的篇性也有所差异，很难说某一固定类型的教学策略可以包用在同一作家的所有整本书文本教学上。在笔者看来，很难有无所不包、放之四海而皆准的整本书教学策略，任何整本书教学策略的适用对象都是有限的。因而，紧扣整本书的文本篇性，依“性”而“教”是整本书阅读教学的最好策略。具体到教学，就是据不同的整本书文本的篇性特征，依据学情找准阅读切入点，推进整本书阅读的实施。

对于学术类整本书阅读教学，我们可以依照课标要求，让学生在通读整书的基础上，梳理全书大纲小目及其关联，整理全书内容提要。尊重学生的原初阅读体验，从学生的原初问题出发，帮助学生把握书中的主要概念和主要判断及其之间的关系，进而把握作者的主要观点和价值取向。引导学生阅读与本书相关的资料，了解本书的学术思想及学术价值，探究整书的论述逻辑，并能够形成自己对整书的认识和评价。

对于文学类的整本书阅读教学，要依据整书的体式特征和篇性特征，引导学生通读整书，梳理主要情节和整体的艺术架构，抓住矛盾冲突，把握人物的主要特征，理清人物关系，感受、欣赏人物形象，整体把握整书的思想内容和艺术特点。在此基础上，发现与聚焦学生的原初问题，设置语言认知情境，从最使学生感动的故事、人物、场景、语言等方面入手，反复阅读、品味、欣赏语言表达的精彩之处，深入探究人物的精神世界和整书的艺术价值。因为篇幅所限，在此不展开例说。

3. 跨“界”促“教”：开展关联阅读和跨界融合教学

整本书阅读不应该是封闭的，不能为了读整本书而只读某一本书，整本书阅读教学要讲究效果。为扩大学生的阅读面，拓展学生的阅读深度和广度，建构宏大视野的阅读整本书的经验，在进行整本书阅读教学时，有必要适当地拓展关联与该书有一定联系的其他领域书籍或媒介资料。尤其是学术类整本书阅读，更应该跨“界”促“教”，加深对本书的了解与学习。正如新课标“整本书阅读与研讨”学习任务群的“学习目标与内容”所强调：“阅读与本书相关的资料，了解本书的学术思想及学术价值。”[4]

如《乡土中国》是一部社会学学术著作，对中国社会的乡土性展开分析和论证，高中生理解这样的学术著作有一定的困难。为了便于学生理解该书内容，把握作者的核心观点，在开展该书的整本书阅读教学时，可以关联费孝通先生的其他社会学著作，如《内地农村》《乡土重建》《小城镇四记》《中国士绅》，让学生或提前或同时读一读相关著作。还可以跨界阅读，让学生看看反映中国乡土性质的纪录片《乡村里的中国》，以及央视系列纪录片《乡土中国》。在课堂教学上，可以探索跨学科教学，如将语文课与历史课打通，进行学科整合教学。

参考文献：

[1] 李方顺. 依据文本 聚焦主题 有效整合：整本书阅读教学策略探微 [J]. 中学语文教学参考，2018（7）：48-50.

[2] 袁圆. 专题教学：整本书阅读教学的有效路径 [J]. 中学语文教学，2022（4）：24-27.

[3] 黄明勇. 新高考背景下语文原初阅读教学的理念与实践 [J]. 中学语文教学参考，2020（7）：46-49.

[4] 中华人民共和国教育部 . 普通高中语文课程标准（2017 年版 2020 年修订）[S]. 北京 ：人民教育出版社，2020 ：12.

（本文刊发于《中学语文》2022 年第 12 期）

关联融合：让整本书阅读教学走向开放

毋庸讳言，当下的整本书阅读教学存在着封闭教学视界的不足[1]。很多教师开展整本书阅读教学常常囿于“这本书”一隅，忽略了与其他文本、媒介、学科的关联融合。结果是遮蔽了“这本书”的阅读视域，限制了学生的阅读视野，违背了课标“拓展阅读视野，建构阅读整本书的经验，形成适合自己的阅读方法，提升阅读鉴赏能力”[2]教学目标要求。

如何打破整本书阅读教学的封闭，让整本书阅读教学走向开放？笔者认为，开展关联融合教学是可行之举、有效之策。所谓的关联融合教学，是指在实施整本书阅读教学时，在适当的教学环节或教学时机，关联其他的文本、媒介，甚至与其他学科开展跨学科融合教学。那么，关联融合教学该如何进行？本文就此稍作探讨，以求教于大家。

一、单篇关联融合，向理解深度开放

单篇关联融合是指在实施整本书阅读教学时，将整本书阅读放在一个宏大的阅读视野中，将“这本书”与课内相关单篇课文或课外相似单篇进行阅读勾连或关联比较，以达到对“这本书”的深度理解和整体理解。具体实施有以下几种情形：

1. 由课内单篇导向原著

如开展《边城》整本书阅读教学，在“合作公议，主旨整合”环节，我们用一节课完成“品其真性，悟其真情”的学习任务，包含“主要人物风采展”“次要人物亦美好”“人生自是有情痴”三个学习活动。这一组活动围绕“人性之美好”展开，旨在引导学生理解小说主旨。活动1让学生“为自己喜欢的人物写一段‘最美人物颁奖词’，表现他（她）身上闪烁着的人性光辉”，引导学生分析主要人物的人性美。活动2以表格的形式让学生梳理次要人物的具体描写或细节，并分析其出场意义，引导学生关注次要人物的人性美。活动3探讨小说“爱情”的品质，引导学生深度理解小说的主旨，树立正确健康的爱情观。

为了让教学活动顺利开展，课堂一开始并没有就整本书的内容展开探讨，而是让学生品读课内单篇（已学过）描写表现人物的细节，感受文本传达的优美动人的人性美，再拓展到全书，品读整书所反映的优美而忧伤的人性主题。从教学效果看，由课内单篇导向原著，降低了完成学习任务的难度，学生参与热情高（尤其是活动1和活动2），整堂课教学节奏紧凑流畅，实现了对作品主旨的整体理解。

2. 以整书观照课内单篇

如教学《林黛玉进贾府》《道士塔》这两篇课文，我们可以将其融合到《红楼梦》《文化苦旅》的整本书阅读教学中。在专题研讨环节，如探讨《红楼梦》的人物出场，研讨《文化苦旅》的文化散文特色，可以融入《林黛玉进贾府》《道士塔》的单篇教学：以《红楼梦》的人物出场俯瞰《林黛玉进贾府》的人物出场，欣赏《林黛玉进贾府》人物出场的别致与精妙；以《文化苦旅》整本书体现出的文化散文的共性特色观照《道士塔》的写作特色和篇性特点。这样在开展整本书阅读教学的同时，以整书观照单篇，带动单篇教学，既能完成课内单篇的教学，实现对课内单篇的深度理解，又能反作用于整书的教学，实现对整书的整体理解，大大提高了教学效率。

3. 整书与相似单篇进行关联比较阅读

为深化对整书的整体理解，把握整书的篇性特征，在实施整本书阅读教学时，可以将整书与相似单篇进行关联阅读。如笔者在进行《悲惨世界》名著阅读教学时，曾将《悲惨世界》与《林教头风雪山神庙》同为囚徒的文化背景思维进行关联比较，引导学生理解作品背后的文化差异。有教师在开展周国平《妞妞——一个父亲札记》整本书阅读教学时，为帮助学生理解文本的篇性特征，将其与课内单篇《父母与孩子之间的爱》进行关联，比较《父母与孩子之间的爱》的理性分析与《妞妞——一个父亲札记》情感细腻的娓娓述说之间的差异。

二、整书关联融合，向阅读广度开放

整书关联融合是指在开展整本书阅读教学时，为拓宽学生的阅读面，拓展学生的阅读深度和广度，建构有宏大视野的阅读整本书的经验，适当地拓展关联与该书有一定联系的其他领域书籍。整书关联融合以下两种情形：

1. 关联比较与“这本书”内容风格相似的整本书

为加深对“这本书”的了解和学习，把握作品的思想内容、艺术特色，或全面感受作家的创作风格，在开展整本书阅读教学时，可以关联比较与“这本书”内容风格相似的整本书。所关联的整本书可以是同一作家内容风格相似的作品，如开展《平凡的世界》整本书教学，为了便于学生理解本书的主题思想，把握作者的创作风格，可以关联比较与本书创作背景相同、内容风格相近的路遥的另一部小说《人生》；也可以是不同作家内容风格相似的作品，如开展海明威《老人与海》整本书教学，在进行“硬汉精神及其文化意象”专题研讨时，可以关联比较与其内容风格相似的丹尼尔·笛福的《鲁滨逊漂流记》，以把握“硬汉精神”在英美文学作品中的不同文化意象表现。

2. 拓展关联与“这本书”相关的学术研究著作

相比单篇阅读，整本书阅读无论是在时间、效率，还是难度上，都要高出很多。尤其是对文学类整本书的主题思想和学术类整本书的学术思想及学术价值的深度理解，学生往往存在较大的困难。而面对这些思想内涵较深、学术水平较高较的整本书，我们教师在理解和分析上也可能会捉襟见肘。这时就需要借助专家的研究，拓展关联与“这本书”相关的学术研究著作，以通透对“这本书”的理解和把握。如《红楼梦》这部经典作品，对高中生而言，深度理解其主题思想和艺术魅力，还是有一定困难，教学时，我们可以适时拓展关联《红楼梦》的学术研究著作，如《红楼梦新论》《红楼梦探源》《红学三十年论文选编》等。

在进行学术类整本书阅读教学时，关联拓展与本书相关的学术研究著作尤有必要。因为高中生尚未接触学术研究，缺乏基本的学术修养，学术类整本书阅读于他们而言有相当的难度。新课标在“整本书阅读与研讨”任务群“学习目标与内容”中强调，“(阅读学术类整本书要）阅读与本书相关的资料，了解本书的学术思想及其学术价值”[3]。如开展《乡土中国》整本书教学，为了便于学生理解该书内容，把握作者的核心观点，在开展该书的整本书阅读教学时，可以关联费孝通先生的其他社会学著作，如《内地农村》《乡土重建》《小城镇四记》《中国士绅》，让学生或提前或同时读一读相关著作。

三、媒介关联融合，向媒介资源开放

媒介关联融合是指开展整本书阅读教学可依托互联网和数字媒体技术的发展，关联与本书相关的新闻影视媒介，以激发学生的阅读兴趣，以更为广阔的视野重新审视和思考“这本书”的价值，深化对“这本书”情节设置、人物刻画、思想主题、艺术特色的认识和理解。媒介融合可以在整本书阅读教学的开始，也可以融合到“专题研讨”“转化运用”等环节的教学中。

1. 导读关联媒介，激发阅读兴趣

对于学生不感兴趣、有畏难情绪的整本书，在阅读指导教学环节，可以关联相关媒介，借助影视媒介有冲击力的视听效果，激发学生的阅读兴趣，消减他们的畏难情绪。如广东叶佩仪老师开展《史记》整本书阅读教学，在导读环节，为提升学生阅读《史记》的兴趣，利用电视媒体展开导读。她将中央电视台大型文化节目《典籍里的中国》第三期《史记》片段播放给学生，当学生跟随“当代读书人”撒贝宁穿梭时空，与二十多位同《史记》有关的先贤豪杰会面时，那一个个熟悉的成语故事、一个个耳熟能详的历史人物一下子就点燃了学生的阅读热情。

2. 阅读借助媒介，助力内容理解

学生在整本书阅读过程中常常会遇到障碍，出现读不下去的情况；或因文字阻碍理解——这种情况常常发生在文言整本书阅读中；或因语言文化差异——翻译过来的整本书阅读常常出现这种情况；或因书中内容距离学生的生活太遥远，学生缺乏生活经验和人生阅历，理解有困难。这时如果关联融合相关媒介，通过跨媒介的手段释疑解难，将有助于整本书内容的理解。如开展《史记》整本书阅读教学，因为文言阅读本身存在难度，即便学生的阅读兴趣被点燃，但学生要读下去，还是会遇到不少阅读障碍。叶佩仪老师引入视频媒介微课，将学生阅读中可能出现障碍的文言知识点（疑难词汇、难点句式及文化常识等）录制成系列微课，提供给学生自主学习。在每个微课之后，还设置

了与之相应的知识小测，以提升学习效果。叶老师的这种做法对学生理解《史记》的内容有很大帮助[4]。

3. 探究融入媒介，深化理解认识

整本书阅读教学，在“专题研讨”环节，学生就所探究的问题常常会出现意见分歧和不同观点，原因是学生以自我的立场或视角思考问题，缺乏思辨能力，不能将问题探究放在文本的历史文化语境中分析，不能辩证地分析问题。这时可跨媒介借助电视媒体上有关专家的解释与评说，还原文本的历史文化语境，帮助学生端正认识、深化理解、化解分歧。如开展《史记》整本书阅读教学，在“历史人物评说”专题研讨环节，就《史记》中的英雄人物进行评价，在项羽和刘邦谁是英雄这个问题上，学生的观点出现了分歧，争论不休。此时引入《百家讲坛》王立群读《史记》和易中天《汉代风云人物》中的相关评说，有助于学生正确认识和客观评价这两个历史人物。

4. 转化运用媒介，巩固阅读成果

随着互联网的普及，以互联网为基础的电子媒介已成为学生新型学习与阅读的方式。整本书阅读教学可以借助网络中的各种阅读和交流工具，构建媒介平台来转化运用所学，巩固整本书阅读的成果。教学中，我们除了运用“搜狗阅读”“QQ阅读”“安卓读书”这些阅读软件进行阅读打卡，供学生汇报学习进度外，还可以借助微信平台，将学生的读书心得、人物点评、观点解读、研究小论文等阅读成果发布在公众号上，与大家分享交流。学生在公众号上自评、互评，教师在公众号上对学生成果进行及时评价反馈，这有助于激发学生阅读整本书的兴趣，巩固整本书阅读的成果，树立学生的成果意识。如叶佩仪老师开展《史记》整本书阅读教学时，在“转化运用”阶段，就借助公众号发表学生的研究小论文，以此巩固其阅读成果。

四、学科关联融合，向跨界教学开放

学科关联融合是指整本书阅读教学打破学科界限，开展跨学科融合教学，即在整本书阅读教学的某个阶段（一般是“专题研讨”或“主旨整合”环节），围绕“这本书”，与其他学科（如政治、历史、地理等）聚焦某一专题或话题，“通过两门及两门以上学科实现知识和方法的整合，从而在达到对复杂问题的全局性思考的基础上进行教学”[5]。跨学科融合教学“在提出、分析和解决问题过程中实现多门学科思维方式的碰撞和交融”[6]，对于拓宽学生视野、激活学生思维，形成对“这本书”全面深入的理解大有裨益。

目前整本书阅读跨学科融合教学在上海、长沙、成都等地均有探索，如上海杨俊杰老师以《乡土中国》为例，开展了“跨学科融合式教学在整本书阅读教学中的实践”，为“学科关联融合”整本书阅读教学提供了一个可借鉴的案例。该实践将语文、政治、历史、地理四门学科关联融合，在《乡土中国》整本书阅读教学过程中，将语文设定为教学的主导学科，其他学科为语文学科开展整本书教学搭建支架。该实践具体操作是：首先，语文学科组集体教研，拟定《乡土中国》整本书阅读教学的整体框架，分享给其他学科组；接着，四门学科结合语文组拟定的教学整体框架，反复进行组际研讨以达成共识，提出整本书教学的总目标；然后，各学科组围绕总目标分别设定本学科教学分目标；最后，四门学科围绕总目标和各学科的分目标，将本学科相关的教学内容进行梳理，并将教学思路有序对接，共同研修设计出整本书教学的学习任务单，各学科组以此为本共同指导学生开展整本书教学[7]。

该实践立足语文学科的特点开展教学，同时将其他相关学科的研究内容、研究方式和研究思维引入整本书阅读教学，形成学科合力，推进《乡土中国》的教和学，为整本书阅读跨学科融合教学做出了有益的探索。

综上，开展关联融合教学，是整本书阅读教学走向开放的有效之策。当然，整本书阅读关联融合教学的形式还有很多，需要我们在教学实践中不断探索，希望越来越多的教师参与到这个探索中来。

参考文献：

[1] 余树财，黄明勇．整本书阅读教学策略指瑕及改进建议［J］．中学语文，2022（12）：30.

[2] 中华人民共和国教育部．普通高中语文课程标准（2017 年版 2020 年修订）［S］．北京：人民教育出版社，2020：11-12.

[3] 中华人民共和国教育部．普通高中语文课程标准（2017 年版 2020 年修订）［S］．北京：人民教育出版社，2020：11-12.

[4] 叶佩仪．跨媒介视域下的高中整本书阅读策略探究［J］．广东教学报（初中语文），2022（6）：1.

[5] 杨俊杰．跨学科融合式教学在整本书阅读教学中的实践：以《乡土中国》为例［J］．名作欣赏，2021（6）：91-95.

[6] 杨俊杰．跨学科融合式教学在整本书阅读教学中的实践：以《乡土中国》为例［J］．名作欣赏，2021（6）：91-95.

[7] 杨俊杰．跨学科融合式教学在整本书阅读教学中的实践：以《乡土中国》为例［J］．名作欣赏，2021（6）：91-95.

（本文刊发于《教育科学论坛》2023 年第 7 期）

素养导向下高中整本书阅读教学评价工具的开发

整本书阅读教学是一项系统工程，阅读、教学、评价应是一个有机的整体，但从当下高中整本书阅读教学的实践看，重视读教、轻视评价的现象较为普遍。教师在读、教策略上下足了功夫，而评价却成了可有可无的点缀，致使整本书阅读教学看似热闹，而成效并不显著。笔者认为，整本书阅读教学要真实有效地常态化开展，除了要在教学策略上用力外，还需要树立整本书阅读教学评价意识，加大评价研究，建立整本书阅读教学的评价体系（如转变评价理念，设立评价标准，完善评价方式，开发评价工具等)。而对于一线教师而言，开发实用性的评价工具更为切实可行。本文就此谈一些粗浅的看法。

需要说明的是，教学评价有广义和狭义之分。广义的教学评价包括对教学过程中教师、学生、教学内容、教学方法手段、教学环境、教学管理诸因素的评价，主要是对学生学习效果和教师教学工作过程的评价。狭义的教学评价是对学生学习效果的评价，即“依据教学目标，对学生的学习过程和结果进行综合评判，从而为教学活动提供改进服务的一类活动”[1]。本文所涉及的教学评价是狭义概念。

《普通高中语文课程标准（2017 年版 2020 年修订)》（以下简称“课标”）在“评价建议”中指出：“语文课程评价的根本目的在于全面提高学生的语文学科核心素养……语文教师要有意识地利用评价过程与结果，发现学生学习的个性特点和具体问题，及时引导，提出有针对性的建议，激发学生学习的动力……注意通过评价引导学生学会学习，自觉提升语文学科核心素养。”[2] 因此，本文讨论的是，在高中整本书阅读教学中，在语文学科核心素养导向下，如何开发出有利于对学生学习过程和结果进行综合评判的实用性评价工具，以引导和改进教学。

一、价值和意义——推动和改进教学

整本书阅读教学需要读教，也需要评价。有效的评价能激发学生学习，诊断调节教学，检测评估教学成效。但如何将教学评价的激励、诊断、调节、检测、评估功能有效落实，并在教学过程中加以量化和显性化，开发评价工具是一种较为可行和常见的做法，具体到高中整本书阅读教学也一样。在笔者看来，素养导向下整本书阅读教学评价工具的开发不是为了鉴定教学，而是为了推动和改进教学，其价值和意义主要体现在：

第一，有助于学情诊断。开发整本书阅读教学评价工具的首要价值是学情诊断，为精准把握学情提供工具手段。教师在开展整本书阅读教学之前，需要把握学情。如何把握学情？教师可以让学生自由提问，也可以让学生把问题写下来，然后归类概括。但这样做的效率不高，对学情把握的精准度不高。如果能够开发出合适的评价工具，如设计调查问卷，利用信息技术平台（如问卷星、金数据、麦克CRM等）对数据进行科学统计，我们便可以精准把握学生阅读前的原初认知，如学生普遍的兴趣点、障碍处、阅读视野以及阅读习惯等，以此确定教学重点和难点。

第二，有利于教学调控。开发整本书阅读教学评价工具有助于有效调节教学，推动教学进程。整本书阅读教学与单篇阅读和群文阅读教学不一样，它有一个较长的教学过程。在整本书阅读教学过程中，开发运用评价工具，如阅读学习任务单、阶段性笔试检测等，教师可以监控学生的学习进程，了解学生的学习进展、阅读困难、学习效果等情况。根据评价工具反馈的情况，教师及时调整自己的教学，从而使整本书阅读教学朝着预定的目标推进。

第三，便于成果检测。开发整本书阅读教学评价工具有利于开展成果检测，有效测定整本书阅读教学最终成果。整本书阅读教学最终成效如何，需要运用评价工具来进行检测。整本书阅读教学不能教完就了事，教师教得怎样，教学有没有成效，学生学得怎样，最终有没有成效，我们不能诈哑佯聋，两眼一抹黑。开发整本书阅读教学评价工具，如论文式测验，可以对整本书阅读教学最终成果进行测评。

第四，优化教学评价。开发整本书阅读教学工具可以改变以教师评价为主的教学现状。毋庸讳言，当前的整本书阅读教学评价主要以教师评价为主，而教师评价又侧重于考试评价。这种以教师评价为主的评价方式，会挫伤学生整本书阅读学习的主动性和积极性，让学生处于被动学习的局面。若能开发出让学生、家长积极参与教学评价的工具，将建构主体多元、方式多样的整本书阅读教学评价，改变以教师评价为主的教学评价现状，从而优化和改进整本书阅读教学评价。

第五，细化课标，让课标“评价建议”有效落地。课标在第一个学习任务群“整本书阅读与研讨”的“教学提示”中明确了学分安排、教学重点、作品选择、教学要求，却未提及教学评价。课标在“实施建议”之“评价建议”中虽提及了语文课程评价的原则要求，如“语文教师应提供细致的描述性反馈，提出具有操作性的建议，引导学生通过评价反馈，调整学习进程，梳理学习方法，确立学习目标，制订学习规划”[3]，“可采用纸笔测试、现场观察、对话交流、小组分享、自我反思等多种评价方式，提高评价效率，增强评价的科学性和可靠性”[4]，但具体如何操作，课标并没有给出明确的实施意见。开发整本书阅读教学评价工具，可以填补“整本书阅读与研讨”中“教学提示”的空白，同时可以迁移拓展到语文课程评价中，细化课标“实施建议”之“评价建议”中的评价内容和评价方式，进而让课标“评价建议”有效落地。

二、基本原则——服务教学全过程

笔者认为，素养导向下高中整本书阅读教学评价工具的开发要坚持以下原则：

首先是过程性原则，即评价工具开发要贯穿整本书阅读教学全过程。整本书阅读教学和单篇阅读教学不同，有一个较长的教学过程，包括教学前学生课外自主阅读、教学中教师课堂引导、教学后阅读成效测评三个阶段。素养导向下高中整本书阅读教学评价工具的开发应贯穿整本书阅读教学的全过程，这样才能发挥评价工具学情诊断、教学调控、成果检测的价值和意义，有效推动教学进程，使教学朝着提升学生语文核心素养方向推进。

其次是针对性原则，即评价工具的开发要聚焦“整本书阅读与研讨”任务群目标。课标提出了“整本书阅读与研讨”任务群目标：“旨在引导学生通过阅读整本书，拓展阅读视野，建构阅读整本书的经验，形成适合自己的读书方法，提升阅读鉴赏能力，养成良好的阅读习惯，促进学生对中华优秀传统文化、革命文化、社会主义先进文化的深入学习和思考，形成正确的世界观、人生观和价值观。”[5] 素养导向下高中整本书阅读教学评价工具的开发不能随意和盲目，应聚焦“整本书阅读与研讨”任务群目标，提高开发的针对性，在评价指标的设定上应强化阅读经验建构、阅读方法习得、阅读习惯养成、价值观念形成等目标。

再次是阶段性原则，即不同的教学阶段应开发相应的评价工具。整本书阅读教学大致可以分为教学前学生自主阅读、教学中教师课堂引导、教学后阅读成果测评三个阶段。每个阶段的教学目标、教学侧重点不一样，评价的内容和方式自然不尽相同，评价的工具也就不同。因此，整本书阅读教学，每个阶段都应开发与这个阶段教学相匹配的评价工具。如教学前，教学目标主要是把握学情，开发的评价工具就要有利于把握学情。

最后是实用性原则，即所开发的评价工具便于教师在整本书阅读教学中实践操作。素养导向下高中整本书阅读教学评价工具的开发要讲求实用，不摆花架子。开发出来的评价工具力求简明清晰，便于实践操作。开发出来的评价工具要确实有用，便于一线教师精准把握学情，有效调控、改进教学，测定最终成果，以保证整本书阅读教学在正确的轨道上运行。

三、实践尝试——评价工具开发示例

基于以上开发原则，笔者在教学实践中开发了几种整本书阅读教学评价工具，供大家参考。

（一）教学前：科学设计调查问卷，把握基本学情

教学前，教师需要了解学生对某一整本书著作的原初认知，包括与作品相关的文化常识，学生的阅读视野、阅读习惯，阅读期待（学生普遍的阅读兴趣点）、阅读障碍等，以便确定教学重难点。如何获得学生的原初认知？我们可以借助调查问卷这种书面调查工具，科学设计问卷、统计数据，把握学情，进而调节学生的阅读节奏，疏通学生的阅读障碍，培养学生的阅读习惯。结合以上几个维度，笔者设计开发了以下调查问卷工具（表1）：

表1　整本书阅读原初认知调查问卷表

阅读书目：________		
调查维度	调查内容	你的回答
与作品相关的文化常识	你对本书的作者有所了解吗？	A. 不了解　B. 了解一点　C. 了解并说明________
	了解作者所属流派和风格吗？	A. 不了解　B. 了解一点　C. 了解并说明________
	你知道本书写于什么时代吗？	A. 不知道　B. 知道一点　C. 知道并说明________
	那个时代有哪些基本特征？	A. 不知道　B. 知道一点　C. 知道并说明________
阅读视野	你通过什么途径了解本作品？	A. 课外阅读　B. 老师介绍　C. 同学介绍　D. 电视剧
	你还读过作者的其他作品吗？	A. 未读过　B. 听说但未读过　C. 读过并说明________
	你读过与本书风格相近的作品吗？	A. 未读过　B. 听说但未读过　C. 读过并说明________

续表

调查维度	调查内容	你的回答
阅读习惯	你每天最少有多少时间用于阅读?	A. 半小时　B. 一小时　C. 两小时　D. 其他
	你最喜欢哪种阅读方式?	A. 自由阅读　B. 全班共读　C. 定期读书沙龙　D. 其他
	你喜欢在怎样的环境中阅读?	A. 家中书房　B. 图书馆阅览室　C. 不挑环境　D. 其他
	你喜欢以哪种阅读方法阅读整本书?	A. 泛读 B. 精读　C. 速读　D. 跳读　E. 其他
阅读期待	你期待在书中读到哪些感兴趣的内容?	A. 生动情节　B. 感人形象　C. 深刻主题　D. 其他
	你希望通过阅读本书获得什么?	A. 阅读理解力提升　B. 思想境界提高　C. 学会读书方法　D. 提升语言表达　E. 其他
阅读障碍	阅读本书你有障碍吗?	A. 有障碍　B. 说不清　C. 无障碍
	你阅读本书障碍程度怎样?	A. 基本没有 B. 很少　C. 有一些　D. 有很多
	阅读本书你的阅读障碍是什么?	A. 理不清情节（内容）　B. 感受不到作品艺术之美　C. 把握不了作品主题　D. 其他

实践中，我们可以根据所要教学的整本书的文体特征、具体内容、教学目标，对这一表格中的内容进行微调，使这一教学评价工具真正发挥学情诊断的作用。

（二）教学中：设置阅读学习任务单，推动教学进程

教学中，教师需根据学情对整本书阅读教学做出部署，对学生的整本书阅读学习进行调控。这时，阅读任务单可以派上用场。只是在这一阶段，阅读学习任务单的设置要考虑激励学生参与自主评价，并融入学习观察记录的内容，同时辅之以阶段性测评，以检测学生阶段性学习成效。

阅读学习任务单也叫“阅读学习单”或“阅读助学单”，“它通过任务驱动的方式发挥学生的主体作用，让学生阅读有单可依，有章可循”[6]。在整本书阅读教学中，阅读任务单是将整本书的教学内容任务化，学生在完成任务的过程中走进作品、深化理解、锻炼思维，提升阅读品质和阅读素养。

1. 自主性阅读学习任务单

自主性阅读任务单是让学生进行自主性阅读时完成阅读学习任务，其作用是督促学生按照教学进程自主完成阅读学习任务，并对任务完成情况进行自主评价（也可以让家长参与评价），养成良好的阅读习惯。下面是笔者设计开发的自主性阅读任务单（表2）。

表2　自主性阅读学习任务单

阅读章节打卡（读完请在章/回后打√）	完成时间	概括主要情节/观点、人物、与前后章/回关系	学习任务（教师设计）	疑难问题（学生填写）	完成情况（学生自评或家长评价）
第____章/回～第____章/回（　）					
第____章/回～第____章/回（　）					
第____章/回～第____章/回（　）					
……					

需要说明的是，自主性阅读任务单既可以用于教学中督促学生完成阅读学习任务，也可以结合调查问卷，用于教学前诊断了解学情。

2. 问题式阅读学习任务单

问题式阅读学习任务单是以问题的设置来驱使学生对相关主题或专题进行深入思考或探讨，深度理解作品内涵。它一般以主问题为引领，引导学生开展专题性学习。教师在学生自主选题的基础上确定专题，围绕专题，设置主问题，形成问题链，学生对问题链中的每一个问题进行探索和思考，探索思考的过程便是深入理解作品，建构作品意义的过程，也是整本书阅读方法习得的过程。下面是笔者设计开发的问题式阅读学习任务单（表3）。

表 3　问题式阅读学习任务单

学生自主选题	教师与学生共同确定专题	教师与学生设置主问题	问题链	探索思考结果	学生自评互评	教师评价
选题 1：______ 选题 2：______ …… 选题 n：______			问题 1： ______ 问题 2： ______ …… 问题 n： ______			

陈森扬老师开展《呐喊》整本书阅读教学，就运用了问题式阅读学习任务单。陈老师发现，学生对作品中的“看客”形象较为感兴趣，却说不清楚“看客”的真正内涵，便围绕看客“是什么”“为什么”“怎么样”三个主问题，设置了以下问题：①《呐喊》作品中哪些人物是看客？他们身上发生了怎样的故事，请简要概括。②用一句话给看客下定义。③梳理作品看客形象，写一写他们身上的共性特征和差异特征。④探究造成中国看客这种卑琐性格特征的根本原因？⑤查阅资料，探究鲁迅先生描写看客形象的真正意图。这些问题是主问题衍生出来问题链，阐释了看客形象的特征以及存在的意义[7]。

3. 实践性阅读学习任务单

实践性阅读学习任务单是教师通过创设真实的语言环境，让学生将阅读整本书的探索结果或书中感兴趣的内容转化为综合性实践活动。学生在设计参与综合实践活动的过程中深化对经典作品的理解，体会经典作品的现实意义，提升自我听说读写能力，并“逐步形成正确的世界观、人生观和价值观”。下面是笔者设计开发的实践性阅读学习任务单（表 4）。

表 4　实践性阅读学习任务单

探索思考结果或感兴趣内容	拟迁移转化的实践活动（选择一种或自创）	实践活动详细方案或提纲（单独文本呈现）	学生合作修改	教师修改意见	学习心得收获
	活动 1：课本剧改编 活动 2：人物访谈 活动 3：镜头拍摄脚本 …… 活动 n：自创其他活动				

教学实践中，以上三种阅读学习任务单应配合使用，以使其相得益彰，相

辅相成，以推动整本书阅读教学进程。另外，教学中，每个教学任务完成后（如完成作品几个章节的阅读），还可以进行阶段性笔试检测，考查学生对作品重点内容（关键情节、核心人物、观点态度等）、艺术技巧、语言特色、风格特征的认知，以检测学生的阅读效果。题型设置上除了文字表述的问答题，还可以设置判断题、填空题、选择题等。

（三）教学后：设计论文式测验，呈现学习成果

论文式测验是在整本书阅读教学完成后，学生在整本书阅读学习的基础上，通过完成教师或学生所设定的相关问题论述，进而判断学生阅读素养发展水平的评价工具。论文式测验是对整本书阅读教学成果的最终呈现，它所反映出来的学生整本书阅读素养，往往能够体现学生真实的阅读深度、发现能力、创新意识、思维水平、表达能力等，是对学生整本书阅读效果进行综合评价的有效手段。但论文式测验对于高中生而言，是一项挑战，教师要做好论文写作的前期指导，包括如何查阅文献资料，如何选择角度，如何安排论文结构，等等。同时还要设置科学、清晰、严谨的评价标准，对测验成果进行有效评价。下面是笔者设计的论文式测验模型（图 1），供大家参考。

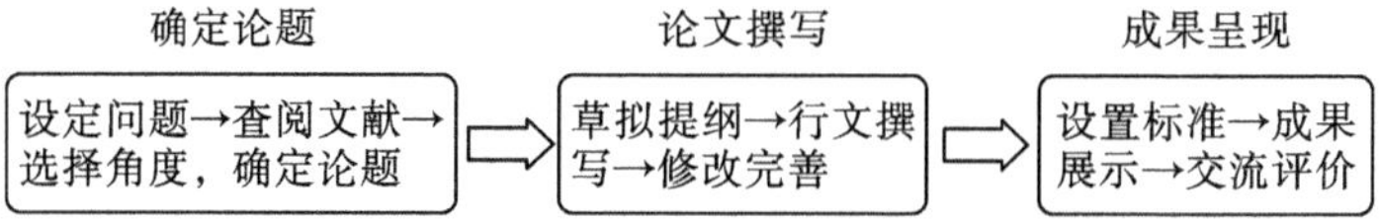

图 1　论文式测验模型

教学中，具体如何开展论文式测试？我们可以参照 IB 课程中 AI（第一语言）的课程设置与评价方式，其中重要的一部分即为“世界文学论文作业”，要求完成一篇 1200～1800 字的研究性论文，国际文凭组织运用 PTA 量表法对“世界文学论文作业”设置了科学、严谨、明晰的评价标准[8]。

综上，改变当下高中整本书阅读教学重教读、轻评价现状的可行之举是坚持语文学科核心素养导向，树立整本书阅读教学评价意识，积极开发实用性的教学评价工具。素养导向下高中整本书阅读教学评价工具的开发，要遵循课标要求，聚焦课标“整本书阅读与研讨”任务群目标，坚持过程性、针对性、阶段性和实用性原则，讲求实效，服务一线教学，让评价工具在高中整本书阅读教学中真正发挥它应有效用。

参考文献：

[1] 苏添．高中整本书阅读教学评价中信息化工具的应用研究 [J]．中学语文，2021 (7)：86.

[2] 中华人民共和国教育部．普通高中语文课程标准（2017 年版 2020 年

修订）[S]．北京：人民教育出版社，2020．

[3] 中华人民共和国教育部．普通高中语文课程标准（2017 年版 2020 年修订）[S]．北京：人民教育出版社，2020．

[4] 中华人民共和国教育部．普通高中语文课程标准（2017 年版 2020 年修订）[S]．北京：人民教育出版社，2020．

[5] 中华人民共和国教育部．普通高中语文课程标准（2017 年版 2020 年修订）[S]．北京：人民教育出版社，2020．

[6] 陈森扬．以任务单推进整本书阅读教学：以《呐喊》整本书阅读为例[J]．中学语文，2021（8）：6-7．

[7] 陈森扬．以任务单推进整本书阅读教学：以《呐喊》整本书阅读为例[J]．中学语文，2021（8）：6-7．

[8] 庞冉．谈“整本书阅读”评价体系构建：以《百年孤独》的教学评价为例 [J]．中学语文教学参考·高中，2019（5）：31．

（本文刊发于《语文教学与研究》2024 年第 2 期）

第三篇 作文教学

作文水平是衡量语文水平的一把重要标尺，在中学语文教学中，作文教学占据着近乎半壁江山，它为学生的语文素养奠基。但一直以来，作文教学的重要与作文教学的成效不成正比。语文教学中的这种二律背反现象当引起我们的重视。正视作文教学中的问题，提高作文教学成效，是语文教学不可回避的话题。

第一章　评价反思

尊重体验，回归心灵

——对高中新课改背景下作文教学的一点思考

作为语文教学的重要环节，新课改背景下的作文如何教？这是每一个语文教师，尤其是一线的语文教师不得不思考的一个重要问题。

一、体验的缺席

在新课改的实践中，一线的语文教师可能会有同感，学生的作文内容狭窄空洞：大话、套话、空话连篇，“流水账”式的日常生活再现，且内容经常大量地重复或雷同的现象并未得到根本改观。

问题出在哪？是我们的学生真的没东西可写了吗？当然不是！问题还是出在我们的教学上。看看我们现在的作文教学都在教些什么就知道了。

现在的作文教学，多数教师在教什么？特级教师黄厚江老师对此有过精彩概括，他指出现在的作文教学普遍存在六种错误做法：(1) 把写作知识作为教学的主要内容，(2) 把写作方法和技巧作为作文教学的主要内容，(3) 把阅读教学作为作文教学的主要内容，(4) 把展示佳作作为作文教学的主要内容，(5) 把习作的评判作为作文教学的主要内容，(6) 把应试的套路训练当作写作教学的主要内容[1]。

虽然上面六种做法不能涵盖当前作文教学的所有，但这些做法在当前的写作教学中的确是很有代表性的。在课程目标上，《高中语文新课程标准》“表达与交流”第一条提出：“学会多角度地观察生活，丰富生活经历和情感体验，对自然、社会和人生有自己的感受和思考，多方面地积累和运用写作素材。”在“表达与交流”实施建议中，第一条也提出：“鼓励学生积极参与生活，体验人生，关注社会热点问题，激发写作欲望。引导学生表达真情实感，不说假话、空话、套话，纠正为文造情的不良写作倾向。”可见，新课程标准非常重视学生对生活的体验，十分重视培养学生体验生活、感悟生活的能力，并把这作为改变学生作文积弊的重要途径。

可我们做到了这一点吗？以上作文教学中的种种错误行为都偏离了新课标尊重学生体验的要求。无论是把作文课上成了写作知识技巧课、文学评价课，还是佳作鉴赏课、应试突击课，其后果都将导致体验缺席。

所谓的体验缺席就是体验在作文教学中没有受到教师的足够重视，即作文教学不重视学生体验生活、感悟生活能力的培养。既然体验缺席，学生也就不会自觉地去体验生活、感悟生活了，渐渐地他们也就丧失了体验生活、感悟生活的能力。加之新课改的实施并没有从根本上减轻学生的学业负担和升学压力，这在一定程度上使学生的内心体验受到严重压抑。同时，在网络、电视、物质享受和时尚潮流的不断冲击下，学生心灵的触角逐渐变得迟钝、麻木、浮躁，逐渐失去了从外界获得丰富、深刻、细腻体验的能力。

看来，要纠正学生作文的积弊，使新课改背景下的作文教学回到正轨上来，势必要切切实实地落实新课标，尊重学生的体验，回归学生的心灵。

二、尊重体验，更高意义上对生活的尊重和更深刻意义上对心灵的回归

对于写作而言，体验是一种感受生活的方式，是一种思维方式，“是一种情感思维，而非理性思维”。“这种思维不是对概念和逻辑的依赖，而是以情感逻辑为基础的充满想象和联想的形象思维，是心灵与外物的相互作用和交融。”[2]

尊重体验，是更高意义上对生活的尊重和更深刻意义上对心灵的回归。没有体验，也就没有真正意义上的写作。之所以强调体验的重要性，就是因为体验对于写作而言有重要的作用和意义。

首先，体验是获得写作材料的源泉，体验水平的高低决定了写作源泉的丰枯。从这个意义上说，尊重体验就是对写作本身的尊重。如有位同学在一篇题为《蜕变》的短文中所写到的：

……为何别人的文章绿意盎然，而我的笔下却总是苍白一片？为何别人观察世界的目光犀利，而我的双眼却有如得了白内障？我想病根在于思想的麻木：入学的成绩使我盲目自满，忽视了渐渐滑落的名次；重点班的“交椅”让我误以为可以稳坐泰山，忘记了全北京、全中国的千百万竞争者；“清华”的名头令我飘然忘形，迷失了“自强不息，厚德载物”的真谛；看着同学们个个脱胎换骨，而我却如痴如醉地做着春秋大梦，我感觉他们好比破茧而出的彩蝶，而我却仿佛是睡在蛹壳中的可悲的虫豸。

然而我感谢老师的金玉良言，感谢同学们的优秀示范。是他们使我睁开了

浑浑噩噩的双眼，识破了狭小闭塞的茧壳，认清了思想、人生的危机，从而及时把握了蜕变的机会！如今，我很清楚：幼虫蜕变靠的是自身的生存欲望与抗争，而不是一把削皮的水果刀；人的蜕变凭的是坚韧不拔的进取心与拼搏，而不是一句空洞的口号。曾经用虚伪、安逸束缚自己的，是我；如今破茧解缚的，当然也是我；将来翩翩起舞的，必定还是我！……

这种类似的经历和感受很多学生都有过，但能够将它写出来的同学并不多。之所以如此就是因为很多同学没有融入自己深切的体验。换句话说，很多学生没有将这种经历和感受上升到体验的高度，也就很难将它作为写作的材料写入作文。

其次，作文内容的独特性只能靠体验获得、靠感受获得。因为只有感受和情感才不拘客观，千变万化。即使是同一物、同一事、同一景，每个人因为经历、知识文化背景的不同，感受和体验会不一样。即使同一人，因为时间和境遇的变化，体验和感受也会不一样。尊重体验才能写出自己的独特感受和见解，才能使我们所写的东西与别人不一样，才能写出自己的个性。从这个意义上说，尊重体验也就回归了心灵。如一位同学写的一篇《听雨》的文章片段：

……淅淅沥沥的春雨，穿越我的灵魂，点点滴滴地落在了我的心上。

我被深深地震撼了：是的，每一个春天都会有连绵的春雨，所以每一个春天才会有草木的勃发、百花的争艳。这坚韧的春雨让我们在岁月的流转中，不论处于烈日酷暑，还是寒冬腊月，总有了希望，总有了等待。

这便让我想到，在许多时候，我们的力量是微薄的，我们的处境也是困难的，但我们不能轻言放弃。因为只要不放弃，哪怕是最微弱的力量，微弱如柔美的春雨；哪怕是最平凡的努力，平凡如每年的春雨，我们也总会有希望，也总会有期待。

窗外的雨依旧下着，可我的心情分明已经晴朗了起来：不再哀叹自身的渺小，不再惧怕学习的困境，相信付出总会有回报，亦如，雨后会有更绿的草、更红的花。

这段文字没有人云亦云地去描写春雨、赞美春雨，而是结合自己考试失败后的感受，用心聆听，写得真切而独特。正是因为作者忠实于自己内心独特而真实的体验，我们才会被作者失败后不言败的坚强所打动。

三、获取体验的有效方式：回归生活，紧跟阅读

如何获取体验？首先，培养学生热爱生活的意识，树立学生积极健康的情感价值观。这是获取体验、表现体验的前提。要做到这点，就要求我们善于挖掘教材中的情感价值观内涵，使语文课堂充满人文情怀和生活味。如教学艾青

的《大堰河，我的保姆》时，可以联系现实生活，让学生关注我们的农民工或留守儿童，引导他们从情感上认同农民工。教学巴金的《小狗包弟》，可引导学生关注身边的人，如亲戚、朋友、同学等，树立学生正确的情感价值观。

其次，引导学生投身生活，利用身边的生活点滴，训练学生体验生活、感悟生活的敏感意识，培养他们善感的心灵。我们在进行作文训练时，就要选择那些贴近生活，让学生有话可说的话题，让学生养成体验生活、感悟生活的习惯，培养他们善感的心灵。如学校举办运动会，就可以立刻让他们写运动会的片段。课堂上，老师的几句幽默让学生大笑不止，周记就可以让他们写“笑”的片段。这种作文训练形式学生感觉鲜活有味，又没有什么压力，学生愿意写也乐于写。

再次，紧跟阅读，抓住阅读体验。中学生受学习生活的限制，没有多少机会去体验各种人生百态，但可以通过加强阅读，增加他们的阅读量来扩大他们的生活体验。因为作品是作者对生活、对人生体验的结果，阅读是对体验的体验。阅读可以帮助他们扩展生活体验和人生体验，提高他们的文化积淀和人文修养，提高他们的审美水平和鉴赏能力。新课程必修课外开设了选修课，还有名著阅读的要求，大大增加了学生的阅读量。我们的作文教学就可以紧跟阅读，引导学生敏锐地捕捉文本触动他们心灵的瞬间。如教学选修课《贝多芬，扼住命运的咽喉》时，先让学生阅读文本，然后抓住阅中自己最受触动的一点形成文字。这种写作直击学生的心灵，学生不需要去搜肠刮肚地去寻找素材，及时有效，而且能写出学生内心最真实的想法和感悟，可以说是真正实现了心灵的回归。

四、挖掘体验、提升体验

尊重体验、回归心灵是写作内在的本质要求。但尊重体验并不意味写作本身，即有了体验并不意味着就能写出好作文。体验是心灵与外界相互碰撞、相互交融后的产物。体验往往和情感联系在一起，体验难免会有情绪化的倾向。如一篇题为《话中秋》的作文片段：

周日，过多的是和以前的好朋友议论纷纷。听着别人有假期，更是火冒三丈，恨不得去踏平学校。周一，又回到了令人烦闷的校园。它似乎没有活力，寂静辽阔。连脚步声都那么清晰。想到其他学校的同学还在外自由阔步着，心里很不是滋味。老师的声音犹如催眠曲，不停地催促着。闹哄哄的教室，没有一丝活力，全都沉闷在昨日的月光中。中秋已过，节日气氛也随之淡然。但想不通的问号不停地打转。老师一字一言的努力付诸东流，越来越远。颠簸起伏的我们懒洋洋地趴在桌上，心已不知去向。

作者对中秋假期补课极为厌烦和不满，不能说没有体验，但这篇文章能算好文章吗？作文融入了作者对学习生活的真实体验，可能可以引起不少同学的共鸣，但存在着严重的情绪化倾向，缺少思想和情感的深度，显然算不上好作文——像这种情绪化的现象在学生作文中绝非个别。这说明，尊重体验的同时还要挖掘体验、提升体验。尊重体验的本身也包括挖掘、提升体验。这样才能写出有价值的作文来。

首先，要让学生树立“文须有益于世”的写作意识。要让学生明白，写出来的文章毕竟不是日记，是要给人看的，至少要给读者带来一点好感觉、好心情，最好是能让人向上向前向善的。这也就是人们所说的“写作社会责任感”和舆论导向。学生在生活中体验到的的确有不少是阴暗的一面，但这个社会存在更多的是美好的一面。要让他们明白，不能一叶障目，不能只顾自己一时的痛快，任情感自由宣泄，而忽略了对别人可能产生的负面作用。这正如一位作家所说，任何人没有权利让读者受你的影响而变得伤感消沉或是颓废偏执。拿前述《话中秋》这篇文章来说，它不能帮助人们正确认识教育，也不能对人们的学习情绪产生积极影响。这就要求学生在有了体验之后，要用理性审视一下体验是否是积极的，是否符合人们求真求善求美的审美期待。

其次，要教会学生从表面看本质，对体验进行深入挖掘。有了体验之后，要让学生学会深入挖掘体验背后所蕴含的深层含义和某些规律性的东西；要学会透过现象看本质，看问题不能停留在事情的表面；要培养他们凡事要多思考、多分析的习惯。以《话中秋》为例，可以引导学生由这一体验进行深入思考，挖掘这一现象背后深刻的内在根源——以应试为目的的畸形教育现象。这样引导学生去思考，这一体验就会得到提升，比牢骚满腹的抱怨更能打动人，文章也多了思想的深度和批判的力度。

再次，要教会学生转换角度，另辟蹊径。有了体验之后，要让学生想想这种体验是不是自己独有的，写出来会不会给人耳目一新的感觉。要让学生明白：生活中，有很多体验是大家共有的，如果直接写下来，可能会落入俗套，缺乏个性；这时不妨对体验换个角度思考，另辟蹊径，可能会有别有洞天的境界出现。如对亲情的体验，大家或多或少都有，因为“可怜天下父母心”，没有几个父母、长辈不疼孩子的。如果写亲情仍停留在表现父母长辈怎样关爱孩子，即使很感人，也未必能打动人。如果能换个角度，从被爱者对待爱的态度去表现，给人的感觉就不一样了。如一篇题为《人生不应有遗憾》的作文，写因为自己的疏忽，中午忘记给家里打电话，使得父亲在大热天两次到学校接自己，回到家后，看到父亲对爷爷的孝敬，不由地想到自己，深深地内疚自己的疏忽，从而得出人生不应有遗憾的感悟。

人生短暂，我不应该让遗憾充满我的生活。尽好自己的每一份责任和每一份义务，从体现人性的基点做起，孝敬给予自己生命的父母。……我的花季才刚刚开始，别让遗憾主宰人生。给我一个支点，我能撬起整个地球。给我一个幸福的家，我能照亮整个人生。而现在，我正努力地建造这样一个家。

这篇文章的题材并不新颖，但换了一个角度，给人心灵的触动就不一样了！这就要求我们指导学生作文时，要教会学生对体验进行多角度的思考和比较。这样，学生的创新思维才能得到发展。

参考文献：

[1] 黄厚江．作文教学，我们教什么：关于作文教学内容的实践性思考[J]．中学语文教学，2010（11）：9-11.

[2] 毛荣富．作文散步 [M]．上海：上海社会科学院出版社，2007：57.

（本文刊发于《教育科学论坛》2011 年第 6 期）

作文教学要关注写作过程本身

——对高中新课改背景下作文教学的再思考

《尊重体验，回归心灵——对高中新课改背景下作文教学的一点思考》（《教育科学论坛》2011 年第 6 期）一文中，笔者就当下的高中作文教学作了一点思考，提出尊重体验、回归心灵的教学方向，以期抛砖引玉，和广大同仁共同探讨如何改进高中新课改背景下的作文教学。本文，笔者想就此问题再谈一点拙见。

一、现状：作文教学的过程性缺失

如果要问，如今的作文教学最缺什么？我个人觉得，如今的作文教学不缺理论理念的指引，也不缺知识、方法、技巧的点拨，缺的是对写作过程本身的关注与指导。反映在教学中，具体表现为：

1. 抓两头、放中间

一直以来，我们作文教学的“过程意识”是相当淡薄甚至是长期缺失的。我们的作文教学要么写前指导完了，作文教学随之完成；要么指导完了布置作文任务，教师批改、讲评，作文教学完成；要么根本不做写作指导，写作之前把作文题目布置下去，之后对作文进行评定，赋上几句评语，选几篇写得好一点的作文在班上展示，作文教学就算完成。至于学生是怎么写的，能不能写出来，写作中可能会遇上哪些困难，能不能优化学生的写作，这些过程性的因素就没有更多地去关注了。对此，郑桂华博士曾批评道："学生在作文的'进行时'里缺少必要的讨论和具体的帮助——比如用哪则材料更好一些？什么立意更有价值？如何在作文过程中及时修正、改进表达等等。即使以后学生可以通过评语、课堂讲评甚至面批获得教师的意见，但是学生当时的作文情景已经不可复现，指导和训练都无法融为课程的有机部分。"[1]

遗憾的是，这种抓两头、放中间的做法在今天并没有多少改变。不少教师在惯性作用下，把本该具有活力和生机的作文教学弄得机械刻板，致使学生逐渐丧失了写作的兴趣（在学生看来，作文写和不写，多写一次少写一次没什么两样）。

2. 重作文知识、方法、技巧的教授，轻生活与写作素材的积累

如今的作文教学普遍犯了"技术主义"病，唯技术至上，过分注重作文知识、方法、技巧的教授，轻视甚至忽略引导学生去体验、感悟生活，积累写作素材。写作源于生活，作文教学忽略了学生对生活的感悟与思考和对写作素材的积累，自然也就成了无源之水、无本之木。其后果是，学生作文动笔前一头雾水，不知写什么好；动笔后心里没底，越写越乱，写作像挤一管难挤的牙膏，只有痛苦没有快乐，以致谈作文色变。

3. 重套路的训练，轻习惯的养成

作文表面上看起来是由审题、立意、选材、拟提纲、行文、成章等一系列程序构成的活动，但本质上不是一次性的活动，而是包括了由初稿—交流—修改—定稿等活动和环节组成的反复的动态系统，其中必须要有体验、感悟、思考、积累、讨论、修改等活动的参与。要使这个系统高效，除了要对构成作文过程的各个环节进行训练，更重要的还是要在作文主体内部构建起能动性的习惯系统，如体验思考的习惯、积累的习惯、练笔的习惯、和他人交流讨论的习惯、修改的习惯等。只有这样，作文才不会成为学生的任务或负担，作文才能成为学生生活乃至生命的必需。可是在教学实践中，受作文功利主义的驱使，作文教学更多的是强化审题、立意、开头、结尾等各个环节的套路的训练，忽视了学生习惯的养成。这样做的结果是，学生作文越来越模式化，成了装在"套子"里的文，表现真性情、真知灼见的文章越来越少。

二、关注写作过程本身，是实践新课改、落实新课标内在的本质要求

新课改的一个重要内容就是转变课程的功能："改变过去注重知识传授的倾向，强调形成积极主动的学习态度，使获得基础知识与基本技能的过程同时成为学会学习和形成正确价值观的过程。"新课改下的课程实施是教与学的同

一，即教师教的过程就是学生学的过程。关注学习过程本身是新课改的应有之义。对于写作教学而言，关注学习过程本身即关注写作过程本身。关注写作过程本身是实践新课改内在的本质要求。

在课程目标上，《高中语文新课程标准》“表达与交流”板块第 7 条提出：“养成多写多改、相互交流的习惯，对自己的文章进行审读、反思，主动吸纳、辩证分析他人的意见。乐于展示和评价各自的写作成果。”在实施建议中，《高中语文新课程标准》“表达与交流”实施建议第 2 条提出：“根据预定的写作目的搜集素材，可采用走访、考察、座谈、问卷等方式进行社会调查。”可见，关注写作过程本身是落实新课标的本质要求。

可实践中，我们这样做了吗？如果要做一个调查，结果肯定会让人失望。在作文教学普遍重视方法、技巧传授和套路训练的今天，要使作文教学回到正轨，让学生真正从写作的过程中体味写作的创作与快乐，我们的作文教学必须落实新课标精神与要求，切实关注写作过程本身。

三、对策：回归写作过程本身

1. 引导学生感受体验生活，修炼他们发现生活的慧眼

生活是写作的源泉。关注写作过程，就要引导学生感受生活、体验生活，为写作获取并积累素材。

首先，要树立学生积极健康的情感价值观，培养学生热爱生活的意识。这是引导学生感受生活、体验生活的前提。这就要求我们在平时的教学中，要善于挖掘教材中的情感价值观内涵，使教材和我们的社会生活实际联系起来，使语文课堂充满人文情怀和生活味。如教学艾青的《大堰河，我的保姆》，可以联系现实生活，让学生关注我们的农民工或留守儿童，引导他们从情感上认同农民工。教学巴金的《小狗包弟》，可引导学生关注身边的人，如亲戚、朋友、同学等，树立其正确的情感价值观。

其次，要修炼学生发现生活的慧眼。有了生活并不意味着就有了写作。关键还在于学生能否发现生活中的美，能否从理性的高度审视生活。正如雕塑大师罗丹所说：“生活中不是没有美，而是缺少发现美的眼睛。”这就要求我们在平时的作文教学中，要善于利用身边的点滴小事，创设作文情境，引导学生观察体验生活，捕捉美（如感动、伤心、高兴、悔恨等）的瞬间。如学校运动会上，肯定会有不少让人感动或精彩的瞬间，运动会之前，就可以布置好写作任务。有了任务，学生在运动会上，就会有意识地去观察、体验。经常性地这样引导，学生慢慢就会养成一种观察、体验生活的习惯。

再次，要引导学生积极阅读，从阅读中延伸学生对生活的体验，提升他们

体验、感悟生活的能力。受学习生活的限制，学生的生活面相对来说还是较窄。加上学生的思维和心智水平相对较低，对生活的认识和理解相对较浅，一时还达不到理性的高度。解决这一问题的办法就是引导学生积极阅读，让学生多读一些哲学著作，多读一些名家的散文、随笔，如梁实秋、季羡林、钱锺书、林清玄等的作品，在阅读中延伸他们对生活的体验，内化提高他们体验、感悟生活的能力。

2. 培养学生良好的写作习惯

首先，培养学生练笔的习惯。有人对某县学生的练笔习惯做了一个抽样调查，结果显示：有68%的学生有时写日记，24%的学生从不写日记，只有8%的学生每天写日记；45%的学生偶尔做读书笔记，43%的学生从不做读书笔记，只有12%的学生每天自觉做读书笔记。这种平时缺乏练笔的状况在学生中具有普遍性。平时缺乏练笔，学生的语言思维和叙事能力得不到有效练习，作文中病句连篇、逻辑不清、结构混乱也就是自然的事了。因此，我们的作文教学就要培养学生练笔的习惯，要坚持写周记，要求学生坚持每天写日记，经常写读书笔记。为了保证习惯培养取得实效，定期检查是下策。较好的做法是经常举办一些活动和比赛，如读书征文、“书真情最佳日记”评选等。这样能极大地调动学生的参与热情，激发学生的兴趣，从而达到习惯培养的目的。

其次，培养学生和他人交流讨论习作的习惯。和他人交流讨论习作在当前的作文教学中几乎是完全缺失的。当前，学生作文的主要交流对象是教师，交流也主要以教师评价为主。较为负责的教师会找部分同学进行面批，但交流以教师为主导，交流是单向被动的，讨论几乎不存在。这不利于学生自己主动去发现和认识作文存在的不足，因而学生的作文水平也很难取得实质性的进步和提高。交流和讨论看似外在于作文过程，实则是作文教学过程中非常重要的组成部分，它指向写作行为最为本质的要素——写作的能动性和内驱力。为培养学生交流讨论习作的习惯，教学中，我们可以让学生参与作文批阅。学生作文在完成后交由其他同学评阅，让学生讨论互评。也可以把佳作或问题作文拿出来，让学生在课堂上讨论评价，提出提升或修改意见。这样，学生的主动性增强，发现问题的意识和能力增强，写作的兴趣也随之被激发出来。

再次，培养学生修改、完善习作的习惯。现在，学生作文在教师批阅评讲之后，如果不是教师要求修改，学生一般是不会去主动修改完善的。这种修改、完善习作习惯的缺失源于学生把作文视为一种任务或负担，而不是把作文当作其生命或生活的必需。解决这一问题的核心还是要增强学生写作的能动性和内驱力。教学中，除了对学生提要求外，更主要的还是要增强他们修改、完善习作的主动性。我们可以通过多种方式展示学生修改、完善后的作文，以激发他们修改、完善作文的积极性。质量较高的可以推荐投寄到报纸杂志上公开发表。达不到公开发表水准的，可以利用手抄报、墙报或校园报刊展示，或者创建网络平台，传到网上和大家交流。还可以定期编辑学校、年级、班级或个人作文集，给全校学生传阅。当学生看到自己的作文变成了铅字，写作兴趣会得到极大的激发，他们自然也就会乐意并主动修改、完善自己的习作。

3. 引导学生感受体验写作的过程，体悟探索写作的规律

写作教学关注写作过程，一个很重要的内容，就是要让学生感受体验写作过程。对于写作而言，感受体验写作过程本身就是一种学习方式和学习内容。正如黄厚江老师所说："对于作文来说，'不教而教'，让学生亲历写作的过程，体验写作的过程，去经历体验和积累种种写作的感受，是作文教学的最最基本的教学内容。"这就要求我们在实施新课改的教学实践中，不论是作文指导还是作文讲评，要切实让学生参与到写作的过程中来，培养他们体验写作过程的兴趣与意识。我们可以让学生根据教师预定的写作目的自己来命题，让他们来评改与评讲；可以定期请同学谈写作的心得和经验。

同时，在感受体验写作过程的基础上，引导学生体悟探索写作的规律，积累写作的经验。写作有其自身的规律，但这个规律不是通过教师讲学生就能够领会与掌握的。关键还在于学生在写作的过程中自己去体验领悟，积累写作的经验。一些大作家，如沈从文，并没有名师指导却能无师自通，写出伟大的作品，一个重要原因就是他们在写作的过程中领悟了写作的规律，并把这些规律转化为经验，积淀下来，在以后的写作实践中自觉地运用这些规律。在具体的教学实践中，我们可以从小处着眼，比如训练学生写景，可以先让学生在没有指导的情况下自己写一个片段。写完后请学生评选出优秀的作文来，让作者来介绍写作这篇文章的感悟和经验，让其他同学一起来探讨其写得好的原因，总结其写作规律。长此以往，学生会渐渐形成一种体悟探索的习惯。一旦他们获取了写作成功的快乐后，体悟探索、积累经验就会成为他们的潜意识。

关注写作过程很早就受到重视。早在 20 世纪 70 年代，美国西北大学教授 Wallace Douglas 就针对结果教学法的弊端首先提出过程写作法。另外两位学者 Rames 和 Zamel 积极倡导将过程写作法应用于课堂教学实践。20 世纪八九十年代，过程写作法的理论指导意义和实践意义相继得到了许多专家和学者的论证。如今这种教学法在西方写作教学实践中占有绝对的主导地位。当然，我们的作文教学没必要照搬西方国家的那一套，但是他们关注写作过程本身的理念应该为我们所借鉴，并切实落实到当下的作文教学中。

参考文献：

[1] 徐飞. 高中作文教学的尴尬现状及冷思考 [J]. 语文教学与研究，2010 (1)：19.

（本文刊发于《教育科学论坛》2011 年第 11 期）

满分作文：装在“套子”里的文

——小议高考满分作文的“不满”

受作文功利主义的驱使，如今的高考作文越来越讲究套路。不少教师平时指导训练学生作文时不重视作文真情实感的表达、思想境界的提升，往往在作文的形式上做文章，教给学生一些“讨巧”的招数。这样，学生作文越来越重形式、轻内容，成了装在“套子”里的文。高考满分作文也深深地打上了“套子”的烙印。本文以近几年高考满分作文为例，小作分析。

一、试问时尚都几许，人道是莫过于“题记”

题记是写在文章的题目下面、正文之前的用以引导全文的一段言简意赅的文字。好的题记能指示或凸显文章的主旨及情感，激发读者的阅读兴趣，收到先声夺人的效果。可时下的高考作文，不少考生为了吸引阅卷老师的眼球，获取作文高分，不管题记有无必要，与作文内容符不符合，总喜欢在标题与正文之间插入一句或一段题记。写题记成为一种颇为流行的时尚。不少高考满分作文也追逐着这种时尚。笔者手头有一本《最新 5 年高考满分作文》，这里随手摘录几则：“心若在，梦就在。天地之间还有真爱。看成败，人生豪迈，只不过是生无所息。”（2006 年浙江满分作文《那些永不停息的人》）“我们在过去与未来，在时光的边缘，寻找属于自己的梦。只因为在梦里，听见花开的声音。”（2007 年重庆满分作文《梦里花开》）“夜仔细想想，灯便亮了。风向吹灭灯光，却吹来了黎明。”（2008 年陕西满分作文《夜的最后一章》）“有瑕疵才是真实的。”（2009 年福建满分作文《这也是一种问题》）“每个人的心中都有一个舞台，心有多大，舞台就有多大。”（2010 年甘肃满分作文《心有多大，舞台就有多大》）

在我看来，以上这些题记大多可以不要，有些甚至是多余。2006 年浙江满分作文《那些永不停息的人》这则题记套用了刘欢《从头再来》这首歌的歌词，既无创意，意蕴也不丰厚，又不能揭示文章的内涵，完全可以不要，考生不过是把它当作一种时尚的修饰。2007 年重庆满分作文《梦里花开》的题记对于文章而言最多起一个引子的作用，要和不要没什么区别。2008 年陕西满分作文《夜的最后一章》的题记完全是在故弄玄虚，纯属多余。2008 年陕西满分作文《擦干眼泪前行》的题记多少还凸显了文章的主旨，但不够简洁，考生其初衷多半也就是为了点题。2009 年福建满分作文《这也是一种问题》的题记和作文内容没有多大联系，说它多余绝不为过。

题记何以成为一种时尚，甚至有越演越烈的趋势？这主要是作文功利主义心态在作怪。一些教师谙熟高考作文阅卷的"潜规则"——由于阅卷量大，时间紧，一些阅卷老师看首看尾，中间快速扫过。在指导学生作文备考时，这些教师便要求学生尽可能写好开头和结尾，尽可能在文章开头、结尾点题以吸引阅卷老师的眼球，博取阅卷老师的良好印象。写题记就是一种简单易行的方法。事实上，也的确有不少考生因为题记而获得了高分。一位满分作文得主就曾自豪地介绍过自己得满分的经验——用了一组排比来作为题记。也许是这一题记真的看花了阅卷老师的眼而获得了满分。有了这样的"示范效应"，考生怎么会不趋之若鹜，纷纷效仿？

真正的好作文是亲近生活的，表达了真情实感、真知灼见的。一篇作文能否打动读者，关键在于它有没有对生活的体验，有没有真情的流露，有没有深邃新颖的思想，而不是有没有题记。阅读中，我们看到的好文章有多少是靠题记来吸引读者的？我们的教材中又有多少文章标有题记，用题记来凸显主旨？如果作文只是为了吸引眼球、博取高分而把题记作为标签四处乱贴，这样的作文走的肯定不是正道。新课改背景下的作文教学要回归正道，就要摒弃这些时尚的花花草草，回归生活，回归真情。

二、千招万招使出来，要数排比第一招

不知从何时起，高考作文在开头或结尾玩起了排比的花招。不管三七二十一，先给阅卷老师来个"猛烈轰炸"，"炸"得阅卷老师眼花缭乱，看他给不给高分！有相当数量的满分作文似乎也深谙这一招，在开头或结尾用上一组或几组排比句（段），仿佛一排排集速炸弹，形成排山倒海的气势。这里随手摘抄几例：

我们嘲笑父辈，说他们在有鱼吃的年代还捉老鼠；在小康社会的今天还捡饭桌上的一粒米；在粮食充裕的时候还舍不得倒掉一碗馊了的菜。在我们的嘲笑中，他们含泪。/①我们嘲笑父辈，说他们在花甲的年纪都不懂得休憩；在烈日的炙烤下不懂得乘阴纳凉；在儿女已长大的年纪还释不开心怀。在我们的嘲笑中，他们傻笑。/我们嘲笑父辈，说他们穿着老土的衣服显朴素；在城里

① "/"表示分段。

的餐桌上依然吃得一粒不剩；在买菜时拿着皱巴巴的钱讨两毛钱的价。在我们的嘲笑中，他们执着着。（2010 年山西满分作文《我们忘却的艰辛》开头）。

人生就像一条河流，快乐和悲伤是河流的两岸；人生犹如一幅画卷，冷色和暖色的交织才成就画的璀璨夺目；人生就如一支乐曲，快慢缓急，才涤荡出震撼人心的音符。(2010 年山东满分作文《痛苦并快乐着》结尾)

兔子告诉我它能跑得很快，但它不能告诉我它能在水里游多远。/狮子告诉我它能称霸山林，但是它不能告诉我天空也是它的领地。/钻石告诉我它有多么坚硬，但是它不能告诉我它能解决沙漠中的饥渴。

是兔子，就去诠释速度；是雄狮，就去雄震山林；是钻石，就去熠熠闪光。扬长避短，发挥特长，成就我们生命的辉煌！(2009 年陕西满分作文《特长成就辉煌》开头和结尾)

游鱼在水中欢快的嬉戏，你不必担心它呼吸不到新鲜的空气，而将它捞出水面。/小苗在雨中淋漓地享受，你不必担心它会被无情的暴雨淋倒，而给它打上雨伞。/鸟儿在空中自由地飞翔，你不必担心它会被残忍的天敌吃掉，而将它养在笼中。(2008 年甘肃满分作文《天平》开头)

这样的例子不是个别，翻开手头的《最新五年高考满分作文》一书，其中比比皆是。当然，不是说作文开头结尾不能用排比。排比句（段）读起来朗朗上口，富有气势。作文中恰当地运用排比能增强语言的气势和表达效果。但运用排比必须从文章内容和表达的需要出发，不能生硬地拼凑排比的形式。不少考生为了能够加深阅卷老师对自己作文的印象，也不管内容需不需要，先来要个“三板斧”。他们把平时“语言应用”训练中仿写的方法迁移到写作中，开头或结尾先甩出三五个“漂亮”的句子，组成一组俏丽的排比，想借助这种“先声夺人”的气势来制造声势。如上面 2008 年甘肃满分作文《天平》的排比开头和文章内容没有多大联系，考生完全是在拼凑排比，哗众取宠。

不少阅卷老师认为排比能体现语言的文采，反映出考生的语言功底。而且有些阅卷老师在自己的教学中也是这样要求学生做的，因此阅卷时对此类作文给分就格外慷慨。很多语文教师也是看到了这点，在平时的训练中就不断强化这一招数。笔者有一位同事在指导学生备考时就是这样要求学生的。笔者每次参加各级统考阅卷，都会在一叠试卷中改到若干份使用这一招数的试卷。显然这种招数已越来越被模式化了。但读多了这样的文章，总感觉学生不愿好好说话。明明可以用一句话说明白的，他就爱用几句话来说；明明可以用朴实的话可以说清楚的，他就要花里胡哨地说。更糟糕的是，这一招数开始蔓延到整篇文章。现在有不少学生喜欢用排比句（段）＋材料的模式来结构全篇。貌似结构清晰，其实套作痕迹明显。如 2010 年广东满分作文《与你为邻》，全文由三个排比段“与你为邻，让我感到自信的人生是多么精彩”“与你为邻，让我感到生命贵在坚持”“与你为邻，让我懂得淡泊以明志的态度”加材料构成。这里，把“与你为邻”改成“阅读”“成长”等其他题目也未曾不可。读到这样的文章，我们总有一种似曾相识的感觉。

我们不反对作文展示文采。但作文的本真是什么？“缀文者情动而辞发”（刘勰《文心雕龙·知音》），作文是心灵的言说，是作者用文字将他的所见所闻、所思所感，向读者作个性化的呈现。文学史上有多少动人的文章是靠文采打动世世代代的读者的？朱自清的《背影》语言质朴无华，谈不上什么文采，但不影响它成为经典。过于注重文采而忽视作文的内容，忽视真性情的表达，无异于本末倒置。因此，当下的作文教学应该回归到作文的本真上来。高考作文具有导向性，阅卷时应该制定一套标准，形成一套规范，严防因为个人爱好而乱打分或错打分。对那些内容轻飘而在形式上玩花招的作文要大力打压，让其失去存在的空间。这样才能使我们的作文教学归于常态。

三、问材哪得少如许，唯有怀古素材来

时下的满分作文似乎特别怀古。取材也好，表达也好，不管写什么题目，也不管要表达什么内容，考生都喜欢把目光投向遥远的古代，在古人身上找材料，寻论据。作文中到处可见孔子、老子、屈原、陶渊明、司马迁、诸葛亮、李白、杜甫、苏轼、陆游、李清照等的身影。满分作文中有一类模式化的文章：开头亮观点，接下来几个古人登台亮相，最后总结点题。如 2007 年北京满分作文《细雨闲花皆寂寞，文人英雄应如是》，文章开头亮观点——细雨闲花都寂寞，古人心中都守着一份寂寞，接着列举纳兰性德、李煜、陆游的寂寞，最后总结评价古人的寂寞。这类作文再极端化一点，就是整个文章来几个回合的“古装戏”。如 2008 年重庆满分作文《在自然中生活》，这篇文章整个就两个回合的“古装戏”：在“聆听自由的风”这折戏里，首先出场的是春秋时期领悟了风的自由隐者——老子；在“仰望纯净的月”第二折戏里紧接着出场的是唐朝在草堂明月下寻找到人生真谛的诗圣——杜甫。2005 年四川满分作文《烟随风逝 名随史流》整个就一出四幕戏，项羽、司马迁、李白、杜甫是这出戏的主角，每幕均以他们的名字命名。

生活是写作的源泉。取材迷恋古人，充分暴露出学生生活视野的狭窄和素材积累的贫乏（不排除少数同学出于个人兴趣）。但这类模式化的文章何以能滋长蔓延，甚至有流行之势？这和文化散文的兴起流行不无关系。20 世纪八九十年代文坛上出现了以余秋雨为代表的文化散文创作。文化散文取材上以历史事件、自然社会风物、历史文化名人等为对象，在对历史的抒写中融入作者

理性的思考，风格上表现出理性的凝重与诗意的激情以及浑然一体的气度。文化散文带给人们全新的散文样式，一时间风靡文坛。一些语文教师看到了文化散文的“亲和力”，有意识地指导学生模仿。而这种散文在阅卷时又总是博得阅卷老师的好感，常常被冠之以“哲理”“大气”“文化厚重感”等美誉。再加上作文教辅资料奉之为秘笈的总结、语文教师的强化，学生也就纷纷效仿。事实上，要写好文化散文需要广博的文化背景知识、敏锐的文化洞察眼光及深刻的理性思辨力。而我们的学生仅凭着几篇文章和几首诗歌的学习去感知触摸历史，缺乏对历史事件、历史名人的深度思考。这样，他们也只能用貌似文化散文的外壳去装缺乏思考感悟的内容。没有了思想内容，那只能在形式上做文章了，矫揉造作、言辞华丽的虚幻抒情，故作高深的宏大议论，模式化也就不可避免了。

怀古的另一表现就是无节制地引用古诗文。古诗文是前人留下的一笔宝贵财富，学习和记诵它们能培养审美情趣，厚积文学素养。写作时恰当引用古诗文能增强表达效果，为文章增添色彩，也能显示作者的文学底蕴。但是把平时背诵的古诗文在高考作文中卖弄就过犹不及了。2008 年重庆满分作文《在自然中生活》，考生一口气竟引用十几处诗文名句“城下人家水上城，酒楼红处一江明”“是日也，天朗气清”“迁客骚人，多会于此”“树木丛生，百草丰茂”“流韵翠绿，鱼跃鸥飞”“悄怆幽邃，斗折蛇行”“芳草鲜美，落英缤纷”“梧桐夜送雨声来”“竹外桃花三两枝，春江水暖鸭先知”“清树翠蔓，蒙落摇缀，参差披拂”“波澜不惊，上下天光，一碧万顷”“五步一楼，十步一阁”“盘盘焉，囷囷焉，矗不知其几千万落”“智者乐水，仁者乐山”。这还不包括以下截取和化用的句子：“如余音绕梁，辗转于此”“览物之情，寄乎于诗”“虹销雨霁，彩彻区明”“农家极夫游之乐”“苍松翠柏，亭亭如盖”“晚雀倦飞而知还”“碧玉妆成，丝绦垂绿”“三径未荒，桃李犹存”“暗香浮动”“半路素心，朵朵凝娇羞”“在自然中生活，汝可识之乎”“花树载途，夹道数百步”。

文章引用或化用了王羲之《兰亭集序》、杜牧《阿房宫赋》、王勃《滕王阁序》、范仲淹《岳阳楼记》、曹操《观沧海》、柳宗元《小石潭记》、苏轼《赤壁赋》、陶渊明《桃花源记》中的诗文诗句。读下来，似乎有一股儒雅之气。但短短八百多字的文章，竟有四百字的诗文引用。剩下的还有多少是作者自己的话？此文整个为诗文“大杂烩”。真不知这样的文章怎么能得满分。

当然，这是个极端的例子。但翻开手中的满分作文书，引用泛滥绝不是个别现象。何以会出现这种现象？高考阅卷者可能是最大推手。一些阅卷者有一种诗文情节和审美定势心理，看到融入了诗文的文章就认为学生文学素养好，评分时也就格外慷慨。“上有所好，下必甚焉。”阅卷者既然把它当成一种文学素养而倍加礼遇，一线的语文教师也就把它当作“真经”传授给学生，再经过一些高考作文辅导资料的“条文”化、“法宝”化，诗文引用的泛滥也就顺理成章了。

要解决写作材料匮乏这个问题，关键还在于引导学生回归生活，亲近生活，培养他们体验生活、关注现实的意识，提升他们观察生活、感悟生活的能力。唯有这样，学生才能找到写作的源头活水，才能有自己的话说，而不是用古人的话来说自己的话。

高考满分作文是作文教学的一面镜子，折射出当下作文教学的一些弊端与误区。要想让高考满分作文变得更“满”，当务之急是要摘掉这一个个“套子”，使作文教学回归到正道上来。希望这一天越来越近。

（本文刊发于《教育科学论坛》2010年第12期）

第二章　审题立意

概念为本，精准审题

——谈哲理性材料作文的审题立意

近两年，全国高考江苏卷作文题均为材料作文，且材料蕴含一定哲理，笔者称其为哲理性材料作文。这类作文的审题难度较大，考生不知如何解读与挖掘材料中的哲理，很是茫然。

前不久，笔者读了美国教育学博士林恩·埃里克森与洛伊斯·兰宁合著的《以概念为本的课程与教学：核心素养培育的最佳实践》一书。若将其中“以概念为本的教学”理念引入作文教学，对于指导学生进行哲理性材料作文的审题立意很有帮助。

一、概念为本的教学与材料作文的审题

书中这样阐释“以概念为本的教学”：

概念为本的教学是一种非常有效的教学法，它要求教师主动思考并清楚地理解概念性教和学的目标，要求教师从传统的教学窠臼中跳出来。概念文本的教学一般来说是引导式的——它会利用事实性的、概念性的和激发性的问题来使学生协作（有时候是独立的）去探究有趣的、相关的或要求的问题，发展学生的思维。这种教学并非以事实性知识为最终归宿，而是指向深层次的概念性理解。[1]

可见，以概念为本的教学，重在引导学生对要学习的事实、知识、问题等进行概念性的审视与思考，以获得概念性的理解，从而发展学生的思维与能力，为终身学习奠定基础。

将这一理念迁移到哲理性材料作文教学中，对材料中呈现的现象、事件、行为、细节等，均可进行概念性理解。教师带领学生读解材料的概念内涵，进而深度立意。此外，教师要引导学生面对丰富多彩、纷繁多变的社会生活，善于对生活中的事件和社会现象进行概念性审视与思考，丰富作文的选材。

二、哲理性材料作文的特点

哲理性材料作文题，其所给材料一般呈现三个特点：第一，反映关于人生、社会、宇宙等的普遍道理；第二，设置一定的生活情境来传达哲理，有的还会借助寓言故事等形式；第三，哲理性与时代性相结合。有的材料在寄寓哲理的同时，还会将哲理放在时代的背景下考察，以彰显哲理的普适性。

（2020 年高考江苏卷）根据以下材料，选取角度，自拟题目，写一篇不少于 800 字的文章；除诗歌外，文体自选。

同声相应，同气相求。人们总是关注自己喜爱的人和事，久而久之，就会被同类信息所环绕、所塑造。智能互联网时代，这种环绕更加紧密，这种塑造更加可感。你未来的样子，也许就开始于当下一次从心所欲的浏览，一串惺惺相惜的点赞，一回情不自禁的分享，一场突如其来的感动。

该题包含的三个特点如下所示：

同声相应，同气相求（特点一）。人们总是关注自己喜爱的人和事，久而久之，就会被同类信息所环绕、所塑造。智能互联网时代，这种环绕更加紧密，这种塑造更加可感（特点三）。你未来的样子，也许就开始于当下一次从心所欲的浏览，一串惺惺相惜的点赞，一回情不自禁的分享，一场突如其来的感动（特点二）。

哲理性材料往往将哲理隐藏在“事实”（材料所设置的生活情境，以及与此相关的事件、现象、行为、细节等）中。按照“以概念为本的教学”理念，教师可以将材料中的“事实”看作重要概念，引导学生对其进行概念性审视与理解，解读材料的主旨与寓意，从而打开思维，实现对材料的精准解读与精准立意。

拿到一则材料，我们首先要明确其中的基本“事实”——往往不止一个。其次，要对材料“事实”进行概念性理解，剖析每一“事实”的本质。最后，关联对每一“事实”的概念性理解，概括材料主旨，形成作文立意。其具体的思维路径表现为：明“事实”—概念性理解（审题）—关联、确定主旨—立意。

三、概念为本的审题立意法示范

下面，笔者结合 2020 年高考江苏卷作文题，试进行“以概念为本”材料作文审题立意的示范。

明确材料“事实”。根据题目提供的材料，我们可以分解出以下几个“事实”：(1)“同声相应，同气相求”，同类的事物会相互感应；(2)“人们总是关注自己喜爱的人和事”“久而久之，就会被同类信息所环绕、塑造”；(3)“智能互联网时代，这种环绕更加紧密，这种塑造更加可感”；（4）互联网时代，你的浏览、点赞、分享、感动等，会塑造你未来的样子。

对材料“事实”进行概念性理解。这一步是哲理性作文审题立意的核心和关键，通过分析“事实”的现象，总结出材料的本质内涵。对这段材料可以形成如下概念性理解：（1）同类事物相互作用，相互影响；（2）人总是被自己的偏好所影响与塑造；（3）互联网时代加剧了这种影响和塑造；（4）互联网时代，人的某些行为或举动，会对自己的发展造成影响。

对概念性理解进行关联，确定材料主旨。概念性理解（1）和（2）属于一类，是材料所蕴含哲理的阐释；概念性理解（3）和（4）属于一类，是这一哲理在互联网时代的体现。由此可将这则材料的主旨确定为：同类事物会相互作用与影响，人总是关注自己感兴趣的事物，进而被其同类信息所塑造；互联网时代加剧了这种影响与塑造，并影响着每个人未来的样子。

寻点立意。从概念性理解（1）（2）角度着眼，可形成的立意有：坚守自我，绽放精彩；拒绝亦步亦趋；同声相应，亦要求同存异；做最好的自己，方能遇见更好的别人；种下梧桐树，引得凤凰来……从概念性理解（3）（4）角度着眼，可形成的立意有：争做自己的主人，不做网络的奴隶；价值多元，成就精彩……

总之，“以概念为本”的教学方法有助于学生更好地对哲理性材料作文进行审题立意。写作时不会就事论事，滑行于现象的表面，写出的作文会更有价值。

（本文刊发于《语言文字报》2021 年 3 月 10 日第 4 版）

谈主题式材料作文的审题立意

——以 2021 年高考全国卷甲卷作文题为例

近两年高考，“材料＋主题”式样的作文题频频出现，似乎已然成为高考作文命题的新宠，如 2020 年高考全国卷Ⅱ作文题（以“携手同一世界，青年共创未来”为主题写一篇演讲稿）、卷Ⅲ作文题（给即将入学的高一新生写一封主题为“如何为自己画好像”的信）、新高考卷Ⅰ作文题（以“疫情中的距离与联系”为主题写一篇文章），2021 年高考全国卷甲卷作文题（以“可为与有为”为主题写一篇文章）。这类作文题在命题方式上先给出一段或几段材料作为导引，然后给出一个主题作为写作提示，最后给定指令要求。笔者把这类材料作文叫作主题式材料作文。

从高考阅卷反馈的情况看，主题式材料作文写作，考生常常出现以下问题：(1) 把主题当成命题，文章立意不够聚焦，导致议论说理空泛；(2) 割裂材料与主题之间的关联，考生不能从材料中找到立意方向和写作内容，文章写得大而不当；(3) 抛开主题，偷梁换柱，行文中转论其他主题或话题。如2020年高考全国卷Ⅲ作文题，不少考生抛开“如何为自己画好像”这一主题，转而另谈“诚信”“青春奋斗”“自立自强”等主题或话题，丝毫不论及“如何为自己画好像”。这些问题集中反映出考生在主题式材料作文审题立意上的不足。如何规避这些问题？本文以2021年高考全国卷甲卷为例，谈谈主题式材料作文的审题立意。

一、把握材料与主题间的关联，找准立意方向

主题式材料作文与其他类型的材料作文不同，在给出材料后再给定一个主题。主题式材料作文为何不直接给定主题作文？如果那样的话，就和“话题作文”无区别了。在给定主题前为何要先给出材料？给出材料难道只是为了引出主题？当然不是，材料与主题之间有必定存在某种关联。二者存在什么关联，这是我们在进行主题式材料作文审题立意时一定要思考的。

大凡材料作文的写作，都要重视对材料的分析与解读，因为材料蕴含着命题者的命题意图和价值设定。基于此，材料作文的写作，材料本身对作文立意和写作内容起着某种限制作用，而主题式材料作文，所给定的主题对作文立意和写作内容已经形成了某种限制。那主题式材料作文为何还要先陈述一段材料？除了引出主题外，材料有时还会为写作提供背景，更重要的是，材料为作文审题立意提供支架。精准解读材料、把握材料与主题之间的关联，可以帮助写作找准立意方向。

以2021年高考全国卷甲卷作文题为例，该作文题先陈述了一段党史材料，让考生结合材料，以“可为与有为”为主题写一篇文章。要写好这道作文题，我们首先要明确材料在这道作文题中的作用。材料讲了两层意思，第一层是说青年一代受到革命文化与社会主义先进文化的浸润和滋养，第二层是说青年的未来将融汇在中华民族伟大复兴的新征程，青年将大有可为。这个材料一方面为考生思考“可为与有为”提供了一个背景，创设了写作情境，另一方面也为写作提供了立意方向和潜在的写作内容。

材料提供了一些节日、歌曲、作品，这些节日、歌曲、作品蕴含着哪些“可为与有为”的内涵，即我们从这些节日、歌曲、作品中明确为何“可为”，在什么方面“有为”？五四、七一、八一、十一这些节日蕴含着为民族独立不懈奋斗的精神内涵，《为人民服务》《沁园春·雪》《荷花淀》《红岩》这些作品蕴含着心系百姓、自信自强、敢于斗争、自强不息的精神内涵，这些精神内涵既是我们“可为与有为”的原因，也是我们“可为与有为”的具体内容。材料

还列举了一些革命烈士和榜样人物，这些烈士和榜样人物又蕴含着哪些“可为与有为”的内涵，即这些烈士和榜样人物能给我们哪些“可为与有为”的启示和具体内容？李大钊、夏明翰、方志敏、杨靖宇等革命先烈和雷锋、焦裕禄、钱学森、黄大年等榜样人物身上彰显的是心怀国家、敢于牺牲、乐于奉献的精神品质。这些既是我们“可为与有为”的原因，也是我们“可为与有为”的具体内容。

通过以上对材料的分析与解读，我们基本上就能把握住材料与主题间的关联，即材料为本道作文题的写作提供了写作背景，创设了写作情境，更重要的是，材料为主题阐释提供了更为具体和明确的内容。这样，我们也就找准了这道作文题的立意方向：为人民的独立富强、为国家的发展、为民族的复兴是“可为”的，也是能“有为”的，我们在心怀天下、自信自强、自强不息、敢于牺牲、乐于奉献等方面要“可为与有为”。据此可以立意：民族复兴诚可为，乐于奉献当有为；独立富强、民族复兴处处可为，自强不息、乐于奉献时时有为。

二、掌握基本的审题立意方法，多角度精准立意

主题式材料作文要求结合材料围绕主题展开写作，所给定的主题往往是一个具体的议题，既为议题，便可对议题展开多层次的追问。如何追问？我们不妨借鉴议论文常用的层递式结构，即从“是什么”“为什么”“怎么做”三个方面展开追问，确立三个大的立意视角，即从“是什么”“为什么”“怎么做”三个角度展开立意。笔者把这种审题立意方法叫作“层递式追问立意法”。这种审题立意方法遵循了材料作文多角度立意的原则，紧扣主题，立意精准，便于操作，易于掌握。下面以 2021 年高考全国卷甲卷作文题为例作简要说明。

1. 从“是什么”的角度立意，阐释主题在本质上是什么

具体到 2021 年高考全国卷甲卷作文题，“可为与有为”是什么？结合材料“革命文化和社会主义先进文化，已经深深融入我们的血脉和灵魂……我们心中有阳光，我们脚下有力量”，它应该是青年的责任担当，是我们这一代青年的历史使命，这样可以从青年的责任担当与历史使命方面立意，如：可为与有为，青年应有的责任担当；可为与有为，青年不可推卸的历史使命。

2. 从“为什么”的角度立意，阐释主题成立的原因

具体到 2021 年高考全国卷甲卷作文题，为什么“可为与有为”？结合材料“我们的未来将融汇于中华民族伟大复兴的新征程，我们处在一个大有可为的时代……”，之所以“可为与有为”，就是因为我们处在一个大有可为的伟大时代，我们生逢其时，欣逢盛世。另外，国家还在发展中，民族复兴尚需时日，

青年一代也应该“可为与有为”，就此可以立意：生逢其时诚可为，国家发展当有为；欣逢盛世实可为，民族复兴当有为。

3. 从“如何做”的角度，阐释围绕主题的做法和措施

具体到2021年高考全国卷甲卷作文题，如何才能“可为与有为”？材料中说“我们处在一个大有可为的时代”，“大有可为”的意思是指前途极有希望，值得去做（出自清·李宝嘉《文明小史》）。如何“可为与有为”？“可为”就是要有所期待，有所追求，有所梦想，结合材料，就是要像革命烈士和榜样人物一样，为民族独立、国家发展敢于追求，勇于逐梦。“有为”就是要有所行动、有所作为，结合材料中节日、歌曲、作品所蕴含的精神内涵，以及革命烈士、榜样人物身上所彰显的精神品质，就是要心系百姓、心怀天下，自信自强、自强不息，勇于奋斗、敢于牺牲、乐于奉献。据此可以立意：心怀梦想方可为，唯有奋斗民族兴；勇于追求乐奉献，国家发展民族兴；为有牺牲多壮志，敢叫明天换新天。

三、厘清主题内部的逻辑关系，拓展立意的思维空间

如上所述，主题式材料作文所给定的主题往往是一个议题，这个议题通常以短语的形式呈现。短语由词语组合而成，表现主题的短语内部（词语之间）一般都存在着某种结构关系和逻辑关系，结构关系常见的有并列关系、偏正关系、主谓关系、动宾关系等，逻辑关系常见的有条件关系、因果关系、转折关系、辩证关系等。如2020年新高考卷Ⅰ作文题“疫情中的距离与联系”这个主题，其结构关系是并列兼偏正关系，逻辑关系是辩证统一关系。对于主题式材料作文写作，审题立意显然不是对主题内部作语法分析，而是要厘清主题内部的逻辑关系，以提升立意的思维层次，拓展立意的思维空间。

以2021年高考全国卷甲卷作文题为例，主题是“可为与有为”，“可为”与“有为”从结构关系看是并列关系，立意可以从“可为”与“有为”两个方面同时展开，如上文所说的“生逢其时诚可为，国家发展当有为”“欣逢盛世实可为，民族复兴当有为”。按照此立意行文，文章整体上就是一个并列结构。但客观地说，这样的立意思维层次不高，思维空间有限。

如果着眼主题内部的逻辑关系，从“可为”与“有为”的逻辑关系视角来立意，则立意的思维空间将会得到拓展。“可为”是可以去做、值得去做，“有为”是要有所行动、有所作为，“可为”是“有为”的前提条件，“有为”是“可为”的一种结果。结合材料，“可为”就是要心怀天下、心系百姓、自强不息、敢于牺牲、乐于奉献，“有为”就是要将“可为”落实到行动中，去实现国家富强、民族复兴的伟大中国梦。据此可以立意：于“可为”中“有为”方

能“有为”。显然，这个立意的思维层次高出许多，思维空间也要开阔一些。

如果再将思维往前推进一步，对“可为”与“有为”进行辩证思考：“可为”却“不为”或“无为”，“有为”就更为可贵，从而思考应保持积极向上的态度，构建“有为”的目标与方向（如“可为”若“无为”，向上向善应“有为”），这样的立意将会显得更加别致。按照这个立意行文，文章的思维空间将会得到有效拓展。

总之，主题式材料作文的审题立意要紧扣主题，重视对材料的解读，把握材料与主题之间的关联，在材料与主题的关联中找准立意的方向。同时要教给学生相应的审题立意方法，使学生对主题式材料作文能够多角度立意。更重要的是，要教会学生厘清主题内部的逻辑关系，以提升立意的思维层次，拓展立意的思维空间。

（本文刊发于《新作文·作文教学研究》2021年第11期）

整体着眼，细部寻点

——例谈小诗类新材料作文的多角度立意

小诗类新材料作文因其审题难度较大，不少学生拿到作文题后往往一片茫然，不知如何切入材料去寻找立意的角度，跑题偏题现象较为普遍。本文试以2006年山东卷《星星》和2012年四川卷《手握一滴水》为例，谈谈小诗类新材料作文的多角度立意，以供老师们教学时参考。

一、小诗类新材料作文的命题特点

（1）所选材料——小诗有一定的生活哲理内涵，能给人以一定的联想和人生启悟。如2006年山东卷《星星》：

阅读下面这首诗，根据要求作文。

星星

雷抒雁

仰望星空的人
总以为星星就是宝石，
晶莹，透亮，没有纤瑕。

飞上星星的人知道，
那儿有灰尘、石渍，
和地球上一样复杂。

读这首诗可以产生不同的联想或感悟。请根据你的联想或感悟写一篇文章。

注意：①联想与感悟要与整首诗的寓意有关。②立意自定。题目自拟。③不少于 800 字。④除诗歌外文体不限。

读到这首诗，我们不禁会问：同是星星，为什么在“仰望星空的人”和“飞上星星的人”看来会有不同的认识？这给我们一个重要的生活启示：距离产生美。

同时，这首诗对比了两类人——“仰望星空的人”和“飞上星星的人”，“仰望星空的人”从理想出发，想当然地“总以为星星就是宝石，晶莹，透亮，没有纤瑕”。“飞上星星的人”从现实出发，飞上了星星，看到星星的本来面目：“那儿有灰尘、石渍，和地球上一样复杂。”这两类人会让我们联想到现实生活中，有一类人只从理想出发而不愿付诸行动，他们好高骛远，往往只看到事物表面却看不到事物的本质；另一类人却能坚持实事求是，时时刻刻关注脚下的土地，他们脚踏实地，观察事物往往更关注事物的本真。

小诗类材料作文选材的这个特点，给读者的联想和想象提供了广阔的空间，也使得材料本身有了多角度立意的可能。正因为此，命题者在命题时一般都会设置这样的要求：“读这首诗可以产生不同的联想或感悟。请根据你的联想或感悟写一篇文章。”

（2）小诗中的意象或形象往往具有象征性，且其象征义可作多元理解，这使得小诗内涵较为丰富，考生可根据自己的生活经历和生活体验对材料作个性化的联想与感悟，便于考生在作文中充分展示自己的个性。如 2012 年四川卷《手握一滴水》：

阅读下面这首诗，按要求作文。

手握一滴水

一滴水里有阳光的谱系
有雪的过去和未来式
有沙漠干渴的大陆架
有人的生命……

我手握一滴水
就是握着一个重大的世界
但一个小小的意外
比如一个趔趄
足以丢失这一切

请根据阅读全诗后的感悟和联想写一篇文章。要求：①自选角度，自定立意，自选文体，自拟标题；②不要脱离诗的含义，不得套作，不得抄袭；③用规范汉字书写；④不少于800字。

“一滴水”的象征义比较丰富，可以作多元解读。考生可根据自己的生活经历和生活体验对材料——小诗的内涵作出自己的个性化联想，感悟其中的内蕴。

“一滴水”可以象征“生命”。对“生命”这个话题感悟理解较深的学生读到“一滴水里有阳光的谱系”这句时，可能会联想和感悟到：生命是多彩的，要学会珍惜生命，让生命绽放出她应有的色彩来。读到“有雪的过去与未来”时，他可能会联想到：每一个渺小的生命个体都是民族过去的继承者和国家未来的开拓者，我们每个人在历史的长河中不过是一瞬，但我们也构成了历史的一部分，我们是历史的参与者和建构者，我们要肩负起继承和开创民族文化与未来的历史重任。

“一滴水”可以象征“细节”“小事物”。对小大之辩有所思考和感悟的学生读到“一滴水里有阳光的谱系”“我手握一滴水/就是握着一个重大的世界”这几句时，可能会联想和感悟到：一滴水看世界，细节决定成败。

“一滴水”还可以象征“机遇”。对生活中的机遇有所体验和感悟的学生，读到“我手握一滴水/就是握着一个重大的世界/但一个小小的意外/比如一个趔趄/足以丢失这一切”这几句时，可能会联想和感悟到：人生把握机遇的重要性，要学会珍惜现在、把握机遇。如果有经历过意外并且对意外有辩证思考的学生，读到“但一个小小的意外/比如一个趔趄/足以丢失这一切”这几句时，他可能会感悟到：人生总有很多的意外，这些意外会让我们失去很多重要的东西甚至生命，而这些意外又不是我们能够主宰的，我们没法选择意外，但我们可以选择对待意外的态度。正如最美女教师张莉莉、最美司机吴斌一样，他们无法选择意外，但他们可以选择对待意外的态度，正确面对意外同样会成就最美人生。

小诗类材料作文命题的这个特点，为考生多元解读材料、充分展现自己个性提供了平台。从这个意义上讲，高考小诗类材料作文的命题是符合新课程标准的作文教学理念的。

二、小诗类新材料作文的多角度立意方法

(1) 整体着眼，抓住诗歌中的关键意象，分析挖掘诗歌的寓意，寻找启悟点或联想点。以2006年山东卷《星星》为例稍作说明。

读《星星》这首诗，要整体把握这首诗的寓意，就要抓住“仰望星空的人”和“飞上星星的人”这两个关键意象。“仰望星空的人”和“飞上星星的人”分别象征什么？或者说，“仰望星空的人”和“飞上星星的人”分别代表了哪类人？

“仰望星空的人”我们可以理解为充满理想的人。他们从理想而不是从实际出发，想当然地认为“星星就是宝石，晶莹，透亮，没有纤瑕”。实际上，星星并不是他想象的那样。我们也可以将“仰望星空的人”理解为只注重看事物表象的人，他们从现象出发，“总以为星星就是宝石，晶莹，透亮，没有纤瑕”，却没有看到星星的本质——“那儿有灰尘、石渍，和地球上一样复杂”。

“飞上星星的人”我们可以理解为脚踏实地、实事求是、关注事物本质的人。他们从现实出发，不为现象所迷惑，飞上了星星，看到星星的本来面目“那儿有灰尘、石渍，和地球上一样复杂”。

把握了这两个关键意象也就整体上把握住这首诗的寓意。诗歌对比这两类人的行为和认识，给我们提供了重要的人生启示：距离产生美，透过现象看本质，坚持实事求是，正确处理理想与现实的关系。这一个个的启示，我们不妨把它称作材料赋予的启悟点或联想点。抓住了这些启悟点或联想点，也就找到了这则材料写作立意的角度。而这些启悟点或联想点的获得是我们整体抓住诗歌的关键意象、挖掘诗歌本身的意蕴而得到的。这是小诗类新材料作文找准立意的根本，也是避免偏题跑题的关键所在。

(2) 从诗歌细部（诗句）入手，抓住关键词句，咬文嚼字，作发散性联想，寻找启悟点或联想点。试以 2012 年四川卷《手握一滴水》加以说明。

考生从整体上解读这首诗歌有一定的难度。正如这首诗的作者聂沛在其一篇题为《惊喜！拙作〈手握一滴水〉成了 2012 年四川省高考作文材料》的博文中所说：“四川的题是所有题目中最难的。”难在何处？难就难在整体上很难把握这首诗的寓意，很难选择立意的角度。

这是一首象征性的诗歌。作者以“一滴水”作为象征物，在反复描写水与人的关系和作用中，暗示在人生存和行进时，要珍惜和爱护所有美好的事物。诗歌作者聂沛在其博文中表示，《手握一滴水》的本意是写轻与重的关系，“手握”应当是作文的“题眼”，就是方法、谨慎和珍惜的问题。显然，考生从这一角度去把握这首诗的寓意是有一定难度的。从阅卷的实际来看，也的确很少有考生是从这一角度去立意的。

如何实现这则材料的多角度立意呢？题干中并没有要求考生从整体上把握这首诗来写文章，而是要求“根据阅读全诗后的感悟和联想写一篇文章”。这为考生从细部[1]入手寻找启悟点和联想点打开了另一扇窗。

水是生命之源，“（一滴水里）有人的生命”可以让我们联想到“一滴水”的另一层象征义——生命。从这个象征义出发，读到“一滴水里有阳光的谱系”这句时，我们可以联想和感悟到：生命是多彩的，要学会珍惜生命、让生命绽放出她应有的色彩来。由此可以立意：珍惜生命、让生命绽放色彩。读到“一滴水有雪的过去和未来式”时，我们可以联想到：每一个渺小的生命个体都是民族过去的继承者和国家未来的开拓者，我们每个人在历史的长河中不过是一瞬，但我们也构成了历史的一部分，我们是历史的参与者和建构者，我们要肩负起继承和开创民族文化与未来的历史重任。由此可以立意：肩负责任/使命。

“一滴水”还可以象征“细节”“机遇”。读到“我手握一滴水/就是握着一个重大的世界”这两句时，我们似乎得出了一些重要的人生启示：我们把握住了一些机遇，就把握住了整个人生；或者我们生活中的细节和习惯影响着我们的整个人生。由此可以立意：把握机遇、细节决定成败。

“但一个小小的意外/比如一个趔趄/足以丢失这一切”这几句，从正面看，还是在强调珍惜现在，珍惜身边美好的事物以及把握机遇的重要性。但从反面来看，我们也不得不承认，人生总有很多的意外，这些意外会让我们失去很多重要的东西，甚至生命，而这些意外又不是我们能够主宰的，我们没法选择意外，但我们可以选择对待意外的态度。由此可以立意：珍惜现在、把握机遇，选择对待意外的态度。

我们用“细部寻点”四个字来概括上述方法，从某种意义上来说，细部寻点是实现小诗类新材料作文多角度立意的绿色通道。但这一方法在立意时不可避免地会引起人们的疑惑和担忧，那就是细部寻点立出来的意是否合乎材料本身的寓意。

我们认为这一疑惑和担忧是多余的。首先，小诗类材料作文的题干中明确提出了“根据阅读全诗的感悟和联想写一篇文章”的作文要求。其次，新材料作文命题的初衷就是为考生审题立意提供适度的开放空间。这也是新课标作文考试命题的要求所在。否则不是又回到旧材料作文命题的老路上去了吗？我们要告诉学生的是，在获得了多角度立意后还是要回归诗歌整体去选择最佳立意，选择最适合自己写作的立意。

（本文刊发于《新高考·高二语文》2013 年第 7 期）

---

[1] 这里用“细部”这个概念而不用“细处”这个概念，是因为寻找启悟点或联想点时有时可能是一个词、一句诗，有时可能是几句诗甚至一节诗。

第三章　章法技巧

点、证、联、结

——故事型材料作文的入格写作

故事（含寓言）型材料作文在近两年的高考作文题中占据了相当的数量。笔者统计了一下，2012 年高考，全国 17 套高考试题，有 9 套（全国新课标卷、全国大纲卷、北京卷、重庆卷、安徽卷、天津卷、浙江卷、广东卷、辽宁卷）考的是故事型材料作文，占据了当年高考作文题的半壁江山。2013 年高考，全国 18 套高考试题，有 5 套（全国新课标卷I、全国大纲卷、辽宁卷、江苏卷、广东卷）考的是故事型材料作文。命题者之所以青睐这种命题形式，是因为故事型材料作文内涵丰富、立意角度多样，供考生的写作空间较大。

故事型材料作文的审题立意难度并不大。故事型材料作文一般都会涉及具体的参与者（人或物）。一般来说，故事中有几个参与者，就有几个立意的角度。考生只要选择其中一个参与者，从正面或反面去分析考察就能找准立意的角度。

故事型材料作文的写作难度还是在审题立意之后考生在有限的考试时间内如何快速构思结构全文。本文以 2013 年高考广东卷作文题及当年的满分作文《慈善，也要维护他人的尊严》为例，试着归纳一种故事型材料作文的议论文写作构思模式（我把这种写作模式视作故事型材料作文的议论文入格写作模式），以供广大考生复习备考时参考。

2013 年广东卷作文题：

阅读下面的文字，根据要求作文。

有一个人白手起家，成了富翁。他为人慷慨，热心于慈善事业。

一天，他了解到有三个贫困家庭，生活难以为继。他同情这几个家庭的处境，决定向他们提供捐助。

一家十分感激，高兴地接受了他的帮助。

一家犹豫着接受了，但声明一定会偿还。

一家谢谢他的好意，但认为这是一种施舍，拒绝了。

要求：①自选角度，确定立意，自拟标题，文体不限。

②不要脱离材料内容及含意的范围。

③不少于 800 字。

④不得套作，不得抄袭。

这道作文题审题并不难。材料涉及四个参与者，提供捐助的富翁和被捐助的三家。考生可以任选一个参与者作为立意的角度。如从提供捐助的富翁的角度，正面看，可以立意为人要有社会责任感，要有爱心；反面看，要尊重维护他人的尊严。从受捐助的第一家的角度，正面看，要学会感恩；反面看，做人要有尊严，要学会自尊，做人要自力更生。从受捐助的第二家的角度，正面看，做人要有自尊；反面看，做人要自力更生，不要过度依赖别人。从受捐助的第三家的角度，正面看，做人要有尊严，要学会自尊；反面看，没有立意点。

故事型材料作文的议论文入格写作分为开头入格和篇章入格两个部分。

一、开头入格

开头入格即故事型材料作文在审题立意之后如何快速地开头。开头入格的目的是快速由材料引出自己的观点。这里给大家提供一种快速开头的模式：概述材料→简要分析→引出论点。请看满分作文《慈善，也要维护他人的尊严》的开头：

白手起家的富翁打算向三个贫困家庭提供捐助。三个家庭却表现出截然不同的态度：一家高兴地接受了捐助；一家犹豫并声明一定会偿还后接受了；另一家则认为这是一种施舍，婉言谢绝了。

我很赞赏第三个家庭的做法，处事大方，不卑不亢，丝毫没有感到低人一等，在拒绝中告诉富翁我们在人格上是平等的。这也启示了我们：在做慈善的过程中要维护受赠者的尊严。

这一个开头的第一自然段是概述材料。第二自然段的第一句话是对材料的有选择性的简要分析。第二句话在简要分析后引出论点："在做慈善的过程中要维护受赠者的尊严。"

需要注意的是，概述材料不是照抄材料，概述材料一定要简明扼要，将材料的主要内容用自己的话概括地表达出来。概述材料要尊重材料的本来面目，不能改变、改编材料。

简要分析是由材料到论点的过渡性话语，是为引出论点服务的。简要分析要有选择性，要选择一个角度围绕自己的立意点对概述的材料作评述。如上面开头部分的“我很赞赏第三个家庭的做法，处事大方，不卑不亢，丝毫没有感到低人一等，在拒绝中告诉富翁我们在人格上是平等的”这个分析句，选择了第三家人对待富翁捐助的态度来简要评述，从而引出自己的观点。

引出论点就是确立文章的中心论点。所引出的论点必须紧扣所概述的材料，又要和简要分析句保持逻辑的连贯性，即论点的得出是简要分析的自然延伸，而不是强加的或牵强附会的。

二、篇章入格

篇章入格就是在开头由材料引出自己的论点之后，如何快速地构思结构文章的主体——论证部分和结论部分。这一部分可以按照“证明观点（并列、递进、对照）→联系现实（现实生活的类似事件）→结论（提倡议）”的结构模式构思行文。请看满分作文《慈善，也要维护他人的尊严》的主体部分和结论部分：

孟子在辨析义与利时曾说：“一箪食，一壶浆，得之则生，弗得则死。呼尔而与之，行道之人弗受；蹴尔而与之，乞人不屑也。”虽然孟子谈的是义与利的辨证关系，但这些话也道出了每个人都是有尊严的，侮辱性的施舍就连乞丐也不会接受。孔子曾说：“君子不饮盗泉之水。”因此，我们在帮助他人的时候，如何维护他人的尊严就显得尤为重要。

二战中，英国国王霍华德巡视被轰炸后的伦敦贫民区，经过一栋破烂的大楼门前时，他脱下帽子，向主人询问：我可以进来吗？询问中体现的人文关怀和尊重，让人心生敬佩。

又如美国有所民间学校没有像一般公立学校在大雪时停课，遭遇家长投诉时，校方的回答是：学校如果停课，来自贫寒家庭的孩子就没有免费午餐，就得忍饥挨饿。家长又问是否能只让穷孩子来上课时，校方解释道：我们不想让他们觉得是在被施舍。

不要让受帮助的人觉得是被施舍，这或许就是慈善的最高目标了吧！这样的帮助就像一缕温暖的阳光，既温暖了受赠者，又不至于灼伤他们的心；就像是一阵凉爽的春风，既抚慰了受赠者，又不至于吹乱他们的心绪。

然而，在生活中我们也不少见一些“暴力”慈善，他们行慈善之实，却又在捐赠时漠视受赠者的尊严。如高调做慈善的陈××，我们不否定他确实帮了不少人，但他的方式却让人不得不思考这样做对吗？有一张照片，陈与受赠者们举起手中的钱，陈笑容满面，但我却看不到几个受赠者开怀的笑脸。他们是被帮助了吗？还是他们又成了“暴力”慈善的受害者？

在当今时代，“微公益”“志愿活动”层出不穷，似乎是一个全民慈善的时代。但是，当我们准备做慈善时，千万提醒自己：不要伤害了受赠者脆弱的尊严。

我们，让今日的我们也如他们一样，终破未解的重压，追寻内心中的一份坚守，撷起生命的高枝吧！

论证部分一开始就引用了孟子和孔子的言论，并列了两则道理论据。接着列举了英国国王霍华德尊重贫民区居民和美国一民间学校维护贫寒家庭孩子的尊严的事例，并列了两则事实论据。在对事实论据作了分析之后，主体部分又从反面列举了高调的陈某漠视受赠者的尊严“暴力”做慈善的事例，和前面两则事例形成对照，这是“证”的部分。

这一部分在材料的使用上既有道理论据，又有事实论据；在论证方法上，既有引证法、例证法、比喻论证法，又有正反对比论证法，体现了论证的丰富性。

在论证了观点之后，文章联系现实，指出“当今时代”“似乎是一个全民慈善的时代”，并提醒人们：在这样一个时代，我们要做慈善，“不要伤害了受赠者脆弱的尊严”。实际上，本文“联系现实”部分并没有和“证明观点”部分截然分开。在举陈某“暴力”做慈善的反面事例时，“证明观点”部分就已经融入“联系现实”。因此，论证部分的这两个步骤可以交融。

在论证了观点之后，结论部分向人们提出了倡议：“永远不要以为自己了不起，放低姿态，请小心呵护受赠者的尊严吧！”到此，文章浑然一体，思路清晰，结构严谨。

本文观点鲜明，论据充实，论证严密有力，表现出作者对现实的关心，对正确慈善和提升慈善质量有较深入的思考，与那些说空话和套话的文章形成了鲜明的对照，是一篇规范的优秀的议论文。

下面用一个图示简要说明故事型材料作文的议论文入格写作模式（图 1）：

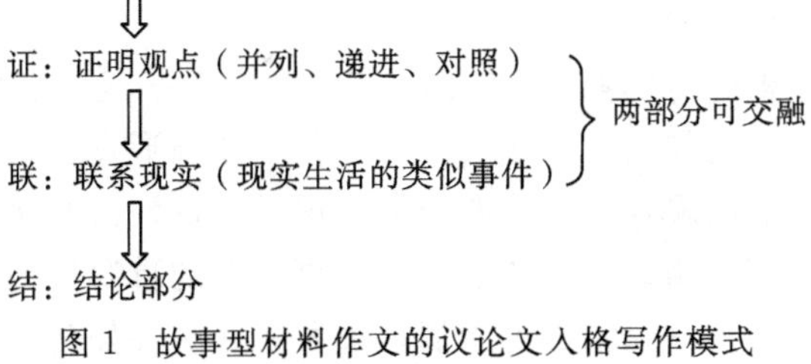

图 1　故事型材料作文的议论文入格写作模式

运用这种模式，考生可以在考试时间有限、考试气氛紧张的考场上面对故事型材料作文临危不乱，写作思维顺畅，使自己在较短的时间内快速构思行文，提高考场作文的写作速度，为其他试题的解题节省时间，进而提高整个考试的效率。

当然，这种模式不是故事型材料作文的唯一写作方式，这里提供的只是一种入格模式。在熟悉这种模式的基础上，我们平时的写作还是要追求创新，追求自己的写作个性。

（本文刊发于《新作文·作文教学研究》2014年第11期）

高考时评类议论文写作常见问题及矫正

时评类材料作文（通常也叫任务驱动型作文）是近几年高考作文的主要题型，学生进行这类作文写作时遇到的问题和困难往往不是审题立意、谋篇布局、材料运用，而是议论就事论事，论证以偏概全、缺乏辩证思考，说理常常自我为上。如何矫正学生这类作文写作中的问题？笔者不揣简陋，结合自我教学实践，就此谈一些粗浅的看法。

一、就事论事——补类论证

也许是受了作文题干“对此，你有何看法”“对以上事情，你怎么看”“以上事情引发你怎样的思考”等要求的影响，学生想当然地认为写时评类作文可以就事论事。有些老师认识上也存在误区，认为学生只要把对这件事或现象的看法说清楚就可以了，因而在指导学生写作时评时，也常常默许甚至要求学生就事论事。这在一定程度上将就事论事“自动化”“合法化”了。因此，目前的时评类材料作文，学生普遍存在着议论就事论事的问题，突出的表现就是议论停留于材料所给事件（现象、行为）本身的讨论，虽然学生也能从本质、危害、原因等方面围绕事件（现象、行为）作多角度论证说理，且文章结构也相对完整，但这种就事论事的议论，视野相对狭隘，论证说服力不强，在一定程度上削弱了文章议论的深度和广度。

例如，笔者曾组织学生就2017年春节前发生在某地的老虎伤人事件写一篇时评，一篇题为《老虎伤人：中国公益文化事业畸形发展的隐忧》的优秀作文，在概述材料、引出观点后，从四个方面展开议论：公益文化资源应向公众免费或低价开放→门票高是导致“老虎伤人事件”的重要原因→应加强对公共文化资源和设施的定价→总结倡议人们积极思考和解决如何发展中国公益文化事业。

从立意和结构上看，该文无可挑剔，但从议论的深广度而言，该文议论视野狭隘，始终局限在伤人事件本身，这与该文相对开阔的论题“中国公益文化事业”显然是不能匹配的，因而在一定程度上也削弱了该文论证的说服力。

事实上，像这样就事论事的议论在学生的时评类材料作文写作中非常普遍。如何矫正呢？笔者以这篇文章的修改为契机，设计了一堂课，归纳出一个矫正这一写作问题的方法策略——补类论证。课堂上，笔者先呈现补充完善原文议论的文段（插入“应加强对文化资源和设施的定价”与“总结倡议”两个文段间）：

其实，当下“票价猛于虎”并非个别现象。且不说那卖到几百甚至上千元一张的音乐会、演唱会门票，就连故宫、兵马俑、武侯祠、龙门石窟这类公益文化景点也要收取几十上百不等的门票。据说，楼兰古城门票价格 3500 元一张，不可谓不是天价。而近几年来，各类风景名胜门票价格更是一涨再涨，曾经一段时间，景区门票涨价成为民众普遍诟病的话题，这背后反映的是人们对文化设施或文化景点价格过高的不满。当然，管理部门收钱自有收钱的理由，但背后的利益黑手恐怕才是元凶。不断上涨的各类文化设施的门票价格让大多数低收入群体乃至一般的工薪阶层在进行文化消费时，不得不掂量一下自己的收入。因而，那些无力消费又克制不住自己的人就难免要铤而走险了。

然后笔者让学生比较修改前后文章的优劣，并合作探究文段是如何修改完善原文的议论的。有比较就有好坏，学生一眼就能看出增加了修改文段后，文章的议论说服力提升了，议论的针对性也增强了。其实，修改增加的文段是补充了当下“票价猛于虎也”的类似现象，学生通过合作讨论很快就领悟发现了修改方法，即在相关事件的议论之后，将议论视角放大到社会上类似的事件或现象。笔者把这种方法叫做补类法，其要领如下：

就某个事件、现象或行为进行讨论，在指出其本质、原因或危害后，将议论的视野放大，列举补充类似事例或现象，使论证由个到类，由点到面。这样，文章议论就更有说服力和针对性，从而增强了议论的广度和深度。

补类法可以补充现实生活中或历史上的类似事例，也可以补充时下类似的社会现象，这种方法广泛适用于时评类材料作文。在具体操作时，补类一定要围绕分论点和中心论点进行，且补充的现象或事例要有典型性，要与材料中的事件或现象有相似性。这样才能增强文章议论的说服力和批判性。

二、以偏概全——辩证分析

受人生阅历和哲学知识的限制，思维尚处于发展期的高中生看问题、作评价时往往容易情走极端，片面化。因而，在写作时评时，议论说理常常以偏概全，缺乏辩证分析。如笔者曾组织学生就下列材料写时评：

中学生带手机进校园目前已成为学生及其家长与学校、老师争论的焦点。

不少家长认为，手机可以方便自己联系孩子，有利于孩子的安全，对学生带手机进校园可以多一点宽容；相当一部分学生认为手机可以方便查找资料，增进和同学的交往，缓解学习压力，不应禁止手机进校园；但学校和老师担心，手机会带来诸如学生沉迷游戏、网聊、访问不良网站等问题，影响学生学习，所以应拒绝手机进校园。

对此，你怎么看？请综合材料内容及含意作文，体现你的思考、权衡与判断。要求：选好角度，确定立意，明确文体，自拟标题；不要套作，不得抄袭。

材料呈现了两种对立的观点：家长和学生本质上持同一观点，允许手机进校园；学校和老师则持相反的观点，反对手机进校园。各方观点都有合理性，同时也都有片面性，无论选择哪一方观点来立论说理都难免偏激，说服力不强。因此，要审准并写好这道作文题，就一定要扣紧题目"综合材料内容及含意作文""权衡"的要求，辩证看待中学生带手机进校园这一行为。在实际写作中，学生却出现了大量的"只见森林，不见树木"的议论说理，现摘录几个片段：

互联网时代的到来，催生了电脑、手机等的发展与普及。如今，手机于每个人而言，就像是空气和水一样，成了我们生活不可缺少的部分，这是时代发展的必然，我们无法逃避，也无法抗拒。手机方便查找资料，转变学生一直以来的被动接受式学习方式；手机聊天拓展了中学生的交际范围，能增进人际交往的能力，为未来走向社会打下良好基础；中国学生学习任务繁重，学习压力大，这是不争的事实，学习之余，听听音乐，看看视频，缓解缓解学习压力，也无须上纲上线。如此，手机进校园也不是鸦片、海洛因，必须禁而快之?!(《论"禁而快之"应该缓行》)

滚滚长江东逝水，时代发展犹如浩浩汤汤、奔流不息的长江。置身于时代洪流，我们无法停止脚步，我们也不可能拒绝手机。在时代洪流的巅峰里激荡，要想做时代的弄潮儿，唯有踩着时代的节拍，紧跟时代的步伐，才能傲视群雄。因此，在高速发展的信息时代，我们不能也无须逆流而上，把手机当成洪水猛兽拒绝于校门之外！(《紧跟时代的节拍》)

科技的发展与进步，给人们的生活带来极大的便利，也带来了越来越多的诱惑，倘若允许手机进校园，学生必将难以抵挡手机的诱惑。君不见，如今有多少同学已沉迷于手机，上学路上，课余时间，那一个个陶醉于游戏、网聊、追剧的同学，乐此不疲，更有甚者，有同学上课也玩手机，严重影响学习。如今校园里，手机已成为学生心灵最大的腐蚀剂，再不管控，校园将成为手机娱乐的乐园，学生失去奋发拼搏的斗志事小，影响学校人才培养才是事关国家未来的大事，如此下去，人们不禁怀疑，学校培养出来的下一代将会是怎样的下一代！到时，恐怕是国将不国啊！(《向手机进校园说“不”》)

以上列举的几个片段或过于武断，或耸人听闻，究其原因都是因为说理以偏概全，缺乏辩证分析。而这种问题在学生作文中不在少数，急需矫正。

如何矫正？培养学生辩证思考和辩证分析能力是当务之急。为此，笔者以这次作文评讲为契机，引导学生一分为二地辩证地看问题、分析问题。笔者先下发诸如以上片面议论的文章，让同学们查找问题。学生很快就能看出这些文章或文段不同程度地存在着以偏概全的问题。然后笔者就材料提出 3 个问题让学生思考：

(1) 材料中各方观点完全正确或完全错误吗？

(2) 拥有手机本身有没有过错？解决各方意见分歧的症结在哪？

(3) 该如何看待一个有利有弊的事物？请归纳有效提升议论说服力的方法。

通过问题驱动，学生很快明确材料中相互对立的观点既有合理性，也有片面性。手机的出现是时代发展的必然，持有手机本身并没有错，错主要错在不合理地使用手机。解决各方观点分歧的症结不在手机本身，手机本无罪，利弊在于人。笔者随即展示了下面的辩证分析：

手机的出现是时代发展的必然。手机方便了人们的学习，丰富了人们的生活，拉近了人与人之间的距离。手机进校园的确为家长带来了方便，也为学生学习、交友提供了便利。但我们不能“只见森林，不见树木”。当前，学生上课玩手机，作业不独立思考，用手机上网查答案，甚至考试作弊已不是什么新鲜事了。更有甚者，一些学生沉迷于手机游戏、网聊，陶醉于访问不良网站而不能自拔，严重影响学习和身心健康。手机在给家长、学生带来便利的同时，也给学校和老师带来了教学和管理上的难题，这些问题是不容忽视的。

但这是手机的错吗？

不是的，手机本无错，利弊在于人。任何事物都有两面性，手机也是一把双刃剑，关键看人们如何使用它。上学放学打开手机，让家长随时能联系到自己，能够让家长放心；在课堂上、教室里将手机关闭，既不影响他人，也不诱惑自己，何乐而不为；课余，在不影响学习的情况下，上上网，聊聊天，甚至打打游戏轻松轻松，也未尝不可。但用手机访问不良网站，转发不良信息，甚至用手机传谣，进行人身攻击那是绝对不可以的。因此，我们应该辩证地看待手机进校园，把握好校园使用手机的度，才是我们对待手机进校园应有的态度。

据此，笔者带领学生归纳矫正以偏概全议论的方法：对待一个有利有弊的事物或现象谈看法、作议论，应从事物发展、变化的辩证唯物主义观点出发，在看到事物利的一面的同时，还应看到其弊的一面，权衡利弊，依据具体情况，提出切实可行的解决问题的方案和措施。

三、自我为上——换位献策

自我为上是学生时评写作的又一通病。所谓的自我为上，指的是学生在讨论问题、议论说理时，只想着自己，认为只要把支持自己立场观点的理由说清楚就可以了，而不考虑对方或其他各方的观点。这似乎也没什么错，但有些问题的讨论，尤其是那些涉及各方利益的新政新规的讨论，即使你把道理说清楚了，也不一定能让对方接受赞成你的观点。这种自我陶醉、自以为是、一厢情愿的说理表面上能自圆其说，文章结构也相对完整，但议论的效果却不尽如人意，常常“指鹿为马强说理”。

例如 2016 年成都“二诊”作文题：

2015 年 5 月 1 日，《北京市轨道交通运营安全条例》正式实施。自此，视力残障者可携带导盲犬进站乘车。大部分人对导盲犬乘车表示理解，但也有人表示担忧，比如车厢内有小孩见狗就哭怎么办？车厢环境密闭，导致过敏人群感染怎么办？……

对此，你有何看法？请综合材料内容及含意作文，体现你的思考、权衡与判断。要求：选好角度，确定立意，明确文体，自拟标题；不要套作，不得抄袭。

一篇题为《犬与人同，共享尊重》的优秀作文，在概述材料引出“在我看来，新条例的实施有着对盲人的温情体谅，更有社会对生命平等的认真诠释。我们应心怀尊重，为导盲犬让一步，为盲人让一步”的观点后，从六个方面展开论证说理：新政的作用及意义→人们对新政负面影响的担心→不能因为有负面影响而废止新政→新政不能废止的三条原因→人们的担心多余，指出新政的价值和意义→总结倡议。

单从一篇议论文来看，该文的写作思路是很清晰的，文章结构也是很完整的，论证本身也是逻辑很严密的。但结合这个时评材料，这篇作文的议论说理就不一定有说服力了。何以这样说？因为这个材料要求对新政的实施谈看法，新政给视力残障者带来了福音，但也损害了小孩、过敏人群的利益。赞成新政当然没有错，但议论说理不能不考虑新政带来的负面影响，即新政给其他人带来的利益损害。如果不考虑小孩、过敏人群的顾虑，即使道理说得再漂亮，也不能让带小孩的成人、过敏人群接受和信服你的观点，即使接受了，他心中的疑虑最终也不一定能消除。

针对这种自我为上、自以为是的议论说理，笔者也设计了一堂课来矫正。课前，笔者先对这篇文章做了修改，在“人们的担心多余，指出新政的价值和意义”和“总结倡议”中间增加一个文段，针对利益受损方的顾虑提出合理的解决办法：

当然，一个新政的出台，在满足一方利益的同时，往往也会对另一方的利益造成损失。导盲犬上车可能会带来的小孩哭闹和过敏人群的利益受损也不容忽视。作为新政的制定者在一开始就不能不考虑这部分群体的利益诉求。在加强宣传，消除人们对“导盲犬”误解的同时，管理者在政策制定的当初就应做一些实实在在的事：在条例中增加增派管理人员进行秩序维护，为盲人设置专门的进站通道和专用车厢。这样，既消除了人们的顾虑，也保障了盲人的权利。这种基于各方利益考虑的新政才是真正智慧的新政，才更具人性化，更能彰显社会公平，更能保持社会和谐。从这个角度说，我们的执政者还应提高政策制定的智慧和水平。

课堂上，笔者下发经过修改的文章，让学生梳理文章思路，比较修改前后的论证效果。学生一眼就看出了修改后的文章议论说理更周严、更有深度。笔者顺势让学生合作探究增加的这个文段是如何补充完善原文的议论说理的，并试着归纳方法。学生很快就领悟发现了修改文段的议论说理，主要是作者换位思考，针对对方的顾虑，提出合理的解决办法，这样使议论更有说服力，也更具现实价值和意义。于是，笔者带着学生归纳方法如下：

就某个涉及各方利害关系的政策、方案和举措进行讨论，在指出其本质、作用及意义后，需要辩证思维，换位思考，为对方提出解决方案，尽量满足对方的利益诉求，这样能增强文章议论的广度、深度和严谨性，也彰显了作者解决问题能力（有能力的人是受欢迎的）。

笔者把这种方法命名为献策法，即提出合理的解决方案。这种方法适用于就某个涉及各方利益的新政、新规、新举措或政策的新变化谈看法时使用。其操作要领为：赞成支持一个政策、方案和举措时，不能太自我，需换位思考，考虑自己支持的政策可能会给对方造成哪些损害，并针对对方的顾虑，承认对方合理的诉求，提出解决办法。

以上是学生在高考时评类议论文写作中出现的一些常见问题，也是主要的问题。当然，学生还会出现其他的诸如游离材料、空泛议论等问题。面对这些问题，只要我们正视它，教学时采用一定的策略予以矫正，学生时评写作的能力和水平还是能得到有效提升的。

（本文刊发于《中学语文》2017 年第 7 期）

任务驱动写作：扣紧原因不放松

任务驱动型作文是2015年高考新出现的一种作文题型。这类作文题给考生提供一段材料，创设一个情境，下达一个指令性任务（就某件事情或现象谈看法，做选择），“让考生在真实的情境中辨析关键概念，在多维度的比较中说理论证”[1]。任务驱动写作提高了写作的针对性，对考生的审题能力、表达能力，尤其是理性思辨能力提出了较高要求。

就写作实际来看，面对这类作文题，学生有畏难情绪，写作往往陷入困境：审题常常出现审题偏差，难以精准立意；思路不清，在材料上绕来绕去，不能条分缕析地清晰表达；说理空泛，议论始终停留在材料表层，论证难以深入周严。如何破解困境？笔者在教学中发现，学生如能抓住原因不放松：扣紧材料，审题追问原因，构思阐释原因，议论说理剖析原因，任务驱动材料作文的写作还是比较容易上手、比较好操作的。

一、追问原因，精准审题立意

任务驱动型材料作文，有别于以往的名言警句、诗词漫画等材料的呈现形式，一般从考生熟悉的题材或社会热点问题（事件或现象）切入，给出一个情境，要求考生谈看法或做选择。材料一般会呈现对立性或矛盾性的问题，让考生在比较中思考和选择。审题时，考生要找出材料中对立或矛盾的双方并不是难事，且抓住了对立或矛盾的双方也并不意味着就能精准地立意。难的还是如何才能从对立或矛盾的问题中挖掘出立意来。

唯物主义观点告诉我们，矛盾是普遍存在的，矛盾的产生有其因果关系。材料中对立性或矛盾性问题的出现必有其原因。审题时，如果我们能够多问几个为什么，追问材料出现对立或矛盾的原因，材料的立意也就有了一个把手，有了一个明确的方向。下面以2015年高考全国新课标Ⅰ卷作文题为例作简要说明。

材料给出的情境是，父亲在高速公路上开车时接电话，家人屡劝不改，女儿无奈向警方举报父亲，父亲受到了处罚。对这一问题，材料呈现了对立的双方，即赞成女儿的做法和质疑（反对）女儿的做法。如何精准审题？

如果我们追问对立双方持各自立场的原因，就能准确立意了。为何有人点赞女儿的做法？因为女儿的做法彰显的是一个公民应该具有的法治意识、责任意识和公民素养，是对生命的一种敬畏。为何有人质疑女儿的做法？因为女儿的做法有点不近人情，有违中华文化的孝道。这样一追问，材料中呈现的矛盾和对立其实就是“情与法”“责任意识、公民素养、生命敬畏与孝道人情”的对立与冲突。立意只要扣住法制、责任、公民素养、尊重生命与人情、孝道，或者辩证地谈二者关系，都应该是符合材料的准确立意。

再如，2015 年高考全国新课标Ⅱ卷，材料提供了三个风采人物，要求考生权衡选择，谈谁更具风采。选择谁完全取决于考生的兴趣和偏好，不是作文立意的关键。关键是在选择了其中的一个人物之后，如何准确立意？

我们知道，一种选择的背后必然包含着因果关系，即为何要做出这种选择。这三个人物各具风采，选择其中的任何一个都要追问：我为何要选他？他身上有哪些值得我选择的地方？这样一追问，就可以发现：大李身上有时代所需要、所提倡的创新精神；老王身上彰显着精益求精的品质，有了这种品质，平凡也能铸就伟大；小刘热爱美，善于发现美，更可贵的是他愿意传播美。这样一追问，不管选择谁，立意都非常清晰明确。

二、阐释原因，清晰写作思路

传统型材料作文，考生在确立立意（观点）后，可以围绕观点分解出几个分论点结构文章，很快就能理清写作思路。但任务驱动型材料作文，要求就材料中的事件或现象谈看法、做选择，考生在表达赞成或选择一方之后，就不知道如何快速地结构文章了。他们往往在材料所给的事件或现象上兜圈子，用学生自己的话说，“实在写不下去了”。因此，在确立立意之后，如何快速理清写作思路，也是学生任务驱动型材料作文写作的一个难点。

任务驱动型材料作文出现写作思路障碍是由这类作文的特点决定的。任务驱动型材料作文的写作要求考生接受并完成任务指令——就某件事情或现象谈看法、做选择，其写作的针对性较强，立意的空间较传统型作文相对封闭，且材料呈现的一般是社会热点事件或现象，对考生的思辨能力和理性思维要求较高。而学生平时学业负担重、学习压力大，很少去关注社会，思想认识水平相对不高，因此很难透过现象看本质，去解析材料，阐释观点。无奈之下，只能就事论事，在材料所给的事件或现象上兜圈子。

其实，任务驱动型材料作文写作要求考生谈看法、做选择，考的还是考生在对立统一中认识问题、分析问题、解决问题的能力。不管是赞成、反对还是辩证思考，只要阐释清楚所持的立场、所做选择的原因，也就完成了作文的指令任务。原因分析是任务驱动型材料作文写作议论说理的核心。因此，可以选择将原因阐释作为搭建文章结构、理清写作思路的一个重要手段。

例如，2015 年高考全国新课标Ⅰ卷满分作文《致陈先生的一封信：做个敬畏生命的人》，文章提出了自己的观点——“生命关天，我们必须敬畏”后，就是通过阐释我们必须敬畏生命的原因来结构文章的：敬畏自我的生命，此生无悔；敬畏与自己相关的生命，此生有责；敬畏与自己无关的生命，此生崇高。

再如，关于“抢红包”话题讨论的任务驱动型材料作文，一篇题为《别让红包“抢”走真情》的优秀作文，站在反对“抢红包”的立场，提出“抢红包”活动开始泛滥，我们切不可掉以轻心，别让红包“抢”走真情。文章也是通过原因阐释来搭建文章结构：红包“抢”走了亲情，别让红包“抢”走你与亲人的相处时光；红包“抢”走了友情，别让红包“抢”走你与朋友的快乐时光；红包“抢”走了心灵，别让红包“抢”走你纯真的初心。虽然分论点与文题不能完全照应，有不严谨之处，但考生通过原因阐释来搭建文章结构的意识还是值得赞赏和鼓励的。

三、剖析原因，深入说理论证

传统型材料作文写作，从材料理出立意后，考生可以脱离材料纯说理论证，只要扣住观点，可以多“点”议论。但这种说理有时不免滑入空泛议论的轨道。为避免传统型材料作文写作大量存在的空泛议论的弊病，任务驱动型材料作文写作的议论说理，要求考生紧扣任务指令（一个事件或现象）就事论事，集中精力论透一点，深入说理论证。事实是，面对事件或现象，大部分考生仍滑行在习惯的轨道上，空泛议论，说理停留在材料的表层，在事件或现象上兜圈子，说理论证难以深入。

出现这种情况的根本原因，还是考生没有透彻理解任务驱动型材料作文写作的本质：就事件或现象谈看法、做选择，论证说理要深入剖析自我（或对方）持某种看法和做某种选择的原因。如何深入剖析原因、深入说理论证呢？行文中以下方法可供参考：

1. 换位思考，厘定概念，分析对方所持立场的原因

任务驱动型材料作文往往出现矛盾对立的双方，但人们在阐释看法或选择时，往往习惯站在自我的角度来思考问题，这样的阐释不免陷入狭隘和偏激，缺乏说服力。如果我们换位思考，站在对方的角度来思考问题，分析对方所持立场的原因，那么我们的议论说理便有了针对性。这也符合任务驱动型材料作文写作文明交流的说理要求。

例如，有这样一道作文题：

地铁上，一男随地吐痰遭到指责后，竟不停地用污言秽语和乘客们对骂。一黑衣壮汉忍不住，拨开人群走到“吐痰男”跟前踢去一脚，“吐痰男”顿时

安静下来，一语不发。此时，有出来劝架的乘客指责“黑衣男”：“打人是不对的。”更多的人则认可黑衣男的做法。这段视频被上传到网络后，引起了更大范围、更多角度的讨论。

对于以上事情，你怎么看？请你就其中某一个或某一群人的表现，表明你的态度，阐述你的看法。要求综合材料内容及含意，选好角度，确定立意，标题自拟，完成写作任务。

一篇满分作文《“黑衣男”的正义可以更具温情》，站在反对“黑衣男”暴力主持正义的立场，在概述材料引出观点后，写道：

按理，出脚伤人、以暴制暴等反文明的行为总是不对的，但民调显示，认为“黑衣男”该踢的占近七成，原因就在于“黑衣男”的“暴”并非简单的“暴”，至少是在特定情境下、特殊时间里可控状态下的“暴”，是轻微暴力，而非流氓暴力，是一定限度内可控范围下且裹挟着正义与公道色彩的暴力。

考生换位思考，对“黑衣男”的“暴”作了概念上的厘定，剖析支持“黑衣男”暴力主持正义的原因，这使得下文深入对比分析公道色彩和反文明有了针对性，也使文章的论证说理周到严密。

2. 正反对比，权衡利弊，阐述我方所持立场的原因

在对立的看法或选择中，要让对方接受你的观点，让别人信服你的看法或选择，一个有效的说理方法就是指出对方所持立场或所做选择可能带来的危害，我方所持观点或所做选择所具有的意义（效果），在对比中阐述我方所持立场的原因。这样的说理对比鲜明，论证有力。

例如，同样是“黑衣男”暴力制止吐痰这一材料，一位考生支持“黑衣男”的做法，提出痛打“癞皮狗”的观点。在阐释完痛打的必要性后，文章对比了不打的危害和痛打的意义：

对待不同的人就该采取不同的解决方法，与圣人讲圣人之理，与泼皮讲泼皮之道，依人论事，简明高效。我们可以想象，若是无人插手，任“吐痰男”猖獗，一趟地铁下来势必有众多乘客要受池鱼之殃。如此“癞皮狗”，谁知他下一刻“枪口”要对准谁！再从效果来看，一脚过后那吐痰男不是立刻安静老实了吗？不管此脚是否符合道义，至少乘客们重获清净。如此看来，此脚甚妙！

这段打与不打的利害对比分析，有力地支持了作者的观点，使文章的议论说理深入而有说服力。

3. 联系现实，寻找对策，强化我方所持立场的原因

任务驱动型材料作文写作的整个议论说理过程，要求紧扣事件或现象，展现考生思维的深化过程，即任务驱动型材料作文写作除了要深入具体分析问题外，还要解决问题，提出解决问题的方案，这是强化我方立场原因的重要方

法，也是任务驱动写作深入说理论证的有效手段。

还是以满分作文《“黑衣男”的正义可以更具温情》为例，文章在厘定概念，剖析支持“黑衣男”暴力主持正义的原因，比较公道色彩和反文明之后，联系现实，指出在整个事件中，“吐痰男”才是最可怜、最值得同情的一个，社会有责任帮助他。

这不是替“黑衣男”开脱，身具正义的勇士也无须别人担责。整个事件中我反而觉得“吐痰男”才是最可怜、最值得同情的一个。不能随地吐痰、不在妇幼老弱面前大声辱骂，这连几岁大的孩子都熟知的常理，“吐痰男”却浑然不觉，且似乎“理直气壮”，可见受弊之深。显然，与正常人相比，“吐痰男”有太多的教育缺失，这种缺失是一种不公平，因为它很大程度源于社会的各种因素。心理上的病痛较之生理上的病痛更严重、更凄惨。既如此，社会就有责任帮助他，而不是在道义上遗弃他。

接着，文章联系现实提出了具体的解决方案：

所以，当地文明办如果不把工作止于发发文件、写写总结，至少遇到特殊个案时能走出户外，协同“黑衣男”一起上门服务，握手言和，并晓之以理、动之以情，帮“吐痰男”弥补缺失的礼仪知识，甚至解决他生活上的一些困难，相信“中国制造”的将不再是被网友定性的“渣男”，这称谓，毕竟搁谁头上都不好受。若是“正义”之上更有“温情”弥漫，于公于私都将是好事。

对于“过失者”，要具体情况具体分析。人性都是从肉里长出来的，特定情况下的激愤或冲动，也有可能是人性的温暖之处，没有必要上纲上线。倘能握手言和，并最终使人性归良，就是美的呈现。出手是被动无奈，握手方为主动建构，既打之，则安之。细致走心的工作，不应只止于压倒，还要安抚，治病还得救人，这就需要出手后的握手。握手是智慧、善意与温情的表达，是人生的大胸怀、大境界。

考生从管理者和普通人的角度分析如何做才具温情。这样，文章紧扣观点，不仅分析了问题，还解决了问题，整个的论证说理步步深入、逻辑周严，展现了考生良好的理性思维能力。

综上所述，笔者认为，扣紧原因不放松是任务驱动型材料作文写作的一把钥匙，掌握并学会使用这把钥匙，将会有效化解学生任务驱动写作的畏难情绪，增强学生的写作自信和效率。

参考文献：

［1］张开．注重题型设计、强化教育功能：2015 年高考作文的特点及相关问题的解读［J］．语文学习，2015（7-8）：11．

（本文刊发于《中学语文》2016 年第 7～8 期）

第四篇　考试评价

高中语文教学，始终回避不了高考这个话题。随着新课改的深入推进，新课标的逐步实施和高考改革的不断深入，高考语文对学生语文能力与素养的要求越来越高，高考语文试题不断呈现新变化。如何应对这些新变化、提高学生语文成绩，加强考试评价研究是迈不过去的坎。

第一章　命题探析

谈高考文学类文本阅读的命题及备考

一、命题新动态

总体看，近两年高考文学类文本阅读命题，在考查和检测学生的阅读素养、阅读能力上狠下功夫，命题者有意消解一些不利于阅读检测和不合阅读规律、阅读本质的因素，具体表现在：

（一）文体边界的消解

近两年高考文学类文本阅读，选材呈现出淡化或者模糊文体特征的趋势。有些小说文本，读起来像散文（笔者称之为散文化小说），如 2018 年高考全国卷Ⅰ文学类文本阅读《赵一曼女士》，如果不是题干明确文本是小说，读者可能会把它当成一篇记叙赵一曼女士生平事迹的回忆性散文来阅读。有些散文，读起来也像小说（笔者称之为小说式散文），如 2019 年高考天津卷所选散文《萨丽娃姐姐的春天》，文本把呼伦贝尔大草原独特的风光和萨丽娃姐姐艰苦创业、带领其他牧民走上致富道路的故事有机串联，读起来就像一篇诗意化的小说。

文体边界的消解，还表现在文学类文本阅读的选材不再局限于传统的中规中矩的文本样式或类型，开始向边缘化、富有现代性特征的文本类型拓展延伸。如 2018 年高考全国卷Ⅲ文学类文本阅读《微纪元》就是一篇科幻小说。科幻小说融科学、幻想和小说（文学）于一体，是随着近代科学技术的发展而产生的一种新型文学样式。

高考文学类文本的选材淡化或者模糊文体特征，一方面是因为当代文体概念本身就有些模糊混乱，学术创作界对于小说、散文这些文体概念尚且缺乏权威、统一且准确的标准；另一方面是因为高考是选拔性考试，高考文学类文本阅读考查的是学生阅读能力和阅读素养，淡化或模糊文体特征有利于更全面地检测和选拔人才。

（二）浅表思考的消解

前些年高考文学类文本阅读命题侧重于考查学生筛选整合文本信息、把握文本内容要点的能力，近两年高考文学类文本阅读的命题更趋向于考查学生对文本的深度思考和理解，偏重于考查学生对文本思想内容、艺术特色的分析和鉴赏，以及对文学作品形象、作者创作意图的把握和探究。以 2019 年高考为例，客观题方面，全国 8 套试卷有 5 套（全国卷Ⅰ、全国卷Ⅱ、全国卷Ⅲ、江苏卷、天津卷）考查了学生对文本内容和艺术特色的分析和鉴赏；主观题方面，全国卷Ⅰ、全国卷Ⅱ第 8 题，天津卷第 18 题，江苏卷第 13 题，浙江卷第 11 题，上海卷第 8 题均考查了考生对文学形象的理解，或对塑造文学形象手法的把握与分析。要准确解答这些题，学生首先要从文本中筛选信息，还要结合文本的创作背景、作者的创作意图和文本主题，整体把握与分析，对文本作出深度的思考和理解。

此外，在 2019 年高考中，全国卷Ⅱ第 9 题要求学生分析环境描写的作用，考查探究作者创作背景和创作意图的能力；江苏卷第 14 题要求分析标题所蕴含的思想情感，考查学生把握小说主题思想的能力；浙江卷第 13 题考查学生探究标题的能力；上海卷要求学生续写文章的结尾，考查对文章主题思想、结构思路的整体把握能力。这些题都需要学生深度思考、深入理解文本才能准确作答。

（三）模式化阅读的消解

当下，模式化阅读教学日趋严重，教师为了帮助学生更好地答题，常常归纳总结出一整套套路化的分析和理解方式。但文本是作者情感和思想的个性化表达，其表达形式是千变万化的，即使同一个主题，不同作者的表达形式也会不一样。同时，读者的情感、思想、阅读视野和阅读期待等也是千差万别的，面对同一个文本，不同的读者也可能会作出不同的解读。模式化阅读强调文本理解、问题解答的套路和格式，弱化了学生对文本的思考和理解，实际上降低了阅读教学的实效。

为规避模式化阅读带来的浅表阅读、低效甚至是无效阅读，提高高考阅读检测的效度和区分度，近两年高考文学类文本阅读题命制了一些令人耳目一新的题目。如 2019 年高考全国卷Ⅰ的文学类文本阅读节选了鲁迅的小说《理水》，其中第 9 题要求考生“从‘故事’与‘新编’的角度简析文本的基本特征”。这道题命题角度非常新颖，考查分析文章体裁特征的能力。要回答好这道题，学生对鲁迅小说集《故事新编》的创作风格和艺术特征要有整体的了解，而且要能结合《理水》一文作出具体分析。这一方面要求学生有一定的阅读量——阅读过鲁迅的小说集《故事新编》乃至《呐喊》《彷徨》，另一方面要求学生有一定的综合归纳和分析能力。面对这样新颖的题型，模板和套路是无用武之地的。

二、备考建议

基于近两年高考文学类文本阅读命题特点及变化，笔者现提出几点文学类文本复习备考建议，供老师们参考：

（一）加大文体知识教学，重构阅读的知识体系

缺乏必要的文体知识，是难以适应日益专业化的高考文学类文本阅读的。如 2019 年高考浙江卷文学类文本阅读第 12 题，要求考生分析萧红的作品《呼兰河传（节选）》的叙述特征。要想做好这道题，学生需具备叙述视角、叙述时间、叙述方式等叙事学知识。再如，2018 年全国卷Ⅰ文学类文本阅读第 6 题，要求学生分析现实与历史交织的叙述方式有哪些好处。要回答好这道题，学生就需要掌握一定的叙事方面的知识。

现有教材为我们提供的文体知识非常有限。例如小说，人教版教材仅在必修 3 的小说单元提示中以寥寥数语简要提及情节、人物、环境这三要素，对于阅读小说更为重要的文体知识，如虚构、叙述视角、叙述方式等，却很少涉及。这也使得学生面对一些命题角度新颖的题，如 2019 年全国卷Ⅰ文学类文本阅读第 9 题，要求考生“从‘故事’与‘新编’的角度简析文本的基本特征”，便茫然不知所措，不知如何回答。再比如散文的文体知识，现有人教版教材也只是在单元提示中粗略地提及写人记事类散文、写景状物类散文这些文体知识，对于诸如文化散文、诗意化、文眼、白描、人称转换、历史与现实交织的叙述方式等知识，却很少提及。

因此，要想提高学生阅读、理解文学类文本的能力，复习备考有必要加大文体知识的教学，在现有教材所涉及的文体知识的基础上，补充一些有助于改善提升学生文本解读能力的知识点，重构学生的阅读知识体系。

首先，在陈述性知识方面，近两年高考文学类文本阅读试题频频涉及叙事学相关知识和原理，高考复习备考有必要补充叙事学方面的阅读知识，尤其要给学生讲清楚叙事视角、叙事时间、叙述方式等阅读知识。为此，笔者制作了一张表格（表 1），粗略地给学生梳理了叙事学的相关知识。

表 1　文学类文本阅读的叙事学知识和原理

叙事艺术	叙述者	叙述视角	全知视角：以第三人称为主，适合表现时空延展度大，矛盾复杂，人物众多的题材；便于全方位地描述人物和事件；便于在局部灵活地临时改变、转移观察或叙述角度
			有限视角：以第一人称为主，增强叙事的真实性，给人以亲切感；可以发挥读者的能动性，去想象故事背后的故事
		叙述人称	第一人称：能淋漓尽致地表现人物的内心世界；缩短了人物与读者的距离，给读者真实感、亲切感；留下较多空白与悬念，激发读者好奇心和探究欲望
			第二人称：便于直接对话，利于交流思想情感，增强亲切感；使抒情更加强烈感人
	叙述	叙述时间	第三人称：能直接地展现生活，不受时空限制，反映现实更自由；拉开了叙述者与故事之间的距离，更具有客观性
			叙述时序：文本时间顺序与故事时间顺序相互对照形成的关系，包括追叙和预叙两种
			叙述频率：故事中事件与叙述的重复关系，往往具有渲染、突出强调的作用 叙述节奏：叙事速度的快慢疾缓，包括场景、概要、延缓、停顿、省略五种形式
		叙述方式	叙述的基本方式通常有倒叙、插叙、人物对话、人物独白、历史与现实穿插交织等

其次，在程序性知识和策略性知识方面，应教给学生一些解读文学类文本的比较易行的操作方法和策略，比如写景抒情散文的解读策略。笔者在复习实践中曾归纳了一个高考写景抒情散文解读的基本策略①，提出要快速有效解读高考写景抒情散文，首先要把握写景抒情散文的常规写作思路：主要景物→次要景物→历史文化/风土人情→主题（情感/哲思/感悟）；其次要以历史文化的视角观照景物描写；再次要关注景物（主要景物和次要景物）描写之间的关系。再如，笔者在小说类复习时，以《祝福》为例给学生归纳一个读懂小说主

① 参见余树财：《高考写景抒情散文解读策略》，载《中学语文教学》2014 年第 10 期。

题的矛盾冲突分析法[①]，提出了解读小说主题的基本操作路径：明确冲突对象→找准冲突点→循果追因→把握主题。实践证明，这些方法简单易行，效果明显，就像一把把钥匙，快速有效地打开高考文学类文本解读的大门，让学生读懂文本，准确答题，重塑自信。当然，高考文学类文本还有许多解读方法和策略等着我们去发掘，这需我们要加大研究的力度。

（二）强化文本的深度阅读，重构阅读的专业化思考

莫提默·J. 艾德勒与查尔斯·范多伦在《如何阅读一本书》中将阅读分为四个层次：基础阅读、检视阅读、分析阅读与主题阅读。基础阅读要求人们认字，明白句子在说什么即可；检视阅读是为了尽快了解书的整体，根据这个书的整体来判断这本书是否需要读下去，怎么读；分析阅读是对书籍的各方面进行分析；主题阅读要求人们能在同一主题的相关书籍中对各个作者提出的论点或者说议题进行类比分析、筛选判断，从而能够导出自己对该论点或议题的独到见解。这四个层次总起来说，无非就是浅表阅读（基础阅读与检视阅读）和深度阅读（分析阅读与主题阅读）。莫氏和查氏的这种阅读层次划分虽然是就一本书的阅读而言，但也适用于单篇文章的阅读。

显然，高考文学类文本阅读不能停留于基础阅读、检视阅读的层次，而要进入分析阅读甚至主题阅读的层面。说得更通俗、更直白一些，高考文学类文本阅读，学生不能停留于浅表阅读，而要深入理解分析文本，这就要求我们带领学生复习备考时要强化文本的深度阅读。

首先，要引导学生深入分析文本的语言、结构、手法、主题。分析文本的语言、结构、手法、主题是深入理解文本的重要抓手和载体，高考命题往往围绕这些要素展开。复习训练时，不管试题是否涉及这些要素，面对一个文学类文本阅读材料，我们都应该带着学生对这些要素做一个简要梳理。例如，进行2019年高考天津卷文学类文本《萨丽娃姐姐的春天》的阅读训练时，笔者带着学生先梳理文本的结构，整体把握文本：该文以“草原的春天”为线索，将呼伦贝尔大草原独特的风光和萨丽娃姐姐的故事有机串联，使行文布局舒缓有致，开合自如；接着品味文本的语言和手法——该文语言朴实清新，有一种“清水出芙蓉”淡雅之美，文本运用多种修辞手法，生动描摹了大草原上生生不息的物与人，同时引用民歌民谚为文章增添了浓郁的民族风情；最后引导学生抓住“春天”这个关键意象——“春天”在该文中有多重意蕴，既指呼伦贝

---

① 参见余树财：《矛盾冲突分析：提升小说阅读理解力的关键一环——以〈祝福〉教学为例》，载《语文建设》2018年第4期。

尔草原大自然的春天、羊羔生长期的春天，又指萨丽娃事业的春天，还指以萨丽娃为代表的新一代牧民未来生活的春天，揣摩文本的主题：通过记叙萨丽娃姐姐艰苦创业，带领其他牧民走上致富之路的同时，赞美了新时代给草原带来的新面貌、新气象、新希望。在对文本做了这样的深度阅读梳理之后，学生解题就轻松多了——其中的第16、17、19题其实就是围绕以上要素命题。

其次，组织学生进行文本联读、比较阅读、探究阅读——比较文本之间在艺术手法、语言特点、情感主旨等方面的异同，探究文本与文化、文本与社会、文本与人生之间的关联，对文本进行审美鉴赏与艺术再创造等。要做到这一点，我们就要教给学生阅读文学类文本的基本知识——文体知识和相关知识的专业术语，我们还应该培养学生的专业化阅读思维——“立象以尽意”的形象思维和隐喻象征思维，提升学生的阅读理解能力。例如，进行2019年高考全国卷Ⅰ文学类文本《理水》的阅读训练时，我们就有必要给学生讲清楚小说较为典型的文体特征——“虚构”，即小说即便写的是历史或广为流传的故事，也可以进行再创造甚至是虚构，如《三国演义》。同时，还可以选择《故事新编》的其他短篇让学生阅读，整体感受鲁迅《故事新编》的创作风格和艺术特点：鲁迅有意将现代话语和事物植入古代历史或传说中，使时空交错，呈现出非古非今、亦古亦今的特征，同时融入杂文笔法，使小说呈现出强烈的反讽特色。其实，鲁迅旨在通过艺术虚构以一种新的历史方式来叙述历史或传说（“立象”），观照现实，表现自己对历史和现实的理性思考（“尽意”）。明确了这些，学生再来阅读《理水》这篇小说，理解起来就容易多了，解题作答自然也会比较顺畅。

（三）摒弃模式化的阅读，重构有效的生长式阅读

在文学类文本的复习备考中，不少教师喜欢教给学生一些阅读答题的套路和公式，认为学生掌握了这些套路和公式就能得分。殊不知，模式化阅读会让学生养成过度依赖套路的习惯，妨碍他们深入理解文本，从而削弱了他们的阅读理解力。一旦遇到套路和模式难以奏效的考题，他们就会变得十分茫然和无助。在高考命题越来越重视考查学生真实阅读能力和阅读素养，消解模式化阅读的形势下，我们的复习备考以及平时的阅读教学还是要回归阅读的正道，少一些套路、多一些理解，让学生热爱阅读，体悟文学的魅力，构建有效的生长式阅读。

要构建生长式阅读，首先，要让学生近距离地触摸语言，品味文本语言表达的技巧与魅力，感受文学类文本的语言之美；其次，要让学生深入文本，分析文本的结构之美、情感之美、思想之美、手法之美等，提升学生的审美鉴赏能力。这两点，笔者在上文已举例说明，在此不再赘述。再次，要教会学生跳出文本，思考文本选取不同表达方式的原因，思考文本以外的社会与人生，培养“思维的发展与提升”这一核心素养。例如，2018 年高考北京卷文学类文本《水缸里的文学》，该文是苏童写的一篇散文，作者回忆童年的一段生活：因为好奇，作者对大人们说的河蚌仙女的故事特别感兴趣，这甚至成为他的一个秘密，让他亢奋。由此，作者探讨童年生活对艺术创作的影响。其实很多学生可能都有过作者类似的生活经历，他们后来认识世界、职业选择、开展创造往往就源于这种童年的非书本的“阅读”，比如高中文理选科，很多同学的选择多少留存着童年非书本“阅读”的影子。阅读这篇散文，我们就要让学生跳出文本，思考历史上中外名人是否也有过类似的经历，这样的经历都带给他们什么影响，自己是否也曾有过类似的生活经历。总之，我们要让学生在阅读中收获快乐与成长，在阅读中遇见更美好的自己。

综上所述，文学类文本阅读的复习备考，要紧扣培养学生阅读能力、提升学生阅读素养这条主线，构建学生文学类文本阅读的知识体系、培养学生的思维能力，使学生掌握一定的阅读方法，让阅读真正回归阅读本身。

（本文刊发于《中学语文教学》2020 年第 4 期）

“立象以尽意”

——高考文学类文本阅读“形象分析”考点探究

近年来，“形象分析”考点频频出现在高考文学类文本阅读中。以近三年的高考文学类文本阅读主观题为例，2019 年高考全国 8 套试卷有 5 套试卷——全国卷Ⅰ、全国卷Ⅱ、天津卷、江苏卷、浙江卷，考了这一考点，2018 年高考全国 8 套试卷有 4 套试卷——全国卷Ⅰ、全国卷Ⅱ、上海卷、江苏卷，考了这一考点，2017 年高考全国 9 套试卷有 6 套试卷——全国卷Ⅱ、北京卷、上海卷、江苏卷、山东卷、天津卷，考到了此考点。高考文学类文本阅读如此密集地考“形象分析”这一考点，值得我们思考和探究。

一、为何考——考查原因及目的检视

高考文学类文本阅读命题为何如此青睐“形象分析”这一考点，笔者以为可以从以下几个方面加以检视：

首先，缘于文学类文本“立象以尽意”的表情达意特点。“立象以尽意”

是文学类文本的基本表情达意方式。中国传统文学一向把“立象以尽意”作为创作准则，中国古代文论更是将其作为一个美学命题。最早提出这一文学言说方式和美学命题的是《易经·系辞上》，其中说道：“书不尽言，言不尽意。然则圣人之意，其不可见乎？子曰：圣人立象以尽意，设卦以尽情伪。”[1]意思是说，语言不能真正完美表达人们心中的“意”，人们只有借助于各种各样的“象”，即各种具体生动可感的形象来言说心中的情意。三国魏王弼《周易略例·明象》对此作了进一步的阐释：“夫象者，出意者也；言者，明象者也。尽意莫若象，尽象莫若言。言出于象，故可寻言以观意。意以象尽，象以言著。”[2]既然“象”承载着文学作品“尽意”的功能，那么要读懂文学作品的“意”，自然就需对“象”作出分析。因此可以说，“形象分析”是通往文学作品内蕴的桥梁，文学类文本阅读考“形象分析”实质是考学生把握形象，进而理解作品意蕴的能力。

其次，“形象分析”是评价学生语文学习质量水平的重要指标。《普通高中语文课程标准（2017 年版）》将高中语文学习的学业成就分为五个级别的水平——学业质量水平，并描述了不同水平学习结果的具体表现。每一级水平的质量描述都规定了“形象鉴赏”应达到的层次，如第一级水平要求学生“有欣赏文学作品的兴趣，能整体感受作品中的形象”[3]，第二级水平要求学生“喜欢欣赏文学作品，能整体感受作品的语言、形象和情感，展开合理的联想和想象”[4]，第三级水平要求学生“借助联想和想象丰富自己对文学作品（形象）的体验和感受，能品味语言，感受语言的美”[5]，第四级水平则明确“在鉴赏活动中，能结合作品的具体内容，阐释作品的情感、形象、主题和思想内涵”[6]，第五级水平则提出更高要求：“在鉴赏活动中，能从不同角度、不同层面鉴赏文学作品，能具体清晰地阐释自己对作品的情感、形象、主题和思想内涵、表现形式及作品风格的理解。”[7]其中，第四级水平是高校招生录取的依据，第五级水平供高校或用人单位参考。高考主要为高校选拔新生，第四级和第五级水平对“形象鉴赏”的要求就是高考的要求，即要求学生能阐释形象、评价形象，这也就是我们所说的鉴赏形象。

再次，“形象分析”体现了语文学科核心素养考查的命题指向。“形象分析”需调动学生的直觉思维、形象思维和创造性思维等，对促进学生“思维的发展与提升”“审美鉴赏与创造”这两大语文学科核心有重要意义，因此，《普通高中语文课程标准（2017 年版）》在课程目标中多次提及“形象”的体验、感受与理解，其中课程目标第 4 条这样表述：“增强形象思维能力。获得对语言和文学形象的直觉体验；在阅读与鉴赏、表达与交流、梳理与探究活动中运用联想和想象，丰富自己对现实生活和文学形象的感受与理解，丰富自己的经验与语言表达。”[8]第8条：“鉴赏文学作品。感受和体验文学作品的语言、形象和情感之美，能欣赏、鉴别和评价不同时代、不同风格的作品，具有正确的价值观、高尚的审美情趣和审美品位。”[9]第9条：“美的表达与创造。能运用祖国语言文字表达自己的审美体验，表达自己的情感、态度和观念，表现和创造自己心中的美好形象；讲究语言文字表达的效果及美感，具有创新意识。”[10]从这些表述，不难看出，“形象分析”是语文学科核心素养的重要体现，高考文学类文本阅读侧重考“形象分析”就是要通过高考这个“指挥棒”，强化以培养学生核心素养为旨归的阅读教学。

二、考什么——知识梳理与真题例析

就近3年“形象分析”考点的命题看，考查侧重于人物形象（人物性格）分析、人物形象作用评价以及塑造人物形象手法（技巧）及其作用的把握三个方面。要真正把握“形象分析”考点的命题意图和解题思路，有必要结合高考真题对这一考点的相关知识做一梳理。

1. 人物形象特点

人物形象是文学理论的一个重要概念，通俗地说，人物形象就是叙事类文学作品塑造的一个个性格鲜明、具有典型意义的人物。与人物形象相关的是人物性格，学生经常混淆这两个概念。其实，人物形象与人物性格并不是一回事。人物形象有外在和内在两个方面的特征。外在特征主要指人物的身份、职业、地位、技能（能力）、相貌、兴趣爱好、行为习惯、遭遇等，内在特征主要指人物的性格特点，包括人物的品格、情感、精神等方面的特征。也就是说，人物形象包含了人物性格。区别清楚这两个概念，学生答题时才不至于把人物形象特点分析当成人物性格特点分析。如2019年高考江苏卷文学类文本阅读第13题：

请简要分析表姐这一人物形象。

要准确回答这一题，就要从人物外在的身份、职业等和内在的品格、情感倾向等方面加以分析。请看参考答案：

①从所拿工资等，看出她是捧着铁饭碗的城市劳动者；②从背着手、做派头等，看出她有优越感和虚荣心；③从扑过去抢着洗衣服等，看出她渴望通过劳动改变生活。

显然，参考答案的要点①就是从表姐的外在身份、职业来分析的，要点②③就是从表姐内在的性格特点方面来分析的。

值得注意的是，2018 年高考，人物形象考查出现了一些新变化——注重学生信息筛选能力的考查，即命题者逆向考查人物的形象特点，在题干处明示人物的形象特点，要求学生在文本中筛选相关信息（细节）来印证人物的形象特点。如 2018 年高考全国卷Ⅰ文学类文本阅读第 5 题：“小说中说赵一曼‘身上弥漫着拔俗的文人气质和职业军人的冷峻’，请结合作品简要分析。”2018 年高考江苏卷文学类文本阅读第 15 题：“二乖的天真可爱表现在哪些方面？请简要概括。”这两道题都侧重考查学生依据人物形象特点去文本中筛选相关信息的能力。

2. 人物形象的作用

叙事类文学作品往往通过刻画人物、塑造典型人物形象来揭示社会生活的本质，从而表现作品的主题。文学类文本中的人物可分为主要人物、次要人物（通常也包括物象），高考人物形象作用命题也主要围绕这两个方面展开。主要人物形象的作用是揭示主题，或者作为文章的线索，引出其他人物，串联故事情节等。如 2019 年高考浙江卷文学类文本阅读第 13 题：

如果给文本拟一个标题，你会选“磨坊里外”还是“冯歪嘴子”？为什么？

这道题虽在考查探究文章标题的能力，但也涉及主要人物形象的作用这一考查点，考生若选“冯歪嘴子”为标题，就要回答文本中冯歪嘴子这一主要人物形象的作用。请看参考答案：

选“冯歪嘴子”。理由：①他是本文的主人公，以此为题，可突出人物形象。②本文通过“冯歪嘴子”这一形象牵出小说其他人物，串联故事情节。③关涉小说主旨：寄托了对善良又寂寞的底层劳动者的亲近和同情。

参考答案要点②和要点③就是在回答主要人物形象的作用。

次要人物形象的作用有：作为线索，推动故事情节的发展；侧面衬托主要人物，使主要人物性格更鲜明；揭示主题，增添文本的艺术感染力。如果次要人物是群体人物，次要人物的出现还可以为主要人物的活动提供具体环境，起到渲染气氛，奠定感情基调的作用。如鲁迅小说《祝福》中的“我”、柳妈、鲁镇平民这些次要人物的出场为祥林嫂的活动提供了社会环境，渲染了小说一种压抑的氛围，隐含着作者“哀其不幸，怒其不争”的情感态度。

文学作品中次要人物的作用，要特别关注小说中“我”的作用。小说中的“我”是个特殊人物，它不同于散文中的“我”，不是作者自己，而是小说虚构的一个人物。小说中的“我”作为一个次要人物，一般是故事的叙述者或线索人物，起着讲述故事、推动情节的发展、衬托主要人物、和主要人物一起揭示主题的作用。同时，小说中的“我”是第一人称，也有作为见证人、增强小说真实性的作用。如鲁迅小说《孔乙己》《祝福》中的“我”都是次要人物，都作为线索人物推动着小说情节的发展，同时和主要人物一起揭示主题。2016年高考全国卷Ⅲ文学类文本——贾平凹小说《玻璃》的阅读就考到了“我”在小说中的作用：

“我”在小说中的主要作用是什么？请简要分析。

参考答案为：①讲述故事：小说故事是由“我”讲述出来的，真实可信；②推进情节：“我”是事件的参与者，由于“我”的提议，情节得以发展变化；③衬托人物：小说主人公王有福的性格，由于“我”的存在而更加鲜明。

显然，参考答案就是按照次要人物“我”的主要作用来阐释的。

3. 塑造人物形象的手法（技巧）及其作用

塑造人物形象的手法（技巧）从大的方面讲，包括正面描写和侧面描写。正面描写的手法主要有：肖像描写、语言描写、动作描写、心理描写、细节描写。侧面描写的手法主要有：其他人物的对比烘托，景物（环境）描写的衬托。塑造人物形象手法（技巧）的作用侧重考查细节描写对塑造人物形象的作用，细节描写的作用有：细腻逼真地刻画人物性格，烘托人物心情，营造氛围，推动情节地发展，照应上下文某个情节，深化主题，渲染时代气氛、地方特色，为人物活动提供背景等。

塑造人物形象的手法（技巧）及其作用是“形象分析”考点的重要考查点，最近几年的高考文学类文本阅读对此均作了考查。如2019年高考全国卷Ⅰ、全国卷Ⅱ、全国卷Ⅲ，2018年高考上海卷，2017年高考上海卷、山东卷。这里以2019年高考全国卷Ⅰ文学类文本——鲁迅小说《理水》阅读第8题为例稍作分析：

鲁迅说：“我们从古以来，就有埋头苦干的人，有拼命硬干的人，有为民请命的人，有舍身求法的人，……这就是中国的脊梁。”请谈谈本文是如何具体塑造这样的“中国的脊梁”的。

这道题考查学生把握塑造人物形象手法的基本能力。解答这类题，首先要明确刻画人物形象的基本手法，如肖像描写、语言描写、动作描写、对比衬托等。其次要结合具体内容分析手法在文本中是如何体现的。再次，要明确手法的效果和作用，即手法突出了人物的什么形象特点，给读者以哪些阅读感受。本题的参考答案就是按照这几个步骤拟写的：

①肖像（外貌）描写。“一群乞丐似的大汉，面目黧黑，衣服破旧”，小说通过外貌描写，将大禹及其随员描写为“乞丐似的大汉”，写出艰苦卓绝的实

干家形象。②语言描写。简短有力的语言，突出人物的朴素、沉着、坚定、务实和富有远见卓识。③对比手法。通过大禹和大臣们的对比来塑造大禹及其随员脚踏实地、埋头苦干、拼命硬干的精神和勇于改革的胆识。

三、如何应对——复习备考策略与建议

基于近年来高考文学类文本阅读注重考查“形象分析”考点的命题特点，高三的文学类文本阅读复习一定要重视“形象分析”这一考点的备考训练。现提出几点建议，以抛砖引玉：

1. 明确“形象分析”考点的阅读能力要求

我们一定要熟悉课程标准和考试大纲关于“形象分析”考点的相关表述，明确这一考点对学生阅读能力的基本要求。《普通高中语文课程标准（2017年版）》学业质量水平对学生“形象分析”有五级质量水平要求，其中第四级和第五级要求是高考的要求，即要求学生能阐释形象、评价形象。也就是说，阐释形象、评价形象是高考文学类文本阅读对学生“形象分析”的基本阅读能力要求。高考语文考试大纲对文学类文本阅读“形象分析”的阅读能力要求，近几年都是“鉴赏作品的文学形象，领悟作品的艺术魅力”。何谓阐释形象、评价形象？何谓鉴赏作品的文学形象？这两者有何联系？

在笔者看来，阐释形象就是分析文学形象的特点和塑造文学形象的手法，评价形象就是分析文学形象和塑造文学形象手法的作用。因为形象特点和塑造形象的手法是客观地存在于文本中的，文学作品完成之后，形象的特点和塑造形象的手法就基本定格了。至于形象及塑造形象手法的作用，本身就带着主观的价值判断。鉴赏则包含了阐释和评价两个方面，鉴赏形象就是阐释形象和评价形象。因此，课程标准和考试大纲对“形象分析”考点的阅读能力要求是同一的。

一言以蔽之，高考文学类文本阅读“形象分析”考点就是要考查学生分析文学形象特点和塑造文学形象手法的能力，考查学生评价文学形象和塑造文学形象手法作用的能力。明确了这一点，我们就把握了高考文学类文本阅读复习备考的方向。

2. 梳理文学类文本阅读“形象分析”的基本知识

明确了“形象分析”考点的阅读能力要求后，我们就要梳理建构学生“形象分析”的基本阅读知识。关于“形象分析”的基本知识在上文中已经做了梳理，为了让这些知识更清晰，便于学生记忆，下面将这些知识浓缩在一个表格（表1）中。

表 1　文学类文本阅读形象分析基本知识

<table>
<tr><th colspan="2">人物形象特点</th><th colspan="2">人物形象作用</th><th colspan="3">塑造人物形象手法及其作用</th></tr>
<tr><td rowspan="5">外在</td><td rowspan="5">身份、
职业、
地位、
技能、
相貌、
遭遇、
兴趣爱好、
行为习惯</td><td rowspan="5">主要人物形象</td><td rowspan="5">①线索；
②揭示主题；
③引出其他人物；
④串联故事情节</td><td rowspan="5">正面</td><td>肖像描写</td><td rowspan="2">展现人物的内心世界及性格特征</td></tr>
<tr><td>动作描写</td></tr>
<tr><td>语言描写</td><td>①刻画人物性格，反映人物心理活动；
②推进故事情节的发展；
③描摹人物的语态，使形象刻画栩栩如生、跃然纸上</td></tr>
<tr><td>心理描写</td><td>①直接表现人物思想和内在情感；
②表现人物思想品质，刻画人物性格；
③推动情节发展</td></tr>
<tr><td>细节描写</td><td>①渲染时代气氛、地方特色，为人物活动提供背景；
②细腻逼真地刻画人物性格；
③推动情节的发展；
④照应上下文的某个情节；
⑤人物心情，暗示人物命运；
⑥营造某种氛围；
⑦深化主题</td></tr>
<tr><td rowspan="2">内在</td><td rowspan="2">品格、
情感、
精神</td><td rowspan="2">次要人物形象</td><td rowspan="2">①线索；
②推动情节发展；
③衬托主要人物；
④揭示主题</td><td rowspan="2">侧面</td><td>景物（环境）烘托</td><td>①烘托人物心情；
②衬托人物性格</td></tr>
<tr><td>对比衬托</td><td>①突出另一人物的性格特征；
②深化主题</td></tr>
</table>

3．加强“形象分析”考点的阅读能力训练

复习备考、能力提高少不了训练，在明确了“形象分析”考点的阅读能力要求，梳理了相关的阅读知识之后，接下来要做的就是加强“形象分析”考点的阅读训练。首先，要点对点地训练，做到讲练结合，即将“形象分析”考点分解为一个个小的能力训练点，如分析或概括人物形象（性格）特点、分析人物形象的作用、塑造人物形象的手法等，在讲清楚每一个能力训练点的基本知识和解题方法之后，就要进行点对点的训练。其次，训练要精讲精练，举一反三，即选择有代表性的高考真题，剖析真题的命题意图、考查方向、解题思路，并能对真题进行变形，变换问题视角，训练学生举一反三的能力。如2018年高考全国卷Ⅰ文学类文本阅读第5题：

小说中说赵一曼“身上弥漫着拔俗的文人气质和职业军人的冷峻”，请结合作品简要分析。

这道题逆向考查学生分析人物形象特点这个能力点，要求学生依据题干提示的形象特点——“文人气质和军人的冷峻”到文本中筛选信息，我们在阅读训练时，可以将题目转换为：

(1) 小说中赵一曼除了“身上弥漫着拔俗的文人气质和职业军人的冷峻”外，还有没有其他的形象特点？请结合作品简要分析。

(2) 小说中赵一曼“身上弥漫着拔俗的文人气质和职业军人的冷峻”，作品是如何表现她这一形象特点的？请简要分析。

(3) 小说为何要着力表现赵一曼“身上弥漫着拔俗的文人气质和职业军人的冷峻”？作品塑造赵一曼这一形象有何价值和意义？

这样，一道题变成了多道题，训练有效地实现了能力训练点之间的相互融通，复习效率也将大大提高，学生在面对千变万化的高考题时也就能从容地应对。

总之，“立象以尽意”是文学作品表情达意的基本方式，高考文学类文本阅读命题亦是尊重文学作品的这种表情达意方式，借助于“象”这个文学载体来实现自身的命题意图——通过对“形象分析”的考查来检测学生的文学作品阅读鉴赏能力。因此，高考文学类文本阅读的复习备考要紧紧抓住“象”这根牛鼻子来强化“形象分析”考点的训练。

参考文献：

[1] 王先霈，王又平．文学理论批评术语汇释．北京：高等教育出版社，2006：62-63.

[2] 王先霈，王又平．文学理论批评术语汇释．北京：高等教育出版社，2006：62-63.

[3] 中华人民共和国教育部．普通高中语文课程标准（2017年版）[M]．北京：人民教育出版社，2018：35-39.

[4] 中华人民共和国教育部．普通高中语文课程标准（2017年版）[M]．北京：人民教育出版社，2018：35-39.

[5] 中华人民共和国教育部．普通高中语文课程标准（2017年版）[M].

北京：人民教育出版社，2018：35-39.
[6] 中华人民共和国教育部．普通高中语文课程标准（2017年版）[M]．北京：人民教育出版社，2018：35-39.
[7] 中华人民共和国教育部．普通高中语文课程标准（2017年版）[M]．北京：人民教育出版社，2018：35-39.
[8] 中华人民共和国教育部．普通高中语文课程标准（2017年版）[M]．北京：人民教育出版社，2018：35-39.
[9] 中华人民共和国教育部．普通高中语文课程标准（2017年版）[M]．北京：人民教育出版社，2018：35-39.
[10] 中华人民共和国教育部．普通高中语文课程标准（2017年版）[M]．北京：人民教育出版社，2018：35-39.

（本文刊发于《语文月刊》2020年第6期）

作文教学要走向开放

——2017年高考全国卷作文命题新变化及其教学启示

2017年高考已落下帷幕，今年的高考全国卷作文命题出现一些新变化，这些变化将给我们作文教学带来哪些启示？笔者不揣浅陋，想就此谈一些粗浅的看法。

一、2017年高考全国卷作文命题的新变化

相较于前两年高考作文，今年高考全国卷作文命题总体呈现出开放的特点，具体表现在以下几个方面：

1．材料内容的开放

虽然今年的全国卷作文依然沿用了材料作文命题形式，但命题在材料内容上却做足了文章，一改以往材料内容相对单一（或一则故事、一个事件、一句名言或一幅漫画、一组人物等）的面貌。

（1）向生活开放，既贴近学生生活，又不回避社会热点。

这一点，全国卷Ⅲ和卷Ⅰ表现得较为明显，卷Ⅲ作文让考生写与自己密切相关的高考——“我看高考”或“我的高考”。高考是考生这一年来生活的主要内容，也是考生家庭和全社会关注的热点。卷Ⅰ作文材料以关键词的形式多维度地展现了当下的社会生活。这一个个关键词就像一幅幅生活写意画，又像是一个个聚焦镜头，涉及社会生活的诸多方面，既有城市生活，也有农村生

活；既有国家大事，也有市井民生；既有传统文化，也有现代科技。这些生活有些与考生联系可能不是那么紧密，但都是考生平时感同身受的。

材料内容向生活开放，让考生有话可说的同时，也为不同层次、不同地域、不同个性差异考生的写作提供自由选择与施展的空间，体现了分省命题回归全国卷后命题人的良苦用心。更为重要的是，材料全面向生活开放，大大拓展了材料作文写作的空间和命题的有效性，这是高考作文命题的一大进步。

（2）向传统文化开放，关注学生的人文情怀和精神成长。

这一点是在落实新修订的 2017 年考试大纲“在高考考核目标中适当体现核心素养的要求”[1]。文化传承与理解作为语文学科的核心素养之一，在今年高考受到格外的重视，在其他考题中均有体现，作文也不例外。全国卷Ⅰ作文材料中的关键词“长城”“京剧”关涉的就是传统文化，但最能体现“文化传承与理解”这一核心素养的还是全国卷Ⅱ。

2017 年高考全国卷Ⅱ作文材料由精心选择的六个中华名句组成，相较于之前的一两句名句（诗句）材料——如 2007 年北京卷“细雨湿衣看不见，闲花落地听无声”，2014 年四川卷“人，只有在自己站起来之后，这个世界才能属于他”，卷Ⅱ材料本身就呈现出开放的特点。这六个名句风格各异，或温婉或豪迈；内容形式有别，或诗词抒怀或随感思辨；产生的时代也不一样，或古代或近现代。六个名句涉及自强不息、家国情怀、坚守自我、心怀天下、勇于担当、豁达自信等精神内涵，从不同角度呈现了中华文化精神的精髓。与卷Ⅰ相比，卷Ⅱ更显出向传统文化开放的特征，更关注学生的人文情怀和精神成长。

2. 思维的开放

前几年高考全国卷作文命题，一般在材料中呈现一个事件或现象后，会给出不同人对此事件或现象的不同看法——看法之间往往矛盾对立，然后让考生谈自己的认识和看法。这样的作文写作要求考生有良好的辩证思维能力，否则议论说理可能会以偏概全，逻辑不严。今年的高考作文显然降低了这一思维要求，全国卷Ⅰ和卷Ⅲ，如果考生的辩证思维（逻辑思维）发展得不够理想，而形象思维占优势，也可以通过写故事脱颖而出。从这一点看，今年的高考作文命题开放了考生的思维。

其实，深入研究今年高考作文，我们会发现，今年高考作文不仅是向辩证思维和形象思维开放，同时也向象征思维、求同（分类）思维、求异思维及关键词思维开放。全国卷Ⅰ和卷Ⅱ的作文命题在这一点上体现得较为明显。卷Ⅰ作文材料给出的是 12 个富有中国特征的名词，要想深度立意，就必须使用象征思维，还原每个关键词的象征义，如“长城”“京剧”象征中国古老文明与传统文化，“高铁”“移动支付”象征时尚、现代科技，等等。考生要选择两三个关键词立意，就要用到求同思维、求异思维和辩证思维。可以选择同类，如“空气污染”和“食品安全”反映的是中国发展所出现的问题，理性思考这些问题的根源，寻求解决良策等；也可以选择矛盾对立的异类，如“空气污染”“食品安全”“美丽乡村”，辩证地看待中国发展中出现的问题。具体行文时，还要用到关键词思维，围绕关键词去组织材料，构思行文。如围绕“食品安全”这个关键词，在脑海中搜寻社会生活中重大的食品安全事件及政府解决食品安全问题的作为和失误等。

作文命题向考生思维开放，尊重了学生思维发展存在差异的实际，也体现了高考作文考查“思维发展与提高”这一核心素养的考查方向，对于引导高中作文教学有积极的意义。

3. 文体的开放

前两年的高考全国卷作文要求考生对事件、现象、人物等谈看法，做选择，文体上较为封闭，基本限定为写议论文。今年高考命题在这方面做了一定调整，全国卷Ⅰ要求从 12 个关键词中选择两三个“来呈现你所认识的中国，写一篇文章帮助外国青年读懂中国”。“呈现”“帮助读懂”这个要求就放宽了文体的限制，既可以写记叙文，通过叙事来呈现，让外国青年形象地感受中国；也可以写议论文，阐释自己对中国的认识，让外国青年理性地认识中国。全国卷Ⅲ作文在要求中给出副标题“我看高考”或“我的高考”，这个命题形式非常新颖，在高考作文命题中极其少见。这个命题形式除了给考生写作内容提供了个性选择的空间外，更主要的还是开放了文体，给考生以文体自由选择的权利。

全国卷Ⅰ和卷Ⅲ作文命题的这个变化打破近几年高考任务驱动型作文文体的封闭，让高考作文命题本身也走向了开放。因此，今年的高考作文题给我们的感觉是“不按套路出牌”，但又不得不为之叫好。这是高考作文命题的进步，也是创新开放精神在高考作文命题上的体现，值得点赞！

二、2017 年高考作文命题新变化的教学启示

总的来说，“开放”是 2017 年高考全国卷作文命题呈现的主要特征，也是最突出的变化，它带给我们的启示就是，作文教学也要走向开放。那么，作文教学到底该如何走向开放？就此，笔者谈一些粗浅的建议，若有不当，请批评指正。

1. 引导学生密切关注社会生活

今年高考全国卷作文题密切关注社会生活、社会热点，它向我们释放一个

强信号：作文教学应该引导学生密切关注社会生活。因为，人毕竟是社会的动物，人的社会属性决定了其不可能脱离社会，每一个社会个体在关注自我生活的同时，更应关注社会生活，这也是社会责任感的一种表现。作文教学如何引导学生密切关注生活？笔者做了一些尝试。

笔者现任教高二，每周利用一节晚自习组织学生收看央视新闻频道的《新闻周刊》，让学生了解每周国内外的大事和热点新闻，并让学生选择自己感兴趣的新闻事件写评论。评论采用短评或简评的形式，要求学生按照“叙、评、析、结”，即概述事件→阐释看法→分析论证→总结建议的基本格式写作。一开始，为了规范学生写作，我们以材料作文的形式改编新闻事件，并印制成练习，每一个步骤及其写作内容，都在练习中明确标注，要求学生按照流程一步一步地写。经过一个学期的熏陶和训练，学生的思想认识和思维深度提升后，就放开束缚，让学生自由写作。下面是一位学生就某地“老虎伤人事件”写的短评：

“老虎伤人”事件持续发酵，事件背后折射出的是令人忧虑的当前中国公益文化事业畸形发展的现实。

受害者之所以不买门票入园，而宁愿铤而走险翻墙逃票，其中门票价格较高——至少相对于受害者的收入水平显得较高，是一个很重要的原因。倘若门票价格低到他能像买一瓶矿泉水那样轻松，我想他也不至于冒着生命危险去逃票。健康的文化事业发展和文化消费本应建立在国强民富的基础之上，但某些管理方或经营者在利益的诱惑下，不断提高公益文化设施及文化旅游景点的价格。这种违背价值规律和文化消费规律的行为最终将会导致文化远离民众，让大多数想参与文化消费的民众无法承担，“老虎伤人”事件的受害者就是这大多数人中的典型个例。

因此，政府有必要加强对文化景点和公益文化设施的定价和监管，否则，今后恐怕会出现更多的“熊伤人”“狮伤人”“鳄鱼伤人”事件。（《老虎伤人，中国公益文化事业畸形发展的隐忧》）

当然，高三的复习备考时间紧张，让学生集体收看《新闻周刊》可能不太现实，但可以以班级为单位，订阅一份权威报纸，放在教室读书角，学生闲暇之余可以浏览阅读。新闻短评写作无须花很多时间，作为“每周一练”坚持下去不是难事。

2. 加强传统文化教学与熏陶

人都是在一定文化中生活，传统文化延续着民族的血脉，理解和传承文化是每一个社会成员应有的责任和义务。中华文化博大精深，中华优秀传统文化积淀着中华民族最深沉的精神追求和思想精华，蕴含着伟大的民族精神。加强传统文化教学与熏陶，对于培养学生的人文精神、促进学生的精神成长有巨大的价值和意义，这也是语文教育立德树人的基本价值追求。如何在写作教学中加强传统文化教学与熏陶，这是一个重大的教学命题，值得深入研究和探索。

在笔者看来，加强传统文化教学和熏陶，不能只是“喊喊口号”“唱唱高调”，一定要遵循学生心理成长的规律和学习实际，以学生喜闻乐见的方式进行。具体到作文教学，我们可以将作文教学与古诗文教学结合起来。在古诗文教学中，学习到体现文化精神的文句时，可以让学生深入讨论探究这些文句背后的民族精神和气质，并结合社会现实，让学生写心得、随笔或评论。如教学苏轼《定风波》，讲到“归去，也无风雨也无晴”时，就可以让学生深入讨论探究该诗句所体现苏轼的精神追求，以及这一精神追求所体现的文化精神，并结合现实生活，就此写随笔或评论。且看学生写的片段：

人生的最高境界，莫过于对世间万事万物都始终怀着一颗“也无风雨也无晴”的坦然与豁达。人生在世，无非就是两种天气，阴天或晴天。天有不测阴晴，风雨本无常态，人生也一样，难道不是吗？所以，面对人生风雨天晴，不必大惊小怪！下雨，没什么可悲；天晴，也没什么可喜。只要内心坦然宁静，人生处处都是好风景。而如今，人们的精神境界与心灵追求似乎正在逐渐偏离这“也无风雨也无晴”的精神本真。面对人生的不如意，有多少人能够以“也无风雨也无晴”的心态去面对？大多数人与不如意事偶遇时，首先就是抱怨，指责、不满，等到所有这些消极情绪把生命能量差不多消耗殆尽时，又开始想尽办法逃避。对这些人，我只想说，学学苏轼吧！学学他面对人生风雨的那份释怀与坦然吧！

同时，要利用好选修教材，对涉及课内的文化经典——如《论语》《孟子》《庄子》等，作适度的教学拓展，让学生在“领略圣贤情怀”、涵养人文精神的同时，“提升作文的高度”，这一点，马平老师做过颇有成效的尝试[2]。

3. 培养学生的综合思维能力

今年高考全国卷作文一改侧重考查学生辩证思维的思路，开始考查学生的综合思维能力，这意味着今后我们的作文教学要也要走向思维的开放，培养学生综合思维能力。既要培养学生的辩证思维，也要培养学生的求同求异思维；既要培养学生的形象思维，也要培养学生的象征思维；等等。这些思维能力是学生将来走向社会从事各类工作必备的思维能力，因而我们的教学应尽量全面培养学生的思维能力。具体到作文教学，我们在教学材料作文审题立意时，就要教会学生运用象征思维、批判思维、辩证思维、求同思维、求异思维等进行有“三度”（深度、高度和新颖度）的立意；具体组织材料、行文表达时，要教会学生运用形象思维、关键词思维、求同思维等有条理地表达。培养学生的综合思维能力是提升学生语文学科素养的本质要求，也是作文教学的使命所在，作为语文教师，我们身上肩负着沉甸甸的责任，松懈怠慢不得！但培养学生的思维能力又是一项复杂而浩大的工程，不可能一蹴而就，需要长期坚持。

4. 文体教学和训练不可偏废

今年高考全国卷作文已开放文体，不再限定考生写议论文，这其实也是在向我们的作文教学和备考释放信号：文体教学和训练不可偏废，即作文教学和训练不能只局限于议论文一种文体，要加强各类文体的教学和训练。既要加强议论文的教学和训练，也要加强记叙文的教学和训练，同时不能忽略书信、演讲词等文体的教学和训练。总而言之，我们的作文教学必须牢固树立各类文体教学不放松、不偏废的思想，这是对作文教学的负责，也是对学生发展的负责！

语文必须是开放的，唯有开放，语文教学才显生机和活力。作文教学亦应是开放的，走向开放，作文教学才会海阔天空，美丽如春！

参考文献：

［1］教育部考试中心. 2017年普通高等学校招生全国统一考试大纲的说明（文科）［M］. 北京：高等教育出版社，2017：1.

［2］马平.《先秦诸子选读》的写作思考［J］. 中学语文教学参考，2016(10)：66-67.

（本文刊发于《语文月刊》2017年第9期）

作文教学要回归生活

——2019年高考作文命题评析及其教学启示

2019年高考已落下帷幕，2019年高考作文题共10道，教育部考试中心命制了4道——较去年，增加了全国汉语试卷作文题，北京、上海、天津、江苏、浙江五省命制了6道（北京卷2道题任选）。这10道作文试题以材料作文为主，所选材料鲜活性与厚重感兼具，生活化与思辨性并重。纵观今年高考作文试题，其命题呈现出贴近生活、回归生活的特点。

一、关注社会热点，引导考生思考时代生活

人是社会的人，是时代的人，每个个体的人都生活在属于他的特定时代，个体参与时代的发展与建构，时代赋予个体以使命和责任。高中毕业生即将步

入社会，融入时代的发展进程中。作为选拔人才的考试，高考作文有必要引导学生关注时代生活，关心身边大事，思考如何将自我融入时代大潮，肩负起时代赋予的历史责任与使命。在这一点上，2019 年高考作文命题基本延续了 2018 年高考作文命题思路与风格。

2019 年是时代进程中重要的一年，这一年是五四运动 100 周年、新中国成立 70 周年，我们身边有许多大事和社会热点，如中美贸易战、纪念五四运动 100 周年、2022 年北京冬季奥运会倒计时 1000 天、欢庆共和国 70 华诞等。这些社会热点与青年学生的生活有着不同程度的关联，高考作文就应该发挥积极的导向功能，引导学生去关注社会热点，关心身边大事，去思考时代生活，思考在时代发展的宏大背景下，如何将自我发展融入国家发展的历史进程。

从这个视角来看今年的高考作文试题，北京卷、全国汉语试卷、全国Ⅱ卷鲜明地体现了这一特点。北京卷作文试题②就是以 2019 年隆重纪念五四运动 100 周年、欢庆共和国 70 华诞为背景，让考生以“2019 的色彩”为题，写一篇记叙文，述说自己将赋予 2019 年以何种色彩。这道作文题其实是在唤醒和激发考生的时代责任感和使命感。要写好这道作文题，考生必须将自己融入时代发展进程，思考自己身上所肩负的时代责任和使命。全国汉语试卷作文题以 2022 年北京冬季奥运会倒计时 1000 天这一热点事件为背景，呈现奥运格言、奥林匹克口号和运动员的豪言壮语，让考生谈体验和思考。这道作文题亦是通过身边的热点事件，引导考生思考自我如何发扬奥运精神、奋发向上、为国家争光，唤起考生的时代主人公意识和爱国热情。全国Ⅱ卷作文题呈现从五四运动（1919 年）到新中国成立 100 周年中华民族实现伟大复兴（2049 年）这一历史进程中的 5 个标志性历史节点，让考生以当事人的身份体验曾经的时代生活，思考未来的时代生活，引导考生将自我的理想追求与国家、民族和时代的发展融为一体，激发考生的爱国之心和报国之志。

当今时代生活还有一个重要的命题，就是传承中华文化、增强文化自信。今年的高考作文同样没有回避这个热点。北京卷作文试题①要求以“文明的韧性”为题写一篇议论文，其命题指向就是让考生感受中华文明的生命力，激发考生的文化自豪感和自信力，同时让考生思考新时代如何激发中华文明的韧性，思考自己身上所担负的文化传承的责任和使命。

二、强化立德树人，引领考生体验身边生活

2018 年 1 月，教育部发布了新修订的《高中语文课程标准（2017 年版）》，明确了“坚持立德树人，增强文化自信，充分发挥语文课程的育人功能”的基本理念。《2018 年普通高等学校招生全国统一考试大纲》和《2019 年普通高等

学校招生全国统一考试大纲》在总纲中也都明确了“立德树人、服务选拔、导向教学”这一高考核心评价标准。从这些权威文件看，“立德树人”是语文课程、语文教学和高考语文命题的总方向和基本原则。作为分值最大的一个板块，高考作文试题自然要落实这一原则，因此，近两年的高考作文命题都强化“立德树人”这一考查目标。但如何落实“立德树人”，却可以有不同的方式和形式。

2018 年高考作文命题在落实“立德树人”任务上更多的是从宏观视角，让考生面对宏大的时代主题，感受改革进步、国家发展、民族振兴，思考自身的历史责任。如 2018 年高考全国Ⅰ卷作文试题“世纪宝宝中国梦”精选了 7 个年份的中国新世纪的标志性事件和新时代的重大规划，引导考生体会国家进步、民族复兴，激发考生的爱国热情和民族自豪感，同时也让考生思考自身的历史责任；再如 2018 年高考全国Ⅲ卷，试题呈现改革开放进程中的三条标语，让考生围绕这三条标语讲好改革故事，领会当代青年的时代使命和责任担当，为改革的深入接力奋斗，砥砺前行。

而 2019 年高考作文试题在落实“立德树人”任务方面，在继承了 2018 年高考作文试题宏观视野、宏大主题（如全国Ⅱ卷和天津卷）的同时，又有创新，主要表现在选材内容更生活化，形式也更加多样化。如全国Ⅲ卷作文题，以漫画的形式，设定与考生学习生活十分密切的情景——毕业前最后一节课，老师对学生说：“你们再看看书，我再看看你们。”考生读到这道作文题，眼前会立刻浮现昨天老师上课的情景，进而勾起他们对整个高中生活、师生情谊的回忆，激起他们内心的情感共鸣，使他们不由自主地对老师生发出一种留念、感激、敬重之情，这是一种十分美好的情感体验。这种与考生生活零距离的材料可能比宏大时代主题的材料来得更真切，考生也更有话可说、更有真情想表达。这样的作文题在引领学生品格修行、培养学生尊师感恩、倡导社会尊师重教上的作用似乎更为明显。

再如，全国Ⅰ卷作文试题围绕“劳动”这一与考生生活密切相关的话题，材料引用了中国古代关于劳动的箴言、警句和当代国家领导人对新时代劳动精神的精要阐释，将中华民族热爱劳动的优秀传统与现实生活中一些不理解劳动、不愿意劳动、不尊重劳动的偏差认识和错误态度进行对比，让考生对这一现象及劳动本身进行深入思考。这一命题旨在引导考生自觉弘扬劳动精神，培养他们热爱劳动、崇尚劳动、尊重劳动、参与劳动的良好品格。考生通过写作，其实也经历了一次自我劳动教育的体验。

三、突出应用写作，让写作服务未来生活

一直以来，应用文写作在中学作文教学中基本处于缺席状态，中学作文教学主要教学生写三种文体（记叙文、说明文、议论文）的作文，高中写作教学则只教记叙文和议论文的写作，应用文写作更是荒芜。这样教学的结果就是，现实中，为数不少的高中生连请假条、借条都不能规范地书写，更不用说演讲稿、慰问信、调查报告等。这一方面有教材编排的原因，人教版高中语文必修教材第 1～5 册的梳理探究部分，只安排了记叙文和议论文写作教学内容，并未涉及应用文的写作教学；另一方面也有考试指挥棒的原因，这么多年的高考，很少考查应用文写作——即使有过为数不多的几次，也仅限于书信。这直接导向高中作文教学和备考忽略应用文。

事实上，应用文写作有较强的实用性，高中生会不会写应用文，对于其步入社会后的生活是有一定影响的，尤其是演讲稿、慰问信、观后感等这些应用文体，无论学生未来从事什么职业，他们都可能要用到。也正是因为这一点，今年的高考作文命题加大了应用文写作的考查。全国Ⅰ卷要求考生结合材料中各种对劳动的错误认识和态度，面向本校（统称“复兴中学”）学生写一篇演讲稿，倡议大家“热爱劳动，从我做起”。全国Ⅱ卷精选了从新民主主义革命的开端（1919 年）到中华民族实现伟大复兴（2049 年）历史进程中的五个标志性历史节点——五四运动、新中国成立、改革开放、五四运动 100 周年、新中国成立 100 周年，要求考生以青年学生当事人的身份，或写一篇在五四运动集会上的演讲稿，或在参加开国大典庆祝游行后给家人写一封书信，或在改革开放元年参加新生开学典礼后给同学写一封书信，或收看“纪念五四运动 100 周年大会”后写一篇观后感，或在新中国成立 100 周年时给某位“百年中国功勋人物”写一封国庆节慰问信。要写好这两道作文试题，考生除了对所写内容有所思考外，还须具备一定的应用文写作能力，要熟悉演讲词、书信、观后感、慰问信的写作要求和基本的格式规范。

今年高考作文试题突出应用写作，其实是在强调写作“交际性”特点，因为就中学作文教学而言，写作本质上是特定语境中构造语篇的书面表达活动，最终还是要回归生活。著名语文教育家叶圣陶先生认为，大学毕业生不一定要能写小说诗歌，但是一定要能写工作和生活中实用的文章，而且非写得既通顺又扎实不可。事实上，不仅是大学生要掌握扎实的应用文写作能力，高中生也应该具备一定的应用文写作能力，以便更好地适应未来的学习和工作。

四、教学启示

综上所述，2019年高考作文命题释放出一个强烈信号，即让写作更贴近生活。这也给我们一个重要启示，即中学作文教学要回归生活。

首先，着眼于学生的现实生活，引导学生投身时代大潮，关注社会热点。人是社会的人，社会的发展与变化与中学生的成长息息相关，高中生关注社会，是社会发展的需要，亦是自身成长的需要。青年学生肩负着民族复兴的责任，报效国家、奉献社会是他们应尽的责任和义务。当今时代，国家日渐强大，国际地位日益提高，民族复兴指日可待，我们要教育学生珍惜现在的美好生活，引导他们积极参与社会实践，多关心国家大事，关注社会热点。我们可以利用晚自习或课余时间，组织学生收看央视的《今日关注》和《新闻周刊》等新闻节目，让他们对社会热点作出评论；通过组织各种活动，如演讲比赛、辩论会、模拟联合国等，培养他们思考社会热点的意识和习惯。平时作文训练，要加强关注社会的写作训练，加强新闻时评的写作，提高时评类议论文写作的能力。

其次，着眼于学生身边的生活，引领学生体验生活，增强阅读，丰富生活体验。我们要利用身边点滴生活，如同学交往、师生情谊、课堂学习、家庭亲情等，培养学生体验生活、感悟生活的意识，陶冶他们善感的心灵，让他们从身边的生活中感受人间真情温暖。具体到作文教学中，我们要让学生多写周记，养成观察、记录和体验身边生活的习惯。同时，我们要加强学生阅读，通过增加阅读量来扩展学生的生活体验和人生体验。

再次，着眼于学生的未来生活，加大应用文写作的教学，培养他们适应未来生活的写作能力。当前加大应用文写作的首要问题，是要改变当前作文教学应用文写作缺位的状况。在教材尚无应用文写作内容的情况下，我们可以结合高中语文教材必修1新闻单元和必修2演讲词单元的阅读教学，给学生讲解新闻通讯、报告文学、演讲稿的写作，并辅之以一定的训练。在此基础上，要解决应用文写作教什么的问题。我们要着眼于学生的未来生活，筛选对学生未来生活有较大帮助的应用文体，如演讲词、读书笔记、启事、邀请函、慰问信、感谢信、欢迎词、贺信、调查报告等，并按一定标准分门别类，开发相应的应用文写作课程。同时，通过多举办活动，如演讲比赛、读书征文比赛等，加大应用文的写作训练，激发学生应用文写作的兴趣。

（本文刊发于《教育科学论坛》2019年第10期）

第二章　备考策略

高考写景抒情散文解读策略

高考写景抒情散文因其材料多而杂乱，内容丰厚繁杂，阅读往往有一定难度，考生做这类散文阅读，往往心存畏惧。而从高考阅卷实际来看，这类散文阅读的得分情况也往往不尽人意。本文拟谈谈高考写景抒情散文的一种解读策略，以期能为教师的复习备考提供参考。

一、把握常规的写作思路

高考写景抒情散文看上去材料多而杂乱，内容丰厚繁杂，学生阅读这类散文似乎总在云里雾里，不知作者到底要表现什么。其实，写景抒情散文材料再怎么多而杂乱，内容再怎么丰厚繁杂，文本整体上还是有一个写作思路。如果我们教会学生去理清文本的写作思路，学生读懂写景抒情散文也不是难事。

写景抒情散文的材料多而杂乱，内容丰厚繁杂，主要是文本描绘的景物太多——一会是这个景，一会又是那个景。除了景物描写外，文本还会写到历史（历史人物或历史事件）、文化（文化现象或文明的变迁等）、风土人情（地域风情习俗）等。这么多的材料和内容融合在一篇文章中，学生顿时就辨不清写作思路了。

但仔细梳理文本中看似多而杂乱的景物，我们发现，高考写景抒情散文的景物大体分为两类：一类是文本的主要描写对象——作者情感或文本主旨的主要载体，这类景物我把它叫主要景物；另一类是与主要景物相关联的景物，这类景物叫作次要景物或关联景物。判断文本中景物的主次，一看文章标题的写作对象，二看文章的主要内容，即文章主题主要寄附在哪个景物上。

次要景物的描写是为主要景物的描写服务的。两者在文本中孰先孰后，没有固定的程式。有一些写景抒情散文会先写主要景物，再写次要景物，如2014年高考福建卷《祖屋》，即是先写主要景物祖屋（大门、正屋），再写次要景物燕子窝。有一些则相反，先写次要景物，再写主要景物，如 2012 年高考广东卷《荷叶》，就是先写次要景物宏村秋景，再写主要景物荷叶——残荷和新荷。还有一些则是二者描写交叉进行，如 2008 年高考全国Ⅰ卷《阳关古道苍凉美》，先写主要景物阳关古道的古阳关遗址，再写次要景物——通往古阳关路上的沙漠、芨芨草、骆驼刺及林带，接着又转向主要景物阳关古道的阳关古城。

景物描写构成写景抒情散文的主要内容，但写景抒情散文如果只停留在写景的层面，文本的意蕴（内涵）往往不够深厚丰富。而高考所选的写景抒情散文意蕴一般都比较丰富，这一方面是高考的权威性对文本的经典性有一定要求，另一方面，文本的选择还要便于高考命题。因此，高考写景抒情散文在内容上不会只是景物的大杂烩，文本在写景之外一般还会写到与景物相关的历史、文化、风土人情等。如 2013 年高考四川卷《负重的河流》，在写完主要景物塔里木河、次要景物胡杨林之后，就写了塔里木河曾赋予罗布泊人以浪漫的生活气息，却又不得不亲历文明及文化的衰落。2008 年高考全国Ⅰ卷《阳关古道苍凉美》，在主要景物和次要景物的交叉描写后，文本转向叙写哲学家、诗人、戍边将士对生活有着深刻而丰富的感触，给后人留下了哲思和诗情。

写景抒情散文内容上的这种安排，使作者的思想和情感有了依附，文中的景物也因此有了灵气，有了深度，有了厚重感。文本也因此而层次分明，内蕴丰富。

在写完历史、文化、风土人情等之后，写景抒情散文一般就进入了收尾部分。这一部分，作者一般都会或明或暗、或显或隐地表达情感，表现主题。

需要说明的是，写景抒情散文的主题不一定要在文本的结尾部分表现，在主要景物、次要景物、历史文化及风土人情的描写中也会寄寓作者的情感、哲思或感悟。正因为此，写景抒情散文的思想意蕴和情感意蕴往往很丰富，文本主题常常呈现出多元性。

综上分析，写景抒情散文的常规写作思路可以图示如下（图 1）：

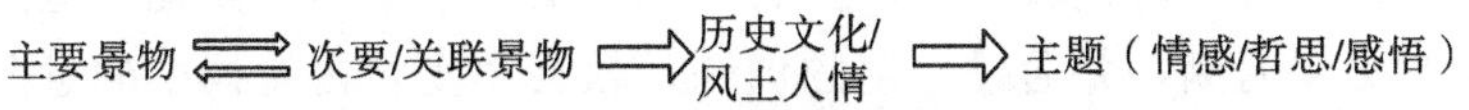

图 1　写景抒情散文常规写作思路示意图

把握了写景抒情散文的这个常规写作思路，学生解读此类文本就有了一把钥匙，对文本主题意蕴的把握就不会云里雾里，学生的畏难情绪消退，阅读信心增强，接下来的解题自然会轻松许多。

二、以历史文化的视角观照景物描写

高考写景抒情散文的描写对象是景物（主要景物和次要景物），文本通过景物描写来抒情，或表达作者对宇宙人生的哲思、对自然生活的感悟。但这类散文除了景物描写外，一般还会写到历史、文化、风土人情等。即便是景物描写，有些景物本身就是文化名胜或文化古迹，如 2014 年高考山东卷《浣花草堂》中的杜甫草堂。

高考写景抒情散文的这个特点要求我们在文本解读时，要有历史文化意识。换句话说，高考写景抒情散文的解读要以历史文化的视角来观照景物，分析挖掘作者赋予景物描写的历史文化内涵。

首先，挖掘景物蕴含的历史文化内涵。

高考写景抒情散文中的有些景物本身就是中华文化中的原型意象，有着深刻的历史文化内涵和历史的厚重感，如 2005 年高考广东卷《壶口的黄河》。在国人的心目中，黄河已远非一般意义上的自然河流。在漫长的历史发展中，黄河逐步成为中华民族的象征；黄河是中华文化中的一个原型意象；黄河及其衍生出来的黄河文化代表了中华文化的主体。文本通过对壶口的黄河惊人气势的形象描绘，让读者感受到壶口的黄河“才是中国的河”，从而赞美壶口的黄河所体现的中国历史和中华民族的文化精神。

而对这黄河历史文化内涵的理解恰好就是当年高考命题的重点。试题围绕这一点一连出了两道题：

19. 为什么说壶口的黄河“才是中国的河”？请联系全文作答。

20. 文章结尾强调“该有人为黄河作传的，那应是中国人的自传”，这句话有什么含义？

如果我们在备考复习时，有意识地培养学生解读这类文本的历史文化意识，训练学生以历史文化的视角来观照景物描写，学生回答这两道题时方向就很明确。

如何培养学生解读景物描写的历史文化意识？借用古诗词中的意象解读是一个重要方法。古诗词中的传统意象，如月、菊花、莲等都包含了丰富的文化内涵。我们在平时古诗词教学中，要有意识地引导学生归纳整理一些意象（景物）的历史文化内涵，并通过一定的训练，教会学生将古诗词中的意象内涵迁移到写景抒情散文的景物解读上来，进而内化为学生解读意识和解读方法。

其次，分析景物描写所关联的历史、文化、风土人情等所包含的丰富意蕴。

写景抒情散文中的景物有些本身就是文化名胜或文化古迹，这些景物关联着不同寻常的历史人物、历史故事或神话传说等，散发着浓郁的历史文化气息，有一定的历史文化意蕴，如 2006 年高考山东卷《文赤壁》。

文赤壁是纪念苏轼的文化名胜，作者没有完全将笔墨停留在对文赤壁的景物描写上，在简单地描绘了眼前的文赤壁之后，文本将重心转向文赤壁所关联的苏轼的人生遭遇的叙写，表达了对苏东坡豁达人生态度的赞美。而苏东坡豁达的人生态度恰是中国古代知识分子所倡导并践行的一种文化精神，作者在赞美苏轼豁达人生态度的同时，也在启示读者要弘扬与坚守这样一种文化精神。

高考写景抒情散文对景物所关联的历史人物、历史故事或神话传说等的历史文化内涵的认识和理解，一般都会作为考试命题的重点。当年的高考试题第19题就围绕这一点出了一道题：

19. 联系本文，并结合学过的知识，谈谈你对苏东坡的认识与评价。100字左右。

这道题是典型的考查考生对苏轼这一不同寻常的历史人物的文化内涵的理解，如果学生具备一定的文本解读的历史文化意识，对苏轼的认识和评价就会站在一定高度，而不会停留在肤浅的层面。

有些景物并非文化名胜或文化古迹，但这些景物描写也会关联一定的历史、文化内容。文本借对景物描写所关联的历史、文化等内容的描写，表达作者对历史文化的思考，对人类文明的反思与批判。如2013年高考四川卷《负重的河流》。

《负重的河流》在写完了主要景物塔里木河、次要景物胡杨林之后，转入描写历史上罗布泊人过着渔歌唱晚、渔樵互答的浪漫生活，如今却又不得不亲历文明及文化的衰落。是什么原因造成了这一巨大的历史反差呢？作者用历史材料说明塔里木河的萎缩对人类文明产生了巨大影响，告诫人们要珍视与保护河流，否则最终将自食其果，表达了作者对河流与文化关系的思考，以及对人类现代文明的反思与批判。理解到这一点，学生对考题18题（“塔里木河带给我们很多启示。请结合文章，就河流与文化的关系谈谈你的思考”）的解题就轻松多了。

而从高考命题来看，对景物描写所关联的历史、文化等内容的描写一般都会作为命题的重点。而命题的重心一般侧重在理解这一描写的历史文化内涵（文本的主题）和作用上。在作用上，在景物描写之后写景物相关联的历史、文化等内容一般具有以下作用：(1) 从景物描写过渡到对历史文化的思考，或对风土人情的描写，文章有层次感，可读性增强；(2) 使景物描写具有历史文化意蕴；(3) 丰富文章内容；(4) 表现主题或深化（突出）主题；(5) 为下文的议论抒情做铺垫。

如2014年成都青羊区高考模拟题（二）《流水写意》：在写完主要景物流水，次要景物两岸的山谷、崖壁、花草树木、水乡民情之后，开始转入与流水关联的历史人物屈原的叙写。而对屈原这一历史人物叙写的作用，命题者就设置了一道题："第⑤段主要描述了什么内容？这些内容在全文中的作用是什么？"这要求我们在复习备考时，一定要强化学生对这一知识的梳理与积累。

三、关注景物描写之间的关系

如前所述，高考写景抒情散文的主要写作对象是景物，景物大体上可以分为两类：主要景物和次要景物。人们不禁要问，文本应该专注写主要景物，为什么还要写次要景物？次要景物描写对主要景物描写有什么作用？这些问题其实是在思考主要景物和次要景物之间的关系。这是我们在解读高考写景抒情散文必须关注的。

要厘清主要景物和次要景物之间的关系，我们必须回到它们各自的作用上来。主要景物的描写是为了揭示文章的主旨。次要景物的描写为主要景物的描写及深化文本主题服务：或对比衬托主要景物，深化主题，如 2009 年高考全国卷Ⅱ《岳桦》，通过次要景物白桦来衬托岳桦，突出了岳桦顽强的生命力，表达对岳桦的赞美；或渲染气氛，烘托形象，增强文章的感染力，如 2013 年高考四川卷《负重的河流》，写次要景物胡杨林，刻画出胡杨林坚韧顽强的形象，增强文章的感染力；或为主要景物的描写做铺垫，如 2013 年上海奉贤区高三二模《芦苇，激荡人心的大美》，开篇写次要景物河流，为下文写主要景物芦苇做铺垫。

主要景物和次要景物之间的关系往往也是高考写景抒情散文命题的着眼点，设题角度多半围绕次要景物的作用展开。如 2013 年高考四川卷《负重的河流》第 16 题："文中第⑥段写胡杨林有什么作用？请简要分析。"

当然，次要景物的描写也可以揭示文章的主旨。作者通过对次要景物的描写来抒情，或表达作者对自然宇宙的哲思，对人生、生活的感悟。这一点也常常是命题点。如 2014 年高考福建卷《祖屋》描写次要景物燕子窝，表达了对祖屋的依恋、对祖屋及其中人与事物的怀念、对祖屋始终如一的挚爱。命题者就这一点就出了一道题："文中借"燕子窝"表达了"我"的什么情感？请简要说明。"

正因为次要景物的描写也可以揭示文章主旨，再加上主要景物和景物描写所关联的历史、文化的描写也要表现主旨，一些写景抒情类散文的意蕴显得特别丰富，主题呈现出多元化特点。

最后需要说明一下，本文讨论的是考试情境下的文本解读（以把握文本的意义结构为旨归，即通过教师的方法点拨，帮助学生快速有效地读懂写景抒情散文，提高学生的解题效率），而非阅读教学或社会性阅读情境下的文本解读（以意义建构为旨归，以实现个性化解读和创造性解读为主要目的）。这种解读策略是否符合散文阅读的本真与规律，可能会引起不少人的质疑与批评。如果是这样，那也就是笔者所期盼的。

（本文刊发于《中学语文教学》2014 年第 10 期）

转换：让文学类文本阅读主观题解题更轻松

文学类文本阅读主观题解题，常常出现这种情况，读完题干，学生茫然一片，不知问题问的是什么，自然也就不知从哪儿入手思考。如何帮助学生摆脱这种苦恼？教会学生转换，是一个行之有效的方法。

顾名思义，转换就是改变或改换。对于文学类文本主观题而言，转换就是改变问题问法或改换问题类型，让问题更明确，思考方向更明晰。同时，作答改换原文表述，让答案要点更简洁明了。在笔者看来，这是一种重要的解题方法和解题策略。

一、审题转换题干问法，去除遮蔽，明确问题指向

有些主观题看上去很玄妙，其实难度并不大，只不过是命题者为了提高审题难度而使用了障眼法。遇到这种情况，学生大可不必惊慌，我们可以让学生试着转换一下题干的问法，如 2017 年高考全国卷Ⅰ《天嚣》第一道主观题：

5. 小说以‘渴’为中心谋篇布局，这有什么好处？请简要说明。

“谋篇布局”对于考生来说是一个较为陌生的概念。这道题乍一看很玄乎，但如果冷静地思索一下，不难发现，“渴”是小说着力描写的细节。我们可以试着让学生将题干问法转换一下：“小说为什么要着力描写‘渴’这一细节？请从小说谋篇布局的角度简要分析。”或者：“请简要分析‘渴’这一细节对小说构思的作用。”经过这样一转换，题干问题指向明确了，学生解题的信心也就增强了。

转换题干问法是除去题目遮蔽的重要手段，尤其是在题干较长的情况下，这一方法有时起着拨云见日的作用，能为我们扫除题目中的层层迷雾。又如散文《玉石城缘》最后一道主观题：

4. 文中最后一段写到“我想任何一种发展的最终目的都是使个体的自由梦想得以实现”，你赞同这种看法吗？请结合你的人生体会谈谈对这句话的理解。

考生要谈对这句话的理解，首先就要理解这句话的含义及其所蕴含的作者

的观点，而“我想任何一种发展的最终目的都是使个体的自由梦想得以实现”恰恰是一个富有哲理内涵的含蓄句，缺少社会发展哲学观念的考生往往就被这“迷雾”遮蔽了双眼，迷失了问题的方向。

其实，放在文本的语境中，这句话要表达的观点就是，社会发展的最终目的就是要使每一社会个体得到发展，而社会个体的发展是以社会发展为前提和基础的。据此，这道题实际上是要让考生谈社会发展与个体自我发展之间的关系。这样去除了遮蔽之后，这道题就变得简单了，在明确了问题指向后，学生解题的信心也就有了。

二、思考转换问题类型，化难为易，明晰答题方向

有些阅读题问题很明确，但题却不好答，不容易答，因为问题本身涉及很多方面的内容，最典型的就是小说阅读句段的作用。

小说句段的作用首先取决于它所在位置，在开头和结尾作用显然不一样。更主要的是，小说句段的作用要视它的内容而定，而句段的内容往往又包罗万象，涉及方方面面。从表达方式看，有侧重描写的，有侧重叙事的，有侧重抒情议论的，或兼而有之；从对象上看，有的侧重景物，有的侧重人物，有的侧重事件或兼而有之；从与全文关系看，有的是引子，有的是插叙，有的又是补叙。

所以回答小说句段作用这类主观题，一般需要依据内容特点，将句段作用转换成情节、人物、环境描写及相应的在全文的结构作用。如成都七中 2018 年高三上学期 10 月综合测试文学类文本阅读《告诉他们，我乘白鹤去了》有这样一道题：

5. 请结合全文分析小说第二段在文中的作用。

学生解答这道题是有一定难度的。首先，小说第二段较长（全文中最长一段），这对学生解题信心是一个挑战。其次，这段文字涉及内容较多，表达方式多样：有景物描写，有人物关系介绍，还有人物的心理活动表现；表达方式有概述交代，也有细节描写。这也使解题难度增加。

面对这样一道高难度的题，学生该如何打开思路？其实，如果我们能教会学生转化的策略，让学生先给这段文字分层，分别找出文段中哪些内容是概述交代，哪些内容是景物描写和细节描写，哪些内容属于人物关系介绍，哪些内容聚焦老人心理。分层之后，笼统意义上的段落作用就可以转化为相应的情节（概述交代）、细节描写及其结构效果方面的作用。这时，再让学生调动知识储备。这样一来，该题难度得到化解，解题方向自然也就明晰了，学生解题的畏

难情绪也就消解了。

三、作答转换文本表述，删繁就简，明了答案要点

散文阅读常考一类主观题，即筛选整合文中信息，这类题一般都能在文本中截取到答案要点，但有时因为表情达意的需要，或是出于文采的考虑，抑或是作者的写作风格使然，文本语言表达得含蓄蕴藉、曲折婉转，如果完完全全截取原文语句作答，则答案要点繁杂冗长，不符合简洁明了的答题要求。这时，我们就需要用上转换的方法，在原文中筛选到符合题干要求的对应语句后，转换文本表述，删繁就简，提取归纳答案要点。还是以散文阅读《玉石城缘》为例：

2. 简要概括石墙给予了作者哪些人生启示。

文本前三段主要是写自己“梦想死掉了”，母亲帮我请了长期病假，我“由公交车带着，绕着这个城市不停地转”，走进小巷，看到了石墙。第四段开始，写石墙给我的人生启示。这些启示主要分布在文本的第四自然段：

他教会了他们（他的子民）如何把伤口开成一朵婀娜多姿的花，如何在方寸之地把自己延伸到无限的远方。

第六自然段：

就像石墙不会低头看他身下的大地一样，我知道我的方向在我的前方。只要我的眼里还有蓝天白云，我身下的大地就可以永远的安心。

第八自然段：

我想任何一种发展的最终目的都是使个体的自由梦想得以实现。所以在追求梦想实现的过程中，我们无法再把梦想作为牺牲的代价。

这些人生启示表达得十分含蓄蕴藉，作为散文，这样的表达含蓄委婉，富有诗意和文采，是必要的，但我们回答问题无须这样委婉含蓄地表述。而且，如果直接截取这些语句作答，答案要点繁琐啰嗦，不合题干“简要概括”的答题要求。这时就需要我们转换表述，简洁明了地陈述这些人生启示。这样，我们就可以转换一下表述，第四自然段的人生启示就是：

①石墙教会人们要坚强，要有理想，让有限的生命创造无限的价值。

第六自然段的人生启示是：

②要向前看，目光要远大，要有乐观的心态。

第八自然段的人生启示是：

③要发展自我，坚守梦想，要把自我的发展与社会的发展联系起来，实现生命的价值。

显然，转换之后，答案既简洁明了，也不违背原文意思。这种方法和策略在文学类文本阅读的主观题解题中大有用武之处，需引起我们的高度重视。因而，我们要在平时的教学和复习备考中加强训练，使之转化成学生解题的一种自觉意识。

总而言之，于文学类文本阅读主观题解题而言，转换是一种重要的解题策略和解题方法，也是一种重要的解题能力。掌握好这种策略和方法，会让文学类文本阅读解题变得更轻松。

（本文刊发于《语文教学通讯》2018 年第 3 期）

概念分析：方法与意义

——例谈概念分析在语文解题中的运用

理科学科，画辅助线或构造绘制图表常常是一种有效的解题方法，如解数学几何题的画辅助线、解物理题的构造辅助圆、解化学题的运用 Excel 表格绘制曲线图等。运用这些方法能化繁为简，化难为易，使解题事半功倍。语文解题有没有这样一种有效的方法呢？有，笔者以为，概念分析便是。

只是本文所说的概念分析不同于逻辑学所说的概念分析。逻辑学中的概念分析“是运用逻辑方法澄清概念或观念的意义的活动”[1]。本文所说的概念分析指的是一种语文解题方法，即在语文解题中，依据题干要求，抓住关键概念（关键词），把握其内涵外延，对其进行理解、分析、阐释、界定、提取、分解等，以明确答题方向，理清答题思路，准确解题作答。本文以高考题为例，谈谈概念分析在语文解题中的运用。

一、理解概念词语：把握内涵外延

现代文阅读理解，常常会涉及文本中重要概念和重要词语的理解，因此高考现代文阅读常常有一类概念理解题或词语含义题。概念理解多见于论述类文本和实用类文本阅读中，侧重考查对文本中重要概念的理解。如 2014 年高考全国新课标卷Ⅰ论述类文本阅读（《美的奥秘》）第 1 题：“下列各项中，其性质不属于原文所论悲剧的一项是（　）。”2020 年高考天津卷非连续性文本阅读第 6 题：“下列表述不符合‘文本社会学’理论的一项是（　）。”词语含义理解多出现在文学类文本阅读中，侧重考查学生对文本中重要词语含义的理解。如 2017 年高考全国卷Ⅱ文学类文本阅读《窗子之外》第 5 题：“结合全文，说明文中‘窗子’的含义。”

解答这类题，需依据文本，在梳理文本内容的基础上，筛选相关信息，准确把握概念或词语的内涵（本质属性）和外延（具体范围）。如 2014 年高考全国新课标卷Ⅰ论述类文本阅读（《美的奥秘》）第 1 题。本题考查“悲剧”这一核心概念的理解，要准确选择“不属于原文所论悲剧的一项”，就必须梳理文本内容，把握“悲剧”的内涵与外延，理解“悲剧”这一概念。依据原文第二自然段“然而，悲剧不仅表现冲突与毁灭，而且表现抗争与拼搏，这是悲剧具有审美价值的最根本的原因”（外延），第三自然段“悲剧的审美价值的载体只能是文学艺术”（内涵）和第四然段“悲剧成为审美对象只能以文学艺术的形式出现，原因在于它需要建立悲剧事件与人的心理距离”（内涵和外延）的相关论述，可以判定选项 B 不属于原文所论悲剧。因为选项 B 陈述的是史实，不符合“悲剧”文学艺术的内涵。

理解重要词语的含义也是一样，如 2017 年高考全国卷Ⅱ文学类文本阅读《窗子之外》第 5 题。要准确理解“窗子”的含义，就要依据文本，把握“窗子”在文中的内涵和外延。文中提到了各种各样窗子：铁纱窗，玻璃窗，扇子式的、六边形的格子窗，这是具体的有形的窗子，属于“窗子”的外延。同时，文章还写到“无形的窗子仍是存在的”，“不管你的窗子朝向哪里望，所看到的多半则仍是在你窗子以外，隔层玻璃，或是铁纱！隐隐约约你看到一些颜色，听到一些声音，如果你私下满足了，那也没有什么，只是千万别高兴起说什么接触了，认识了若干事物人情，天知道那是罪过！”这无形的窗子便是心态与观念的限制，造成了自我与外部世界隔膜。这是“窗子”的内涵。这样，结合文本，“窗子”含义可以表述为：

①指具体的窗子，如铁纱窗、玻璃窗、格子窗，分割了不同的生活场景；②指无形从窗子，即心态与观念的限制，造成了自我与外部世界隔膜。

值得注意的是，高考论述类文本和实用类文本阅读，为了加大对关键概念的考查力度，增加试题的迷惑性，命题者常常在关键概念的理解上设置陷阱，或偷换概念，或扩大概念范围（外延），或缩小概念范围（外延）。如果我们有概念分析的意识，解题时就会有意识地识别避开陷阱，进而提高解题的准确率。

二、定义名词术语，阐释外延内涵

高考实用类文本阅读和语言文字运用有一类题——下定义题，要求依据文本或所给材料的信息给概念下定义。如 2020 年新高考全国卷Ⅰ非连续性文本阅读第4题："请结合材料内容，给历史地理学下一个简要定义。"2012年高考安徽卷语言文字运用第18题："请筛选、整合下面文字中的主要信息，拟写一条'年画'的定义。要求：语言简明，不超过40字。"2012年高考浙江卷语言文字运用第5题："从下列材料中选取必要的信息，为'食品添加剂'下定义。"

解这类题，首先要掌握下定义的基本格式：被下定义概念＝"种差"＋邻近属概念。"种差"是指同一属概念下的种概念所独有的属性，即和其他属概念本质的差别，其实就是被下定义概念的外延。"邻近属概念"是指包含被下定义者的最小的属概念，是被下定义概念的本质属性，其实就是被下定义概念的内涵。例如：民歌是直接表现劳动人民思想感情和要求愿望的、劳动人民创作的诗歌。在这个定义中，"诗歌"是邻近属概念，即为民歌的本质属性（内涵）；"直接表现劳动人民思想感情和要求愿望的、劳动人民创作的"是民歌和其他诗歌的本质差别。即"种差"（外延）。

其次，要依据文本或材料，在文本或材料中找到被下定义概念的本质属性（内涵）和"种差"（外延），然后按照下定义的格式组织语言，整合成一个单句，即将被定义者、"种差"、属概念，用"是""叫"等一类词连接起来，使之符合"被定义者＝'种差'＋邻近属概念"的公式。整合成句时要注意，如果这些属性组成的"种差"是多项定语，要依据多项定语的排列规律，确定陈述语序，合理排序。确定陈述语序时，一定要仔细分析所给"种差"的材料，寻找其中的陈述线索，是时间顺序、空间顺序，还是逻辑顺序。以2020年新高考全国卷Ⅰ非连续性文本阅读第4题为例简要说明。

要准确定义"历史地理学"，需依据文本，在文本中筛选关于"历史地理学"这一概念的邻近属概念（内涵）和"种差"（外延）的信息。材料一第5自然段最后一句话"历史地理学则有自己独立的学科体系和理论，是现代地理学的一部分"明确了"历史地理学"这一概念的邻近属概念——现代地理学的分支学科（内涵）。材料二第1自然段第一句话"历史地理学在以空间为研究对象的地理学的庞大家族中，具有独特性，即空间过程和时间过程相结合"，指出了"历史地理学"时空结合的特征；材料二第2自然段"历史地理学把空间和时间结合起来的特征，体现了发生学原理的应用，意味着对地理事物和地理现象的空间关系的研究，要从产生、形成、演变的过程来探寻其规律"，交代了"历史地理学"的研究对象，这些都是"历史地理学"的种差（外延）。综合这三条信息，"历史地理学"的定义可以阐释如下：

历史地理学是具有时空结合的特征，以自然和人文地理现象的产生，形成及其演化的过程为研究对象，探寻这些现象产生、形成及其演化背后的原因和规律的现代地理学的分支学科。

语言文字运用中的下定义题也是如此，在所给材料中寻找邻近属概念和“种差”，然后按照下定义格式整合成单句，以 2012 年高考安徽卷为例简要说明：

18. 请筛选、整合下面文字中的主要信息，拟写一条“年画”的定义。要求：语言简明，不超过 40 字。

年画是民间很常见的一种图画，大多于农历新年到来时张贴。年画画面线条单纯，色彩鲜明。传统年画多为木版水印制作，主要产地有天津杨柳青、苏州桃花坞和山东潍坊等；现代年画则多为机器印制。年画的常见题材有合家欢、看花灯、胖娃娃、五谷丰登等，也有以神话传说和历史故事为题材的，多含有吉祥喜庆的意义。年画历史悠久，早在宋代就有相关记载；清代中期，年画尤为盛行；至今还深受人民群众喜爱。

依据材料，年画的邻近属概念——图画，“种差”——画面线条单纯，色彩鲜明，农历新年到来时张贴，多含有吉祥喜庆的意义。因为“种差”较多，适当调整语序，年画的定义可以表述为：年画是春节时张贴的，画面线条单纯、色彩鲜明，含有吉祥喜庆意义的图画。

三、鉴赏评价观点：解说印证概念

古诗鉴赏中有一类鉴赏评价题——评价观点题，要求依据评论家对文本某一方面（写作风格、艺术特色、语言特色等）的评论，结合文本内容谈谈对评论家评论的理解，如 2013 年高考湖北卷诗歌鉴赏主观题（第 14 题）：“前人评此词，称其‘飘逸’。请结合‘闻说阆山通阆苑，楼高不见君家’两句作简要赏析。”再如 2018 年高考北京卷诗歌鉴赏第 16 题：“清人陈廷焯《白雨斋词话》评论本词的艺术特色说：‘龙吟虎啸之中，却有多少和缓。’请谈谈你对上述评论的理解，结合具体词句作简要阐述。”

解答这类题，需先解说评论中的核心概念，如 2013 年高考湖北卷诗歌鉴赏第 14 题中的“飘逸”，2018 年高考北京卷诗歌鉴赏第 16 题中的“龙吟虎啸”与“和缓”。然后要结合诗句分析印证评论家的评论。以 2018 年高考北京卷诗歌鉴赏第 16 题为例，解答这道评价观点题，首先要解说清人陈廷焯对本词艺术特色的评论“龙吟虎啸之中，却有多少和缓”为何意，然后再结合词句阐述印证陈廷焯的这一评论。而要解说清楚“龙吟虎啸之中，却有多少和缓”这一评论的意思，最重要的是明确这一评论中的两个核心概念“龙吟虎啸”

"和缓"具体指什么。

词作上片写道："东北看惊诸葛表，西南更草相如檄。"这一句用了诸葛亮上陈《出师表》出师北伐曹魏和司马相如作《喻巴蜀檄》安抚巴蜀百姓的典故，一"惊"字颇具气势，体现了辛弃疾豪放词的风格。下片"赤壁矶头千古浪，铜鞮陌上三更月"营造了宏阔的意境。据此，"龙吟虎啸"在本词中指的是诗人豪放大气的词风。但本词豪放中有细腻，如"还自叹中年多病，不堪离别""儿女泪，君休滴""须相忆"，这些正是"和缓"的体现，表达了诗人内心细腻而真实的感受，也暗扣了诗题送别。据此，"和缓"指的就是诗人细腻的情感抒发。据此，答案可以表述如下：

①该评论"虎啸龙吟"中有"和缓"，意思是指诗人豪放大气的词风中有温婉细腻的情感抒发。②"千古浪""三更月""万里雪"等意象的选取豪迈大气，营造了气势恢宏的意境；"诸葛表""相如檄"等典故的运用表达了诗人对友人的期许与勉励，体现出"虎啸龙吟"的豪放之风。③而"不堪离别""儿女泪""须相忆"又深情地表达了诗人内心细腻而真实的感受，对朋友浓浓的牵挂关切之意表达了诗人"和缓"的温情。

四、审题立意构思：提取分解概念

高考作文的审题立意构思，概念分析也大有作为。无论是命题作文还是材料作文，审题立意都需要紧扣核心概念（材料作文需先从材料中提取核心概念），对概念的内涵和外延进行分析，将概念具体化，这样立意才能具体明确，切中题意，并有一定深度和高度，构思行文也更快速清晰。

如2019年北京卷命题作文——以"文明的韧性"写一篇议论文或以"2019年的色彩"为题写一篇记叙文，审题立意要紧扣"韧性"和"色彩"这两个核心概念，分析其内涵和外延，并将其具体化。"韧性"可以指文明的内在品格（内涵），具体表现为坚不可摧、兼容并包、刚柔相济、独树一帜等；也可以指文明的外在特点（外延），具体表现为博大精深、悠远绵长、辉煌灿烂等。以"文明的韧性"写一篇议论文，可以选取"韧性"的内涵和外延几个方面，阐述对中华文明内在品格和外在特点的认识。"色彩"可以是团结奋斗、"五四"爱国精神、独立自主、永不屈服等精神（内涵），也可以是银白色高铁驰骋祖国南北，绿色的植被重新覆盖了荒漠，蓝色天空的日子开始多于雾霾的日子，五星红旗遍布各种国际场合等具体情景（外延）。以"2019年的色彩"为题写一篇记叙文，可以选取自己经历或目睹的2019年发生过的几件体现"色彩"内涵和外延的事件，构思成文。

鉴于近年来高考作文大多为材料作文，本文即以 2020 年高考全国卷Ⅰ作文题为例，说说概念分析在材料作文审题立意构思上的运用。2020 年高考全国卷Ⅰ作文是一则历史故事类材料作文，讲的是齐桓公听从鲍叔的建议，不计前嫌，任用并信任管仲，在管仲的辅佐下，最终成为“春秋五霸”之首的故事，要求考生在齐桓公、管仲和鲍叔三人中选择感触最深的一位，写一篇发言稿，在班级读书会上分享自己的感受和思考。

要写好这则材料作文，首先要从齐桓公、管仲和鲍叔三人中选择一位感触最深的，从其言行中提取出核心概念作为作文的立意点，然后以此概念（立意点）为基础立意。齐桓公不计前嫌、宽容大度、唯才是用、从谏如流、用人不疑等，从中提取出“宽容”“胸怀宽广”“信任”“珍惜人才”“善纳意见”等核心概念作为立意点，据此可以立意：海纳百川，有容乃大；做一个胸怀宽广的人；知人善任，胸阔业成；唯才是举，以利天下；珍惜人才，从谏如流等。管仲才能出众、堪当大任，用聪明才智回报信任自己的人，从中提取出作文立意的核心概念“本领与担当”“回报”等，据此可以立意：练就过硬本领，担当时代重任；人多知遇独难求，不负知音莫忘酬等。鲍叔知己识人、甘愿让贤、甘为人梯、礼让为公等，从中提取出作文立意的核心概念“知己识人”“君子之风”“以国为重”等，据此可以立意：知己识人，成人成己；慧眼识英，海心荐秀；公忠体国，君子之风；甘为人梯，以国为重等。

审题立意完成之后，随即对立意中的关键概念进行构成、原因、时间、条件、参与者等类型的分解，拟写出文章的分述句或分论点句，进而搭建起文章的结构。如 2011 年四川卷命题作文“总有一种期待”，其中一篇满分作文的立意是：人生，总有一种期待。围绕立意中的核心概念“期待”，文章对“期待”进行了构成分解和参与者分解：我的努力是父母的期待，我的成功是老师的期待，我的未来是自己的期待。分解后的这三个句子即为文章的分述句，搭建起了文章的整体框架。以 2020 年高考全国卷Ⅰ作文为例，若选择“慧眼识英，海心荐秀”作为立意，构思行文可以紧扣“慧眼识英”和“海心荐秀”这两个概念进行参与者分解：鲍叔的慧眼识英令我们赞叹；鲍叔的海心荐秀更让我们心生敬意；与鲍叔相比，今天有些人嫉贤妒能，精致利己，怀抱私心。这样便搭建起文章的整体结构。

综上所述，概念分析在语文解题中大有可为，其实概念分析对于语文学习而言，不只是一种解题方法，在很大程度上，它更是一种思维方法或思维方式。正如廖语眉老师所言：“概念分析的本质就是一种思辨式的思考，是批判性思维在词语内涵和外延解读上的具体运用。”[2]当然，概念分析也不仅是一种批判性思维，它也可以是聚合思维、发散思维、分析思维等。

参考文献：

[1] 布宁．西方哲学英汉对照辞典［Z］．涂纪元，译．北京：人民教育出版社，2001：178.

[2] 廖语眉．核心素养下高中议论文概念分析能力提升提升策略［J］．高考，2021（1）：57.

（本文刊发于《语文月刊》2021 年第 6 期）

古代诗歌“评论阐释”题考查探究及备考建议

——以 2023 年高考全国卷为例

2023 年高考全国卷 4 套试卷，其中 3 套试卷古代诗歌阅读——甲卷第 15 题、新课标卷Ⅰ第 16 题、新课标卷Ⅱ第 16 题，均考查了“评论阐释”题。今年高考古代诗歌阅读如此密集考查“评论阐释”题，值得同行关注和探究。

一、为何考——考查原因及目的检视

今年高考古代诗歌阅读为何密集考“评论阐释”题？笔者以为可以从以下两个方面加以检视。

首先，“阐释”是学科关键能力，是高考考查的重点内容。《中国高考评价体系》基于学科素养导向，承接学科素养要求，确立了符合考试评价规律的三个方面的关键能力群：知识获取能力群、实践操作能力群、思维认知能力群。其中知识获取能力群包括：语言解码能力、符号理解能力、阅读理解能力、信息搜索能力、信息整理能力，等等[1]，而“对于语言类学科而言，语言解码能力和阅读理解能力是知识获取能力群中的考查重点”[2]。“阐释”是对语言信息进行详细的解释和说明，其本身就是一种语言解码能力和阅读理解能力，高考有理由将其作为重点内容考查。

其次，“评论阐释”题能检测考查出学生的高阶阅读能力，有利于高考人才选拔。靳彤教授对 2017 年版课程标准“学业质量水平”中有关阅读能力的“质量描述”做了一个梳理归类，将学业质量水平中的阅读能力分作四个认知

层级：归纳、理解、分析鉴赏、评价，每一层级用一些体现阅读能力的词语来描述（见图 1）[3]。在靳彤教授所归类划分的阅读能力层级中，“阐释”隶属于分析鉴赏层级，属于阅读能力的较高层级。古代诗歌阅读“评论阐释”题要求考生结合文本对相关的评论作出阐释，体现的是一种高阶阅读和深度阅读，这类考题能够检测出学生的高阶阅读能力，有利于高考人才选拔。

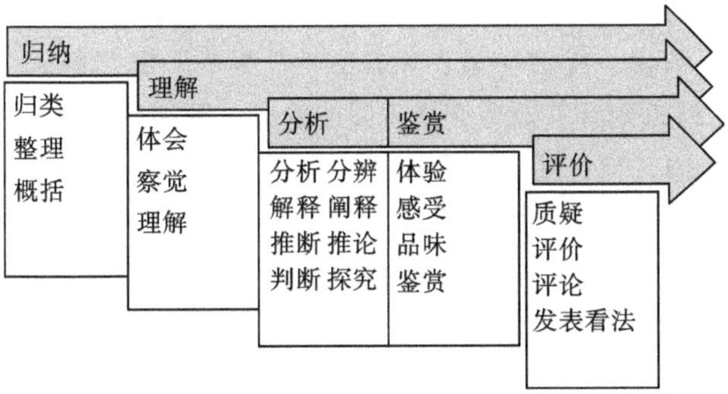

图 1　阅读能力层级及学业水平“质量描述”关键词示意图

二、考什么——考查内容及命题导向

“评论阐释”题考什么？怎么考？它体现了怎样的命题导向？要回答这些问题，我们必须到课程标准和中国高考评价体系中找到相关说明——这两个文件是高考命题的主要依据。

《普通高中语文课程标准（2017 年版 2020 年修订）》将高中语文学习的学业质量水平（学业成就）分为五个级别，并描述了不同水平学习结果的具体表现。其中，第四级水平是高校招生录取的依据，第五级水平供高校或用人单位参考，高考命题主要依据这两个级别的学业质量水平描述。第四级水平关于“阐释”的描述是：“在鉴赏活动中，能结合作品的具体内容，阐释作品的情感、形象、主题和思想内涵，能对作品的表现手法作出自己的评论。”[4]第五级水平关于“阐释”的描述是：“在鉴赏活动中，能从不同角度、不同层面鉴赏文学作品，能具体清晰地阐释自己对作品的情感、形象、主题和思想内涵、表现形式及作品风格的理解。能比较多个不同作品的异同，能对同一作品的不同阐释发表自己的观点，且内容具体，依据充分。”[5]“评论阐释”题对应第四级学业质量水平，主要考查考生对作品的情感、形象、主题和思想内涵、表现手法的理解与把握。如 2023 年高考全国甲卷古代诗歌阅读第 15 题考查考生对诗句情感、手法的理解与把握，新课标卷Ⅱ古代诗歌阅读第 16 题考查考生对诗作形象（意象）、情感的理解，全国新课标卷Ⅰ古代诗歌阅读第 16 题考查考生对诗作主题的理解。

《中国高考评价体系》明确了“学科素养”的含义：“学科素养是指即将进入高等学校的学习者在面对生活实践或学习探索问题情境时，能够在正确的思想价值观念指导下，合理运用科学的思维方法，有效整合学科相关知识，运用学科相关能力，高质量地认识问题、分析问题、解决问题的综合品质。”“学科素养包括‘学习掌握、实践探索、思维方法’3 个一级指标和 9 个二级指标（见图 2）。”[6]“评论阐释”题考查高阶阅读能力，既涉及“学习掌握”中的信息获取、理解掌握、知识整合，也检测“思维方法”中的人文思维和创新思维，体现了高考命题鲜明的学科素养考查导向。2023 年高考全国甲卷、新课标卷Ⅰ、新课标卷Ⅱ古诗阅读的“评论阐释”题，既考查考生诗歌阅读中的信息获取能力，也考查考生的形象思维、人文思维和审美素养，体现了“素养立意”的命题要求。

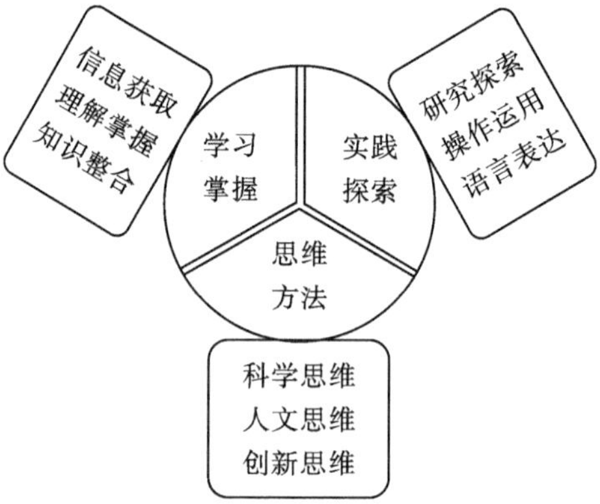

图 2　学科素养指标体系示意图

三、如何应对——复习备考策略与建议

基于以上分析，笔者认为，高考古代诗歌阅读复习要重视“评论阐释”题的复习备考训练，现提出三点建议，供大家参考。

1. 教给学生解题的方法

如何突破古代诗歌阅读“评论阐释”题的解题，帮助学生有效得分？笔者在复习中，尝试用“结构分析，图示导引”的方法（见图 3），下面以 2023 年高考全国新课标卷Ⅱ古诗阅读第 16 题为例加以说明。

王国维说：“以我观物，故物皆著我之色彩。”这一观点在本诗中是如何得到印证的？请简要分析。

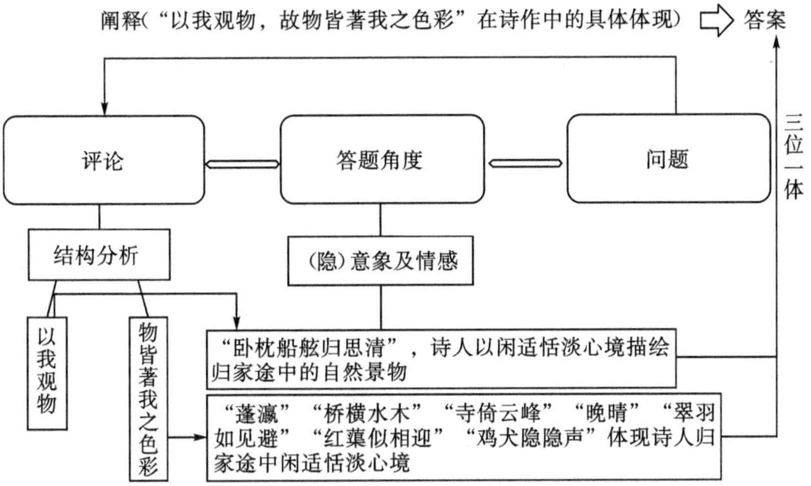

图 3 古代诗歌阅读“评论阐释”题解题方法

落实这一方法，审题需对“评论”作结构分析，明确问题指向。古诗阅读“评论阐释”题考查考生对诗歌“评论”的理解，阐释某一“评论”在诗作某一方面（答题角度）的具体体现。要解答好这类题，首先要明确“评论”的具体内容。这时，我们需要对“评论”做结构分析，理清“评论”的构成要素。这道题中的“评论”是王国维的词论“以我观物，故物皆著我之色彩”，其构成要素有两个：“以我观物”和“物皆著我之色彩”。题目要求考生在诗中寻找相关印证，即阐释“以我观物”和“物皆著我之色彩”在诗中的具体体现。但到底是哪一方面的体现，题干并没有给定答题角度，此时题目答题角度是隐含着的，问题指向不明确，这时需要根据“评论”，结合文本体裁确定答题角度。结合文本的诗歌体裁特征，评论“以我观物”和“物皆著我之色彩”在诗中的具体体现，就应该是分析诗歌意象和情感的关系，即景中含情、情景交融的特点。这样，这道题的问题指向就明确了，答题思路也就明晰了。明确了问题指向和答题角度后，答题就变得简单了，只需阐释“评论”构成要素在答题角度上的具体体现即为答案。以 2023 年全国新课标卷Ⅱ古诗阅读第 16 题为例，落实到答题，分别阐释诗歌描写了哪些景物（“以我观物”）和景物描写寄寓的情感（“物皆著我之色彩”），即为答案。

2. 构建古代诗歌阅读知识体系

古诗阅读“评论阐释”题中的“阐释”本质上就是从题目所给的答题角度印证“评论”，用“评论”分析“文本”。但题干有时不会明确答题角度，这时答题角度是隐含的，需要我们根据“评论”，结合诗作确定答题角度。如何结合诗作确定答题角度？这就需要有足够的古诗阅读知识做支撑，否则面对隐含答题角度的“评论阐释”题，学生就可能变成“丈二和尚摸不着头脑”。因此，复习备考需要给学生梳理相关的古诗阅读知识清单。在古诗阅读知识清单的基础上，再细化相关的阅读知识，从而构建起系统的阅读知识体系。因为篇幅所限，在此不做展开。

3. 关联教材，强化古代诗歌阅读“评论阐释”题的训练

“双新”背景下，高考语文试题命制要求对标高中语文新课标、新教材，以加强教考衔接。这提示我们，古代诗歌阅读复习备考要注重关联教材内容，加强诗歌“评论阐释”题的训练，以提升学生古代诗歌阅读“评论阐释”题的解题能力。统编高中语文教材有两个单元（必修上册第三单元、选择性必修下册第一单元）为古代诗歌阅读教学单元，复习备考可以利用这两个单元的诗歌，通过设计相关学习任务，强化“评论阐释”题的训练。

参考文献：

［1］教育部考试中心．中国高考评价体系［M］．北京：人民教育出版社，2019：21．

［2］教育部考试中心．中国高考评价体系说明［M］．北京：人民教育出版社，2019：24．

［3］靳彤．基于学业水平的高中语文整本书阅读质量测评［J］．语文教学通讯，2020（7-8）：5．

［4］中华人民共和国教育部．普通高中语文课程标准（2017 年版 2020 年修订）［M］．北京：人民教育出版社，2018：38-39．

［5］中华人民共和国教育部．普通高中语文课程标准（2017 年版 2020 年修订）［M］．北京：人民教育出版社，2018：38-39．

［6］教育部考试中心．中国高考评价体系［M］．北京：人民教育出版社，2019：18．

（本文刊发于《中学语文教学参考·高中刊》2023 年第 7 期）

后　记

经过近 3 年的酝酿、筹划、准备，本书终于要出版了。

平时爱舞文弄墨，有想法就会写成文字。从事高中语文教学十五年，陆陆续续写了 70 余篇教学论文，但从未想过要结集成书。因为在自己看来，自己不过是一名普通的一线教师，才疏学浅，学养不足，写文章也没有什么过人之处。感谢师友同事的不断鼓励，才让我最后决心将这些年所写的教学论文分类选编成集，尤其感谢王雪松教授、史虹老师、余萍老师、范菁菁挚友，在本书序言撰写、文章编排上给出了许多宝贵的建议。

这么多年，在我专业成长发展的路上，青羊区高中语文教研员钟亮老师给了我很多指导和帮助，《高中作文序列化教学研究》《高中语文“以读促写”写作教学实践研究》两个课题的研究一直是在她的大力指导下完成。本书收录的很多篇文章，她都提出过很多宝贵的建议，所以本书的出版要感谢钟老师的指导和帮助。

在我成长的过程中，还有一位老师给予了很多帮助，那就是四川省正高级教师、成都七中语文教研室主任、成都七中语文教研组原组长黄明勇老师。2018 年 5 月，得知成都市教育局要成立第二届名校长、名师工作室，当时黄老师是我们国培班指导专家，对黄老师仰慕已久，得知这个消息，便私下向黄老师提出了申请，没想到黄老师欣然同意了。在加入黄老师的名师工作室后，我的成长和发展有了一个更高的平台。从此，我有更多的机会向工作室其他老师学习和讨教，在此对黄明勇老师和工作室其他各位老师的帮助表示诚挚的感谢。黄老师作为成都七中语文教研室主任，领衔四川省、成都市两个名师工作室，手头有许多工作要做，2023 年寒假，黄老师于百忙之中为本书作序，我心中的感动和感激无以言表。

2022 年 6 月，成都石室中学正式领办成飞中学，赵清芳校长任新校长。赵校长是四川省特级教师，首批正高级教师、成都市名师工作室领衔人，在成都中学语文界鼎鼎有名。步入高中语文教学以来，一直就是听着她的课和讲座成长的，对她仰慕已久！她任成飞中学校长后，便把她的工作室带到了成飞中学，我有幸成为她工作室的核心成员。更为荣幸的是，她经常带着我外出讲学，而且每次去讲学都给我布置交流分享的任务，这对我是莫大的鼓励和鞭策，极大地促进了我的专业成长。本书收入的文章，有几篇也是在她的指导下完成并发表的。在此，感谢赵清芳校长的厚爱与帮助。

成长路上，还得到了成都市语文教研员程一凡老师、王秉蓉老师、罗晓辉老师、袁文老师很多的指导和帮助，在此一并表示感谢。

本书的出版还得到了成飞中学各位领导和各位同事，尤其是余泓校长、党雷校长、王东校长以及语文组的各位“亲”们的大力支持和帮助，在此一并致谢！

2023 年 12 月 4 日晚